中国社会科学院
经济研究所
INSTITUTE OF ECONOMICS

经济所人文库

骆耕漠集

中国社会科学院经济研究所学术委员会 组编

中国社会科学出版社

图书在版编目（CIP）数据

骆耕漠集/中国社会科学院经济研究所学术委员会组编 .
—北京：中国社会科学出版社，2019. 1
（经济所人文库）
ISBN 978 – 7 – 5203 – 3493 – 8

Ⅰ. ①骆…　Ⅱ. ①中…　Ⅲ. ①经济学—文集
Ⅳ. ①F0 – 53

中国版本图书馆 CIP 数据核字(2018)第 251586 号

出 版 人	赵剑英
责任编辑	刘晓红
责任校对	石春梅
责任印制	戴　宽
出　　版	中国社会科学出版社
社　　址	北京鼓楼西大街甲 158 号
邮　　编	100720
网　　址	http：//www. csspw. cn
发 行 部	010 – 84083685
门 市 部	010 – 84029450
经　　销	新华书店及其他书店
印刷装订	北京君升印刷有限公司
版　　次	2019 年 1 月第 1 版
印　　次	2019 年 1 月第 1 次印刷
开　　本	710 × 1000　1/16
印　　张	23
字　　数	310 千字
定　　价	99. 00 元

凡购买中国社会科学出版社图书，如有质量问题请与本社营销中心联系调换
电话：010 – 84083683

总　　序

作为中国近代以来最早成立的国家级经济研究机构，中国社会科学院经济研究所的历史，至少可上溯至 1929 年于北平组建的社会调查所。1934 年，社会调查所与中央研究院社会科学研究所合并，称社会科学研究所，所址分居南京、北平两地。1937 年，随着抗战全面爆发，社会科学研究所辗转于广西桂林、四川李庄等地，抗战胜利后返回南京。1950 年，社会科学研究所由中国科学院接收，更名为中国科学院社会研究所。1952 年，所址迁往北京。1953 年，更名为中国科学院经济研究所，简称“经济所”。1977 年，作为中国社会科学院成立之初的 14 家研究单位之一，更名为中国社会科学院经济研究所，仍沿用“经济所”简称。

从 1929 年算起，迄今经济所已经走过了 90 年的风雨历程，先后跨越了中央研究院、中国科学院、中国社会科学院三个发展时期。经过 90 年的探索和实践，今天的经济所，已经发展成为以重大经济理论和现实问题为主攻方向、以“两学—两史”（理论经济学、应用经济学和经济史、经济思想史）为主要研究领域的综合性经济学研究机构。

90 年来，我们一直最为看重并引为自豪的一点是，几代经济所人孜孜以求、薪火相传，在为国家经济建设和经济理论发展作出了杰出贡献的同时，也涌现出一大批富有重要影响力的著名学者。他们始终坚持为人民做学问的坚定立场，始终坚持求真务实、脚踏实地的优良学风，始终坚持慎独自励、言必有据的学术品格。他们是经济所人的突出代表，他们的学术成就和治学经验是经济所最宝贵的财富。

抚今怀昔，述往思来，在经济所迎来建所90周年之际，我们编选出版《经济所人文库》（以下简称《文库》），既是对历代经济所人的纪念和致敬，也是对当代经济所人的鞭策和勉励。

《文库》的编选，由中国社会科学院经济研究所学术委员会负总责，在多方征求意见、反复讨论的基础上，最终确定入选作者和编选方案。

《文库》第一辑凡40种，所选作者包括历史上的中央研究院院士，中华人民共和国成立后的中国科学院学部委员、中国社会科学院学部委员、中国社会科学院荣誉学部委员、历任经济所所长以及其他学界公认的学术泰斗和资深学者。在坚持学术标准的前提下，同时考虑他们与经济所的关联。入选作者中的绝大部分，都在经济所度过了其学术生涯最重要的阶段。

《文库》所选文章，皆为入选作者最具代表性的论著。选文以论文为主，适当兼顾个人专著中的重要篇章。选文尽量侧重作者在经济所工作期间发表的学术成果，对于少数在中华人民共和国成立之前已成名的学者，以及调离经济所后又有大量论著发表的学者，选择范围适度放宽。为好中选优，每部文集控制在30万字以内。此外，考虑到编选体例的统一和阅读的便利，所选文章皆为中文著述，未收入以外文发表的作品。

《文库》每部文集的编选者，大部分为经济所各学科领域的中青年学者，其中很多都是作者的学生或再传弟子，也有部分系作者本人。这样的安排，有助于确保所选文章更准确地体现作者的理论贡献和学术观点。对编选者而言，这既是一次重温经济所所史、领略前辈学人风范的宝贵机会，也是激励自己踵武先贤、在学术研究道路上砥砺前行的强大动力。

《文库》选文涉及多个历史时期，时间跨度较大，因而立意、观点、视野等难免具有时代烙印和历史局限性。以现在的眼光来看，某些文章的理论观点或许已经过时，研究范式和研究方法或许已经陈旧，但为尊重作者、尊重历史起见，选入《文库》时仍保持原貌而未加改动。

《文库》的编选工作还将继续。随着时间的推移，我们还会将更多经济所人的优秀成果呈现给读者。

尽管我们为《文库》的编选付出了巨大努力，但由于时间紧迫，工作量浩繁，加之编选者个人的学术旨趣、偏好各不相同，《文库》在选文取舍上难免存在不妥之处，敬祈读者见谅。

入选《文库》的作者，有不少都曾出版过个人文集、选集甚至全集，这为我们此次编选提供了重要的选文来源和参考资料。《文库》能够顺利出版，离不开中国社会科学出版社领导和编辑人员的鼎力襄助。在此一并致谢！

一部经济所史，就是一部经济所人以自己的研究成果报效祖国和人民的历史，也是一部中国经济学人和中国经济学成长与发展历史的缩影。《文库》标示着经济所90年来曾经达到的学术高度。站在巨人的肩膀上，才能看得更远，走得更稳。借此机会，希望每一位经济所人在感受经济所90年荣光的同时，将《文库》作为继续前行的新起点和铺路石，为新时代的中国经济建设和中国经济学发展作出新的更大的贡献！

是为序。

于2019年元月

编者说明

《经济所人文库》所选文章时间跨度较大，其间，由于我国的语言文字发展变化较大，致使不同历史时期作者发表的文章，在语言文字规范方面存在较大差异。为了尽可能地保持作者个人的语言习惯、尊重历史，因此有必要声明以下几点编辑原则：

一、除对明显的错别字加以改正外，异形字、通假字等尽量保持原貌。

二、引文与原文不完全相符者，保持作者引文原貌。

三、原文引用的参考文献版本、年份等不详者，除能够明确考证的版本、年份予以补全外，其他文献保持原貌。

四、对外文译名与今译名不同者，保持原文用法。

五、对原文中数据可能有误的，除明显的错误且能够考证或重新计算者予以改正外，一律保持原貌。

六、对个别文字因原书刊印刷原因，无法辨认者，以方围号□表示。

作者小传

骆耕漠，男，原名：丁龙孝，曾用名：李政、李抗风、李百蒙，1908 年 10 月 18 日出生于浙江于潜（今浙江省临安市潜阳镇），1958 年进入经济所工作。

骆耕漠同志是我国著名的老一辈马克思主义经济学家，中国科学院哲学社会科学部委员、当代中国经济建设开拓者之一。他的经济理论研究生涯与其漫长而曲折的革命经历密切相连。无论是在战争岁月还是在和平建设年代，作为中国革命和建设的亲历者，他所从事的革命宣传和财经管理工作的实际需要都是激励他孜孜不倦地学习与坚忍不拔地探索马克思主义经济理论的重要动力源泉。长期的辛勤耕耘，使他成为我国社会主义经济理论的一个重要流派的代表人物，为我国政治经济学的发展做出了卓越的贡献。

骆耕漠同志于 20 世纪 20 年代中后期投身于中国革命事业。他历经北伐革命、抗日救亡运动、解放战争和新中国经济建设等重大历史阶段。1927 年，他走出浙江省立商业专科学校加入国民革命军北伐部队。“四一二事变”后他流亡武昌，在国民革命军总政治部军政教导团接受训练，武汉政府叛变后他随教导团从水路奔赴南昌，准备赶上共产党领导的武装起义部队，由于在九江受阻，他回到杭州，毅然加入中国共产主义青年团，从事艰险的革命活动。1927 年年底，由于叛徒出卖，他被国民党政府逮捕，作为政治犯被关入浙江陆军监狱，这一关就是六年多。在监牢中，他与难友们自修马列主义理论及文化知识。出狱后，他积极投入抗日救亡运动，撰写文稿、编辑期刊、组织活动。从那时起，他开始研究和论述中国各种经济问题，参加了中国经济情报社、中国农业研究会、新知书店、职业界救国会理事会等社会团体的革命活动，逐渐成为活跃在中国的颇有影响的共产党人经济学家，成为中国现代经济学人的先驱之一。1934 年，他开始使用“骆耕漠”作为笔名，从此，这个寓意“在沙漠中耕耘的骆驼”的名字，伴随他以后的数十年的理论耕耘。

从 20 世纪 30 年代起，骆耕漠同志参加了革命军队和根据地的后勤及财经部门的领导工作。1938 年，骆耕漠加入中国共产党，先后担任中共浙江省委统战工作委员会委员、中共浙江省委文化工作委员会书记以及中共东南局文化工作委员会委员。新中国成立后，任中共中央华东局财经委员会委员，华东财委秘书长、副主任，1954 年起任国家计委成本物价局局长、副主任，全国人大办公厅副主任，对华东地区与全国的国民经济计划管理与宏观经济调控，特别是对成本物价管理的开创性工作做出了贡献。

骆耕漠同志既是我国经济建设的实践者，又是经济理论的探索者。在漫长的人生旅途与奋斗进程中，骆耕漠在理论探索和经济研究中投入了大量的精力并做出了卓越的贡献。他细致入微地观察着世界，以自己的热情和理论见解，形成并坚持着自己的经济学观点。特别是中华人民共和国成立之后，他仔细研究了马克思的价值理论，发表了许多文章著述，成为中国社会主义政治经济学一个主要流派的代表人物。

他不仅在 20 世纪三四十年代理论联系实际地投身于社会进行大量调查研究，撰写了大量经济文稿，为处于社会底层的“工农劳苦大众”呼吁，揭露国内外军事霸权、政治强权与官僚资本势力在中国的掠夺；还对抗日根据地的经济建设与部队后勤保障作实证分析。在五六十年代，又在社会主义经济建设事业与政治经济学基本理论研究方面进行许多探索，对商品、价值、货币等基本理论范畴提出了新见解。在 20 世纪八九十年代，他深入研究了生产劳动理论与服务理论；在数十年的实践经验与理论思考基础之上，他对人类社会三种社会经济形态的演变规律进行了系统的理论再思考。从 20 世纪 50 年代中期起，骆耕漠一直担任中国科学院哲学社会科学部委员和经济研究所研究员。1981 年任中国科学院哲学社会科学部学部委员，中国社会科学院经济研究所研究员、顾问，国家计委副主任。1990 年起承担主持中国社会科学院重点科研项目《我国社会主义初级阶段商品经济特点理论剖析》和《对我国十年来经济体制改革的考察和典型调查报告》。进入 21 世纪，他制定了新的科研规划，着手对当代重大社会经济理论问题进行深入研究。

骆耕漠在艰难困苦的条件下，以对现实的紧迫感与历史的责任感向着奋斗目标不断迈进。一直以骆驼耕耘沙漠的坚强信念与韧劲去追求真理与人类前程。2008 年 9 月 12 日，骆耕漠在北京逝世，享年 100 岁。

目　录

惊动全球的华北走私问题

字林西报特约记者五月二日天津通讯：记者曾与新自北戴河返津之某商人谈及私运事，据云："余并未见私运情事，所见者只有各式船只三十八艘，停泊于北戴河海湾，用舢板多只，卸运货物至海滨起岸其忙碌情状，正不减于货运繁多时之天津外滩各码头。君不能再称此为私连，因其实为自由贸易矣。就目下之情形而观，不仅北戴河为自由贸易之口岸，甚至其沿海一带，亦均自由开放也。"

到现在为止，关心华北走私问题的已经不仅仅是直接负责应付的政府当局，亲自受着私货压迫的民族资本家，以及各个阶层里面热心救亡运动的爱国同胞，而且已经惊动了世界列强的执政者，尤其是大不列颠的朝野。华北走私问题所以会发展成为这样一个国际性的、对内又是全民性的问题，决不是由于少数人或一部分人主观上的夸大，而是因为它在客观上确实包含着许多可怕的因素，而且一天危迫一天，使我们不得不加以全面的注意。现在为了挽救整个民族的危机，我们对这个问题需要加以充分的和积极的探讨。

首先，我们想对华北走私作一个史的观察，指明它的严重程度，以及它的影响，然后再来讨论对付的方案。关于前一部分，有一点是我们最最不应忽视的，那就是华北走私的开始和发展，是跟近年国难的加深以及外交上的种种失策节节相应的。譬如在四年以前，因为东北沦亡在敌人之手，而当局又不起来武装收回，人造丝和毛织物这类奢侈品的偷运便接着在华北登台了，不过当时还不敢横行无忌。到了一九三三年五月塘沽协定签订以后，走私因有冀东战区为其大本营，来势更猛烈起来，对于缉私关员竟敢加以公然的抗拒和殴辱。不过华北走私竟然引起全国乃至全世界的人们注意，那还在去年八月以后，因为当时于原有的塘沽协定以外，又补订了何梅协定，使华北战区范围格外扩大，同时也就是使私运格外自由和广泛。等到冀东伪组织与冀察政委会这两个傀儡政权相继出现以后，就连走私这两个字本身也很难适用于华北了，因为从大连营口来的私货可以公然在北戴河秦皇岛起岸，并可自由运抵天津，这样就难怪从北戴河回到天津的一位商人要告诉字林西报的记者说："余并未见私运事情，因其实为自由贸易矣！"

现在我们来看看华北走私的惊人的具体数字吧。据海关所发表的报告，自去年八月一日至本年四月廿五日，由冀东战区输入天津的私货如下（单位包）：

	人造丝	卷烟	疋头	白糖	其他
八月	三、〇五二	二二六	—	—	—
九月	四、〇二〇	五一〇	六八〇	—	—
十月	三、九七八	八四二	二、五〇九	四、四一〇	三二九
十一月	一一、〇六三	一、〇四一	二、二六五	一、八五九	九九三
十二月	一四、六七四	四二四	一、〇五五	七一、五二九	四一六
一月	五、〇八二	二五二	九四一	七五、一四三	一八五
二月	一、二六二	五六一	一、一五一	四八	四二八
三月	二三、〇三九	一、八二一	四、七九六	二〇、九七五	一、一九三
四月	二三、四四七	五〇七	七、六三一	二〇八、六〇一	七、五〇八
合计	八九、六一七	六、一七一	二一、一三一	四七九、二九六	一一、〇五二

从这表我们可以明白看出，华北的私货正和天津的日兵一样，正在那儿不断地增加，而且愈来愈多。同时我们还得深深注意：这滚滚而来的私货几乎已经畅达地由天津而遍及全国了！西北因为无法缉私，人造丝白糖这类私货得以蔓延，是用不着再说了；现在就是直通国都的京沪线上也充满了私货，据十九日南京专电所传，其

被缉获的就有数十起之多。此外比较小的县份，也有私货出现，例如江苏北角的沛县，素称交通梗塞之区，然据本月十二日该县通讯，近来却有许多远道小贩，肩负着人造丝织品兜销，每匹十元，比市价便宜一半。从这里我们又可看到私货的无孔不入。这样，就难怪华北走私要成为举世瞩目的非常问题了！

现在我们要进一步地来检查一下：这日益猖獗的走私产生了怎样的影响。大家晓得：我们的“友邦”这样热心偷运私货，并运用各种方法把私货倾销到内地去，（这里我们要同时注意“友邦”在华南方面的走私活动，）是抱有很大的野心的。它不仅仅是为了关税上的一点点便宜，而是想根本推翻华北的海关权，使华北经济更露骨地殖民地化。换言之，它要借走私漏税来动摇中国政府的财政基础，借私货倾销来摧毁整个中国国民经济，以期压迫中国政府屈服，来接受中日“满”经济同盟的全部计划。这些阴谋（东京的御用报纸几乎是公开宣传的）便是广田三原则的侵略精神，现在幸赖“友邦”驻华军人数月来的努力，已经很有成就了。第一，据海关当局统计，自去年八月至本年四月，因受华北走私影响，中国海关税收已减少二千五百五十六万元。（统税因华厂出品被私货压倒，亦显著减少，）使南京当局和英美列强都感到很大的威胁，因为中央税收百分之四十和偿付外债本息基金百分之九十皆有赖于关税收入。英国驻华专使罗斯爵士因不胜其威胁，且于四月底兼程北上，和华北日当局磋商妥协办法，并提出减低中国关税的具体条件。第二，一般工商业者因经受不起私货破格倾销的压迫，也悲惨地从国内市场上相继败退下来。关于这点，我们愿意多举一些实例，使一般工商业者对于当前的国难，能够有一个普遍的切身的认识：

第一，糖业方面：据上海该业界人说，华中和华北所销用的糖，有洋糖和粤糖两种，全由上海进口，一般市价（连关税在内）为白糖每担廿二元，红糖每担十八元，然而私货却只要十二元和十元左右；因此津浦陇海两路全为私糖所霸占，京沪一带亦大受影响，上海六十余家糖行都有停业之虞。据前月十八日时事新报所载，“金利源码头，公和祥码头等处堆栈之华糖，均无法出清。”

第二，人造丝业：据上海该业同业公会报告，上海人造丝疋头厂家，在去年有兴昌，鼎源等二十一家，丝织机数计达二万部，现仅留六七家，机数三四千部，这主要也由于私货倾销。譬如从天津运来的绋葛绫，每疋（计十八码）只售三元至四元，而本埠厂家所出的，其最低成本就要合到六元，这样就难怪后者只好关门大吉了。

第三，海味业：据上海海味业同业公会主席葛维庵氏谈，华北一带的海味销路，远在“九一八”之后即为某国进货所独占，现在走私扩大，上海海味在徐州以北的销路已告绝迹，长江一带的市场到下半年海味旺月以后，亦必为私货所侵夺。上海的海味业，目下亦已受到陆续运来的私货的打击。

此外如纺织业，面粉业，卷烟业，火柴业等，则早已受到私货的迫害，这在天津方面尤其表现得明显。至于内地的手工业者以及一般商家（假使不甘当汉奸，贩私货）所受私货倾销的摧残，自然比城市里的大企业更难承当。从这些具体的事实教训之中，全国民众尤其是一般工商家，实应彻底醒悟：走私是摧毁我们整个国民经济的最毒辣的手段，主持走私的是我们应该一致反对的敌人！

那么我们该怎样来进行我们的反攻呢？敌人的阴谋计划是快要全部实现了，我们还能再迟疑片刻吗？

然而事实上，政府当局对于这日益严重的走私问题，和过去对于其他各种中日外交问题一样，自始即未采取坚决应付的办法，这不能不说是一种失策。譬如三月十八日，津海关于北宁路局在财铁两部的策划之下，公布了北宁路在天津东总两站协助海关查缉起运洋货暂行办法，共计六条，其主要内容是：凡是没有报过关的洋货，（即私货，）路局得请其补报，否则拒运。一望而知，这办法已是大大的让步，因为它已承认秦皇岛乃至天津是日人的自由港，在那里我们不能征收应征的关税；同时这办法又是非常不切实际的，因为财铁两部明明知道北宁路早已随着冀东伪组织和冀东政委会的成立，而落在敌人控制之下了，哪里还敢执行上面的命令呢？再如四月二十七日，政府当局又开始实施另外一种"有效办法"，即于津浦线的沧县，平汉线的长辛店，增新设税卡，同时又于津郊南北运河和子牙河汇合处添设检查所，以期从水陆双方来堵止私货。但是打开地图一看，这里所谓"有效"只是对走私作更有效的让步，因为这个办法主要是由傀儡政权冀东政委会发动而经中央同意的，它使私货公然活动的范围更从冀东伸展到津浦和平汉线上来。同时堵止私货南下，还是不能有效。最近中政会又通过了惩治偷漏关税暂行条例，财政部又接着公布了稽查进货章程，条文不可谓不严厉和不周密，但是谁都知道：中国海关的缉私制度，靠了英人的策划，其严密已堪与世界列强媲美，而华北走私目下还所以那样猖獗者，是因为我们的"友邦"竟运用更强的武力来策动走私，并驱使冀东和冀察两个傀儡政权来替它助长走私。所以这次的条例和章程，无疑地将和过去两次的对策一样无效。固然，我们并不否认以往和现在政府当局所苦苦计划出来的缉私防私等办法，是可能发生一点作用的，同时也是应该提出的。但是有一个非常重要的前提，就是对于敌人前前后后的各个方面的侵略行为，我们要彻底地给予正面的反攻，这样，前面那些辅助的缉私防私等办法才能发挥它们可能的辅助力量，否则，就全是空话。这是负责当局应该深深反省的！

说到这里，我们务须谈一谈减低关税的主张。因为日本军部这次主使华北走私的借口是我国国税税率太高，英国方面为了想对日妥协以保全自己的种种利益，就派遣其驻华专使罗斯北上对日提出减低关税的意见。但是我们站在中华民族的立场上，这是应该加以断然的反对的，因为以较高的关税率来保护民族工商业的发展，是我们应有的权利和自由，何况我们的关税税率因过去种种束缚，还比世界各国的低得许多。所以我们有权要求当局彻底拒绝这种减低税率的自杀办法！要晓得走私是敌人无耻而残酷地侵略中国的一种方式，“中国关税过高”，不过是他们的一种借口罢了，即使税率一度减低以后，“友邦”还是要秘密输入的，它非使华北经济完全殖民地化，使中国完全接受中日“满”经济同盟的方案不可；所以同意减低税率便无异自杀！一九三四年七月新税则颁布以后，对日货税率本来就已经大大地减低了，然而其结果仍是今日如涌如涌的走私，这是我们应该学习的教训！

现在全国民众都在沸腾、怒号之中，大家都期待武装抗敌！这是必需的，因为这是中华民族唯一的出路！譬如拿眼前的走私问题说吧：华北走私所以会一天猖獗一天，完全是因为我国丧失了失地和签订了塘沽协定，目下政府所提出的各种缉私法令先后皆归于无效，也是因为不能建立起彻底的抗敌外交，这些在前面都用事实来说明了。所以真正有效的缉私方法和真正有效的救国对策一样，只有以暴力制服暴力。

目下上海一般工商业者因为如前所述，亲身受着私货的打击，也痛感到国难的严重了，并起而共谋救亡之道了。连日来要求严厉缉私的有下列几个团体：

1. 华商纱厂联合会于五月七日电请中央严厉缉私。

2. 中华工业总联会于五月八日开会，电请中央严厉取缔走私并维持原定税率。该会钱承绪先生并提出联业统制，各业统制，地方统制等具体办法。

3. 中华国货维持会于五月十二日举行第一次执监联席会，即电请中央严厉缉私。

4. 电机丝织厂业同业公会亦于同日召集会议，电请中央采取有效办法缉私并维持原定税率。

此外总工会和糖业海味业等亦有同样的要求。市商会更于十六日分函全市各业公会，征求具体的缉私杜私方法，棉花业工会且即于二十日函答唯一有效的杜私方法，在“团结商民拒购私货”。

这些表示固然是很可喜的现象，然而可惜的是，他们对敌人的走私仍没有彻底的认识，仅只要求用头痛医头的方法，空口喊叫

“严厉缉私”，而没有坚决的行动。

从上述那些事实之中，我们可以看出上海一般工商业者还依然没有奋起拒购敌货，维护民族工业的决心。

最后，我们还要击破一种有害于救亡运动的幻想。自从华北走私于四月间特别猖獗以来，英美列强也被惊动了：英美驻日大使都正提出抗议或诘问，比德荷法等国亦非常焦急，因而国内就有一部分人幻想英美列强会和日本冲突起来，于是一方养成机会主义的等待心理，同时就减弱自发的抗敌精神，这是应该加以严厉的批判的！在这里，我们姑且不论英美列强这次反对华北走私，是为了保全他们自己的利益，即保全英国在海关行政上的统制权，英美在华北的煤油市场，还有最最重要的即保全原有的关税收入以偿付外债本息，而非为我国存亡打算；我们但问他们之间的矛盾是否可以给我们利用。固然，自华北走私特别猖獗以来，英美日（尤其是英日）之间的冲突确是比较显著起来，但是我们不要忘掉太平洋上列强对立的基本形势，即第一，美国因路途遥远，在军事上还很难驾驭日本；第二，英国因苦于欧陆问题和地中海问题的应付，在远东只有和日本攀老同盟的力量；第三，英美是世界性的敌人，联合制日又较少可能。因此，英美列强怎样积极起来干涉“友邦”走私，是很少现实性的。譬如上月底罗斯爵士兼程北上，只是向驻津日总领川越氏提出减低中国关税的折冲办法，即损害中国以利日本并保全自己，这是英国对于华北走私问题的基本态度。克莱武之诘难，乃至目下罗斯之鼓励南京当局进行缉私准备，主要都只是虚张声势，使前面的妥协方案容易得到日本军部的垂许而已！所以我们要彻底解决走私问题，不能幻想英日的冲突，只有依靠自己真正抗敌以自救啊。

（原载《世界知识》1936 年第 6 期）

日本对华的资本输出

一　日本对华投资的过去

资本主义国家一旦发展到帝国主义阶段，就正常地需要对落后国家输出它的过剩资本，以便榨取落后国家人民的膏血，来挽救它本身的危机和矛盾。就输出资本的形式而言，开始以商品资本为主，往后就侧重于货币资本的输出。在过去四五十年间，英日美诸国对华的资本输出，大体上就是这样发展过来的，而且一年比一年踊跃，换句话说，中国这一大块肥肉是一天天地落到列强资本的刀俎上去了！

在帝国主义国家的行列中，日本是最晚起的一个；当英国资本巡猎遍了中国经济的各部门的时候，它才追随着登上侵略中国经济的舞台。就参加的程序而言，它虽然并不后于法俄美德诸国，但是这主要还是靠了中日两国在地理上的方便，而不能说当时日本对外的投资力量已经到了与法俄美德诸国相等的阶段。因为日本本身原始资本的蓄积，大部分还是靠了中日战争和日俄战争的两次胜仗（因为这两次战争的结果给日本以很大的赔偿，使它有积极改建并扩大本身产业机构的可能。）然而后者已是一九〇四年以后的事情了。

在大战爆发的前后数年，日本对华的投资虽然有了很大的发展，但是比起英国来还是瞠乎其后。譬如就商品资本的输出而言，日本在中国进口货中所占的百分比，虽由一八九〇年的 5.81 升到一九一〇年的12.20，但是比起英国来只及一半多些（当时英国所估百分数为21.54。）其次如列强对华的直接投资，（据雷麦氏估计）在一九一四年日本所占的部分为13.6%，而英国的却占37.7%。可是到了大战结束以后，日本在中国资本市场上所处的地位，已经一反以往，继英国而取得第一把交椅了。在一九二〇年，英美日三大国家在中国进口贸易中所占的百分比为：15.32，15.46和16.58；到一九二二年日本更增至30.06，而英美则所增无几，日本已经取得绝对的领导权。这种情形，到一九三一年以后，虽曾一度挫折，不过自一九三五年以来，日本差不多又恢复原来的地位了。过去日本帝国主义的商品资本在华的活跃是如此。至于日本对华的直接投资，在大战结束以后的挺进，当然与前者无异，因为输出的商品资本往往一大部分就转型为对华的直接投资。据雷麦氏估计，其挺进的成果如下：

大战后英美日对华投资额消长表

	一九一四年		一九三一年		一九三四年	
	百万美元%		百万美元%		百万美元%	
英	107.1	37.7	189.2	36.7	1.10	24.0
美	49.3	3.1	196.8	6.1	340	7.0
日	219.6	3.6	1136.9	35.1	2.540	53.0

二　日资的分布和作用

按地域而言，日本对华的投资，关外约占60%，国内约占40%。自“九一八”事变发生以后，日本对我东北的经营，自然更加猛烈，不过对于华北和华南的资源掠夺，它也毫不放松。据天津益世报（一九三五年三月三十日）所载，一九三一年以后日本对华的新投资，在华北方面共达七三三百万元，华南方面三九三百万元，双方合计也有一一二六百万元。此外，据上海兴信社调查，在一九三六年一年之内，日本在上海一埠的新增资本也非常活跃，合计约有一千二百万元。过去日本资本积极开拓东北的结果，是四省资源的全部沦亡，使暴日得以武力占据，目下几已变为完全的殖民地；现在日本资本又不断地向华北华南侵入，我们该作些什么感想呢？

日本对华投资的著名机关，过去有四家，一为南满洲铁路公司，创立于一九〇六年，资本八万万日元，二为东亚兴业会社，创立于一九〇九年，额定资本为二千万日元，由兴业、正金、三井、三菱、安田、住友、大仓、久原八大银行组成；三为中日实业公司，创立于一九一三年，资本五百万日元；四为中华汇业银行，创立于一九一八年，著名的西原借款就是由该行一手办理，不过已于一九二八年停业，至今还未恢复。此外自一九三五年日本积极推行“中日经济提携”的阴毒政策以来，日本对华的投资机关也增添了两个，一个是满铁旁系的兴中公司，资本一千万日元，以华北为它的“开发”对象；还有一个是台湾拓殖会社，资本额定为二千万元，由台湾总督府和若干糖业财阀组成，以华南（特别是闽粤）为它的活动范围。这两个新的机关好似一把巨大的老虎钳，将继满铁之后，使整个中国在南北双方的夹攻之下，更快地沦为日资的俘虏！

据雷麦氏研究所得，日本对中国本部投资的活动对象，以经营输出入业者为最多，约占 38.3%，制造业次之，约占 36.5%，金融业又次之，约占 10%。此外，据日本经济年报第七辑所载，自一九二八年至一九三五年这八年间，日本对华投资二十余万万日元，其内容如下表所示：

在前表中占最高额的是铁道等交通事业，这因为前表数字是将东北方面的也包括在内，而日本在东北的最大投资恰巧是铁路事业。所以按中国本部而言，雷麦氏的估计是大体正确的。日本在制造业方面的投资，最占重要的自然要推棉纺织业，前表告诉我们的亦正如此。然而棉纺织业同时又是中国民族工业的主要基础，所以日本在华的活动实是中国民族经济的正面大敌。其次如日资在农矿原料方面的活动，如最近一二年来垄断华北的原棉市场，强并柳江长城等煤矿，对于中国民族经济体系的建立，自然也是极大的阻碍。

（一）借款部分		（二）经济投资部分	
一般财政	一四二、二五四	一般商业	一六二、六八〇
铁道	一六四、二一九	各种制造工业	一四四、九四一
交通	七五、六〇九	银行与信托	二五六、三三二
军事	一〇二、五五九	铁道运输仓库	六五〇、一五二
产业	二四五、〇九〇	农矿林业	二〇六、六九五
其他	六四六	纤维工业	二五〇、六四五
合计	七三〇、四七七	其他	一三七、五二九
合计	一、八〇九、一五四		

注：见中国国民经济研究所编日本对华投资。

去年十一月，英国 Freda Utley 曾经发表一本名著，书名日本的泥足（Japan’s Feet of Clay）内中指明日本的产业基础是非常薄弱和危殆的。譬如日本的铁产仅及英国的1/4，煤产（连属地及“满洲”所产者也计算在内）也不过英国的1/5，棉花几全仰赖美国、埃及和印度的供给，羊毛绝对不能脱离澳洲的输入，所以不论就重工业或是就轻工业而言，日本都是处处依傍他人的，然而幸运的是在它的邻近有一个地大物博而又怯弱的中国，可以替它解决不少困难。新近日本学者原胜氏在二月号日本评论发表一文，（译文见五卷五期时事类编）明白指出“满洲事变”会使日本的重工业开始了非常的发展和扩大，不过“满洲”并未完全满足日本工业所需的各项原料，所以目下它还要向资源丰富的华北侵入。从这种种论述看来，日本资本目下向华北华南，向各个生产部门活动，其居心如何，对于中国是好是坏，不是更明白了吗？

本来帝国主义国家对落后国家的资本输出，原是满染着血腥气的，不过日本资本目下在华的各种活动，尤其带着一股杀气。因为第一，第二次世界大战的战机已经非常急迫（英美最近积极扩充军备，就是重要的指标，）第二，新的世界经济恐慌，据一般估计，又最可能在日本首先爆发，所以军需供给与经济资源都感贫乏的日本，实非狠命地挣扎一下不可，因此它对华的经济掠夺自然也要分外猛烈，这是我们对于日本帝国主义应该特别判别的地方。

三　日资猖狂的现状

末了，我们要谈一谈日本对华的投资与“中日经济提携”政策的关系。本来，自“九一八”的暴行以后，中国对日的观感（除掉少数亲日官僚）早已不好到透顶，这自然妨碍日本资本的对华输出，最明显的例子就是一九三一年至一九三三年间中日贸易的消沉。所以慢说争取华北资源以补充东北的不足，即就恢复“帝国”在华的经济利益而言，日本也应设法“调整”现状，使中国的富源得归日资“开发”的必要。“中日经济提携”政策就应了这种的需要而产生，它是使日资向中国大踏步前进的有力杠杆。在过去两年间，“中日经济提携”政策帮助日本资本抢去中国多少财富，作者曾在中日经济提携那本小册子里有了一张清单，现在应该补充说到的是林首相重新高唱“经济外交”以后，又完成了一些什么。在这儿，我们不能忽视的是儿玉考察团的来华，因为它是实现林首相的经济外交的先遣队，先来看看中国内部愿意响应林首相的经济外交的有多大的力量，可能首先实现的是哪些部分，据儿玉临去前的最后谈话，我们约略地晓得这次中日谈话的结果，“金融合作”与“棉业合作”已经有了具体的成就。

说到“金融合作”我们不能不回忆三月十日胜田主计在以前贵族院中的质问。胜田是著名的西原借款的策动者，他虽对“帝国”留下了一大笔倒账但是也帮“帝国”从中国抢去许多东西。

前月他又为“帝国”的侵略设计，说“英国对华外交自始至终均为经济外交，数十年来未尝稍变，故能成功。日本在华先有横滨正金银行之设立，但其纯为外国汇兑，不若汇丰银行之具有投资力。今觉吾人将来有开设此类银行之必要。”儿玉考察团这次侧重“金融合作”的谈判，当然不能说是受了胜田在贵族院中的质问的影响，但是在客观上确是在执行他的建议，即建立日本对华投资的金融重镇，使日本民间资本工具有一个良好的投资。我们晓得在两年前，日本就宣说要在上海设立资力达二万万日元的信用机关，“以济中国金融之急”，现在高唱“金融合作”，筹备日本汇丰银行的实现，大概就是想完成这种信用统制网。不过汇丰银行之有投资力，不仅因为英国的始终一贯，同时还是由于它本身金融力量的雄厚。所以日本想建立自己的汇丰银行，无疑地还得拉拢中国的银行资本才行。三月间朝鲜银行收买日人经营的上海银行，资金将由十万两激增至二百万日元，同时日方又驱使李思浩、曹汝霖、章士钊等作种种活动，为恢复中华汇业银行的准备，可说都是建立日本汇丰银行的初步工作。

至于“棉业合作”，可说早已实行，今后只能说是更有计划地加以推进而已。过去日资对华北原棉市场的垄断以及对华商纱厂的兼并，可说已经显出充分的威力，不过日本帝国主义不将中国的民族纱业全部摧毁，它是不够心愿的。现在它不断地在冀鲁两省自行投资，贷放棉种，实行对中国棉农之直接的统治；同时日本纺织业界又纷纷向华北投资，就是要完成未了的野心。下面是我们在新闻纸上看见的一个消息：

日纺纱业近又有五大会社决定向华北投资，（一）大日本纺织社，投资千万，设十五万纱锭，布机三千架。（二）仓敷纺织社投资五百万，设十万锭，布机千架。（三）内外棉纺织社投资五百万，设三万纱锭。（四）岸和田纺织社投资五百万，设十万纱锭，布机千二百架。（五）和歌山纺织社投资五百万，纺织五万锭，布机千架。以上均日领馆最近接到登记确数者，连现有投资各纱厂，

预计后年可达百四十万纱锭，较上月领馆综计，又超过四十万锭数。（天津十七日专电）

日本林首相的“经济外交”如何积极和猛烈，除掉上述两点以外，在最近期内我们还有不少材料足资印证。第一，在日本这次的新预算之中，对华输出补偿费规定为一百十九万元，这就是用来增进日货对华的推销能力；同时据说日政府还拟在沪设立输出补偿费机关，仿行英国的出口信用的贷款办法（见三月四日与廿八日中华日报。）第二，按日本的法律规定，庚子赔款仅能作为日本对华的文化事业费，最近日本议会通过修改该项法律，重定自四月一日起，该款可以用来购买中国的公债，和投资铁道矿业以及华北的各种事业（见三月二十二日东京中央社电。）日本帝国主义近来如何努力增强它的投资力量，如何关心中国本部的市场和资源，在这两段消息之中已经有了显明的表现。

在华北方面，军部系的经济活动，在最近一个时期也非常惹人注意。据三月廿六日天津专电，塘沽的军事化学研究社，和北支那铳炮火药制造株式会社，其计划方案已经陆军省批准，即由天津军需品商会主人宫宝负责兴办。兴中公司最近又添设监业部，包揽长芦的盐产。此外龙烟铁矿的开采，沧石路的修筑，乃至大沽港的开辟等大的投资活动，最近也日见具体化，陆宗兴、陈觉生诸僚属的碌碌于平津道上，一半就是为了这些问题。

所以综合起来说，自“中日经济提携”政策发生作用以来，日资在华的活跃已经得到很大的发展，现任日本林首相的“经济外交”自然更要加速它的开展。然而日资愈得势，在现条件之下，我们中华民族实在是愈倒霉，这是我们应该时时记在心头的一个结论！

（原载《世界知识》1937 年第 3 期）

重工业产品的周转税问题

——关于“生产生产资料的部门的产品价格照例不包含周转税”的研究

一

苏联科学院经济研究所编的《政治经济学教科书》是一本很好的马克思列宁主义政治经济学的简明教材，是值得我们认真学习和研究的。我在学习该书第三十三章（指第一版的版本而言，下同）的过程中，曾经遇到一个问题，现在把它提出来讨论。该书第三十三章讲到工业品价格的那一小节中，曾有工业部门制造的消费资料（轻工业产品）的价格一般包含周转税，以及工业部门制造的生产资料（重工业产品）的价格照例不包含周转税的论点，其原文如下：

“成本，企业的纯收入，具有所谓周转税形式的那一部分国家集中的纯收入，这三者构成工业品价格。

在苏联国营工业中存在着两种基本价格：工厂价格（所谓企业价格）和工业批发价格。工业品的工厂价格等于产品的计划成本加企业收入。这样，工厂价格保证企业能抵偿其计划消耗和取得纯收入。

工业批发价格等于工厂价格加上表现为‘周转税’形式的那一部分国家集中的纯收入。

社会的纯收入是在一切生产部门中创造的，但是周转税主要是从生产消费品的经济部门通过价格机构到达国家手中。生产生产资料的部门的产品价格照例不包含周转税。重工业中创造的纯收入的一部分，是在轻工业和其他生产日用品的部门中实现的。这就保证工业和农业中使用的生产资料的价格水平较低，因而有助于加快生产机械化的速度，归根到底使消费品的生产增加，使成本降低。”①

这一段话在我国的物价计划工作中有很大的影响，是值得我们细心地、反复地研究的。我过去认为这一段话是完全妥当的，现在觉得其中关于“生产生产资料的部门的产品价格照例不包含周转税”的论点可能含有问题。至于引用这个论点来论证我国的重工业产品亦应取消周转税（我国目前尚为其他税制形式，现在正准备改为周转税形式），亦应改按它的成本加企业纯收入②来规定它的批发价格，我现在认为是不妥当的。因为《政治经济学教科书》所提出的这个论点，原是根据经济学理论和结合苏联的一定历史条件（实际）所制定出来的一种经济政策（在这里即为物价政策），它的妥当性是含有很大的相对性的。这就是说，上述论点、上述政策（对重工业产品按不征周转税来规定批发价格的政策）虽然数年前在苏联已经实行了，但不能因此就说它也适用于我国目前或将来。我现在认为，上述论点、上述政策是不能机械搬用的；同时，这一论点本身，一般说来，还可能含有片面性的缺点。

为了把我以上的认识说清楚，并防止可能发生的一些概念上的混乱，我要先对本文的主题作以下几点说明：

第一，本文要研究的主题，是《政治经济学教科书》中的那个论点——“生产生产资料的部门的产品价格照例不包含周转税”以及这个论点是否适用于我国。这里应该首先分清的就是这个论点的含义：一、何谓“生产生产资料的部门的产品价格”？这当然是指各种重工业产品的价格而言，例如铜材、铜锭、铝锭、柴油机、

---

① 苏联科学院经济研究所编：《政治经济学教科书》，人民出版社 1955 年版，第 514 页。

② 我们通常称“企业纯收入”为“企业利润”。

发电机等的价格（本文所研究的价格，都不是指工厂价格，而是指工业批发价格而言）[①]。二、何谓“照例不包含”？这当然是指“往往不包含”“总是不包含”或“一般不包含”的含义而言。因此，所谓“生产生产资料的部门的产品价格照例不包含周转税”这一论点的含义，一方面不能机械地、绝对地被理解为全部重工业产品毫无例外地一概不征周转税；另一方面，也不能过于灵活地、宽泛地被理解为只对一部分或一大部分重工业产品不征周转税，而对另一部分或另一小部分重工业产品则仍征收周转税（如果这样理解，那就等于把上述论点的基本含义“阉割”掉了，它就不能体现它原来所代表的那个主张了）。因此，上述论点当然是这样一种主张，即对重工业产品，主张一般不征周转税，从而如有征收周转税的，那最多也只是个别的重工业产品。我们平时在学习中和在实际工作中亦正是这样理解的，它是符合于原著的本意的[②]。本文就是按这样的含义来研究它的妥当性。

第二，所谓每种重工业产品按它的成本加企业利润来定价，这当然不是按生产该种产品的各个工厂的成本（这会因为各该工厂的技术水平和经营水平的不同而不同）加企业利润来分别定价，这当然是按生产该种产品的全部或大部分工厂的加权平均成本加企业利润来定价。因为每一种重工业产品只能有一个批发价格，它不可能同时有好几个批发价格。因此，上面所说的作为工业批发价格构成因素之一的成本，当然是指每种产品的加权平均成本而言。

第三，所谓每种重工业产品按它的成本加企业利润（企业的纯收入）而不包含周转税（国家集中的纯收入）来规定它的批发价格，就是表明这种价格低于它的价值（相当于周转税的这一部

---

① 此外，也有这样一种意见，它以为这里并不是指各种重工业产品的价格而言，而只是指该部类的全部产品的价格总和而言。由于这种意见是很个别的意见，我把它留到本文末尾的附注中去说明。

② 《政治经济学教科书》第二版对本文前面所引的那一段话，已经作了个别文句上的修改，但未改变原来的文意：所以本文仍引用第一版的译文。

分价值量未体现在以上价格中）。我们平常说，对重工业产品应该采取低价政策，这就是说，重工业产品的价格应该定得比它的价值为低；至于应该低到何种程度，从上述论点来说，那是未被规定的。但是所谓“重工业产品的价格照例不包含周转税”，那就不仅是说重工业产品应该低价，而且还指明应该低到只等于成本加企业利润的程度。所以“重工业产品一般应该低价”和“重工业产品的价格一般不包含周转税”这两个论点是有区别的，是不能混为一谈的。

第四，关于前引《政治经济学教科书》中的那个论点是否适用于我国，这可以有两种提法：一是问目前是否适用；二是进一步问将来是否适用。这两个问题都同我们当前的实际工作有关，都是应该研究清楚的。就前一个问题说，我们同志间的意见大体上是一致的，认为我国目前对重工业产品还不能一般不征周转税。因为我国目前生产同一种重工业产品的中央国营工厂、地方国营工厂以及公私合营工厂的成本水平还很特殊，如果只按它们的加权平均成本加企业利润来定价，而不征周转税，那么一方面会有一些落后的工厂要赔本、要靠国家补贴（这在征收周转税的条件下，就可用暂时单独另订较低的税率或免税的办法来解决，比由国家另外拨款补贴好一些）；另一方面，那些较先进的工厂又会得到过多的超额利润和奖金（这在征收周转税的条件下，就可用暂时另订较高的税率的办法来解决）。这些都是不合适的，而且还不限于个别的、少数的重工业产品。这是大家已经意识到的一个理由，它已能表明上述论点不能适用于我国目前情况[①]。至于说到将来，说到前述第二个问题，在我们同志中间就有两种不同的意见：一种意见认为，到将来，譬如说到社会主义社会建成以后，由于生产技术都比较先进了，生产每种重工业产品的各个工厂的成本相距过大的情况基本上已成过去，重工业产品就可以一般不征周转税了；并引证《政治

---

① 在这里，如果把本文第二节将要讲到的“对一部分重工业产品必须征收周转税”的那个主要理由也考虑在内，那么，我们就更会认识到前引《政治经济学教科书》中的那个论点不能通用于我国目前情况。

经济学教科书》中的上述论点。另一种意见认为，就是到那时，上述论点也不能机械搬用，重工业产品也不能一般不征周转税；换言之，还应该根据其他有关条件①来分别规定：有征收的，有不征收的。我过去认为第一种意见正确，现在认为第二种意见正确。

二

为了对问题有一个全面的了解，在没有说明前述第二种意见为什么是正确的——这一问题之前，我们且先来考察一下有关重工业产品不征周转税的理由。

重工业产品不同于轻工业产品，它不是消费资料，而是生产资料，主要为机器设备和金属原料、化工原料等，它同工农业和交通运输业的技术改进有极密切的关系。因此，它在价格政策上就应该同轻工业产品有所区别，就是说，它一般应该采取低价政策，以至于不征周转税（像《政治经济学教科书》中所说的那样），来帮助刺激和加快生产机械化的速度②，提高劳动生产率，增加生产，降

① 在社会主义社会建成以后，由于生产技术比较先进了，每种产品个别成本特殊的情况可以大为改变，但是相当的差别还是会存在的。现在就算它们基本上已经接近，上述重工业产品要部分地保留周转税的理由基本上已不存在；但是除此以外，也还有其他条件、其他理由存在，这是本文以后要说明的。

② 在社会主义制度下，重工业产品定价低廉，对于全民所有制经济和集体所有制经济改进技术所起的刺激作用，在程度上和方式上是有不同的。譬如对于集体农庄，由于拖拉机、柴油、电力等重工业产品定价低廉，从而拖拉机站的业务成本和收费标准就极低廉，集体农庄就乐于将耕作机械化。又譬如对于手工业合作社，如果小型机械、废钢材等重工业产品定价低廉，它们就更有可能和有兴趣来购用，以提高手工业的机械化程度。这些都是直接的和显而易见的。至于对于全民所有制的国营企业，由于它们的财务收支都按国家规定的价格编制计划，“重工业产品定价低廉”对它们改进技术所起的刺激作用，就小一些和间接一些。有时甚至会使人觉得，重工业产品不论定价高低，好像都是一样，所谓“水涨船高、水落船低”。其实，并不如此。因为在社会主义制度下，每个国营企业都是一个相对独立的经济核算单位，有些指标、有些钱在总的计划指标之下，是可以由它们自己去具体安排和使用的。譬如技术组织措施费、企业奖励基金、超额利润提成等，就是由各企业自己去具体安排和使用的。因此，为了利导它们、刺激它们将归于它们支配的资金多用一些来改进技术，“重工业产品定价低廉”就有一定作用（当然还要同其他有关条件结合起来才能发挥这种作用）。

低成本。同时，在社会主义制度下，重工业产品实质上已经不是商品，它是国营企业内部的分配物资，仅仅因为生活资料尚为商品，以及为着它本身和全社会产品好进行经济核算，它还采取商品的外形，按一定的价格分配给国营企业。因此，重工业产品即使按照它的成本加企业利润来定价，它所包含的相当于周转税的那一部分社会纯收入，仍然留在国营经济内部，只不过由重工业部门转到轻工业部门和其他经济部门来实现（假定它们未相应降价）。所以在社会主义制度下，对重工业产品采取低价政策以至于不征周转税，不仅不影响国家财政收入①和社会积累，而且还会在一定程度内有利于增加国家财政收入和社会积累。因为如前所述，重工业产品如果作价低廉，它就可以促进技术改革，更快地使社会生产增加，成本降低；而这两者正是国家财政收入和社会积累赖以增长的重要泉源。

以上是有关重工业产品应该低价和不必征收周转税的主要理由。此外，还有两个次要的、从属的理由：一、重工业产品不征周转税而并到轻工业产品中去征收，就可适当减少国营企业为缴纳周转税所需占用的流动资金定额；二、在国家财政机关和国营企业之间，可以省去这一道周转税的征缴手续。

现在要问：以上所说的各种理由到底对不对呢？不用说，这些理由当然是对的。所以，如果只从这一方面来看问题，重工业产品不仅应该低价，而且尽可不征周转税。但是必须指出，这只是有关重工业产品的价格政策的一个方面，而不是全部。因为对重工业产品应该如何定价的问题，除了必须考虑它对整个社会生产的关系以外，还必须同时考虑到前面所说的同一产品的个别成本水平和个别价值水平的高低悬殊，特别是必须同时考虑到各种有关的重工业产品之间的各种关系和不同情况。譬如有些重工业产品受资源限制或

① 在国家取消或减少重工业产品原有的周转税时，如果没有相应的办法和措施，把这部分积累（纯收入）从其他有关部门和轻业部门核算回来，那么就会暂时影响财政收入。但是这终是一个暂时的工作问题，它是可以通过改进计划、财务等工作来解决的。

技术限制，产量不足，有些相反；又譬如有些重工业产品对技术改进有很重大的关系，有些较为次要，等等。从而对某些重工业产品的使用，我们就应大力提倡；而对另一些重工业产品的使用，我们又应暂时加以限制。我们如果把这种种关系都考虑在内，重工业产品虽然一般照样应该低价，但就不能一般不征周转税了；换言之，就有一部分重工业产品要征周转税了。这不仅目前如此，就是将来亦复如此（虽然在数量上和范围上会有变化）。

前面已经说过，在社会主义制度下，重工业产品是国营企业内部的分配物资，实质上已经不是商品，仅仅具有商品的“外壳”——价格形态。但是这绝不是说，价格高低对它的生产、分配和使用毫无影响、毫无关系。关于这一点，我过去曾经作过以下解释：

> 对于按计划在国营企业内部调拨分配的物资，价值规律当然没有调节作用，但是应当指出：价值规律对其调拨分配亦有一些影响。因为国营企业都要进行经济核算，它们对于这些物资的“估价”（即国家所订的调拨价格①）是否恰当，其利害关系如何，决不会不从各自的具体角度来考虑。固然，这些物资是由国家按生产计划和基本建设计划以及按消耗定额来决定分配的；分配以后，也还是属于国家所有，所以实质上已非商品，仅形式上尚为商品。但是这绝不等于说，所有国营企业对于这些物资的申请及使用，丝毫不受上述“估价”关系的影响。比如国家今年（1954）将东北红松的调拨价格比中南杉木提高5%，这样除国家严格压缩对红松的申请和分配以外，各用材单位本身今年对红松的申请亦自动减少了一些，在使用中就更注意节约。这就表明：价值规律对调拨物资的需求、使用亦是有影响的，只是不起决定性的作用。所以在订各种分配

① 就是前面所说的工业批发价格。

物资的调拨价格时，仍应考虑价值规律和注意利用价值规律，来为物资分配供应工作服务，来为社会主义建设服务。这不特在我国过渡时期如此，就是在社会主义制度下亦复如此。……①

这就是说：在社会主义制度下，重工业产品的生产和分配虽然不受价值规律的调节，但还受到价值规律的适当影响。这种影响，是通过对各种重工业产品定价的高低来表达的，我们应该自觉地、充分地加以利用。但是如果我们认为各种重工业产品一般都应该按照它们的成本加企业利润来定价（一般都不征周转税），那么就会把我们自己的手脚束缚起来，我们就将丧失利用价值规律的主动性；因为在上述条件下，我们对各种重工业产品的价格水平（高低）以及它们相互间的价格比例（比价）已经不能作多大的调整了。这就等于大大地削弱了上述价值规律的积极作用，以致取消了这种作用。

为容易了解起见，我再举一个实例来说明：根据初步核算，我国目前生产一吨轻柴油（以天然原油为原料）的成本约为 50 元，生产一吨原煤的成本约为 9 元。这些成本必须从它们的价格中收回，否则，就不能继续再生产（为了某种目的或关系，社会主义国家也会低于生产成本来规定国家企业产品的价格，不过这终是一种例外情况）。其次，为了刺激企业改善经营管理，加强经济核算，以上价格中一般必须包含适当的企业利润。这个企业利润，按它的本质要求来说，是不能过多的，是要受一定限制的，过多就不

① 骆耕漠：《我国过渡时期商品生产的特点和价值法则的作用》，财经出版社 1954 年版，第 31—32 页；原书中“法则”改为“规律”。

合理（苏联目前一般占成本的3%—7%上下）①。因此，对上述两种产品如果不征周转税，那么，一吨轻柴油的价格约为55元（假定企业利润为成本的10%上下，以下同），一吨原煤的价格约为10元。这样定价在我国目前是否合适呢？这是不合适的。因为这两种产品有互相代用的可能，而一吨轻柴油的使用价值（例如作为海轮上的燃料）大概可抵原煤7吨以上，但上述一吨轻柴油的价格只比一吨原煤多5.5倍，这就会刺激大家去用轻柴油为燃料。可是轻柴油的使用，由于我国目前还没有将石油资源大量地发掘出来，却要暂时加以限制；另一方面，用原煤来代替石油类燃料，又正要适当提倡。这虽然可以用国家的生产计划和分配计划来调节，但是按照以上规定（不征周转税）来定价，轻柴油的价格就相对较低，原煤的价格就相对较高，对调节它们的生产和分配都会起相反的阻碍作用。要解除这种阻碍作用，一般的方法是将轻柴油按每吨70元以上作价，即相当于原煤价格（每吨10元）的7倍以上，这就必须对轻柴油征收一定的周转税，否则，它的企业利润就太大和不合理了。

以上就是重工业产品不能一般不征周转税的主要理由和具体说明。

必须指出：各部、各管理局、各工厂所生产的成千上万种的重工业产品之间，一定有一部分或一小部分（非个别例外）会发生同上述相类似的比价关系和问题。这不仅目前如此，就是将来社会主义社会建成了，生产技术不断改进了，也是一时消除不掉的（虽然会相继减少）。因为要一般地消除上述问题，必须社会生产

① 社会主义企业利润为甚么不能过多？为甚么要受一定限制？我在《关于价格中的利润和利润率问题的研究》一文（载《计划经济》1956年第1期）中曾经作过如下解释："社会主义企业利润既然应按成本的百分比来规定，那么又以百分之几为适当、为合理呢？根据苏联经验，各企业的成本利润率不宜相差太大，以免在资金方面苦乐不匀，同时亦不宜完全一律，以免轻重工业不能分别照顾，总起来说，所有企业的成本利润率都不宜大，在苏联一般为成本的3%—7%，过大就要妨碍国家集中运用资金并将削弱企业利润对企业的刺激作用。"

已经达到如此程度：（1）我们所需要的各种生产资料，已经一般地不受自然资源的限制（劳动对象）；（2）我们已有相应的必需的技术装备（劳动工具）来对以上资源进行采掘和加工；（3）我们自己（劳动力）已能掌握和使用以上各种技术装备。很明显，我们要基本上达到以上三点，势必经过很长的高度工业化的过程，决非几个五年计划所能完成。因此，在社会主义建成以后的一个长时期内，一部分或一小部分重工业产品仍旧会有征收周转税的必要。

三

根据以上的研究和理解，我对本文开头所引的《政治经济学教科书》中的那一段话就得出以下两点认识：

第一，这段话是总括苏联的情况说的，其中所谓“生产生产资料的部门的产品价格照例不包含周转税”，是沿着苏联过去的物价史，特别是重工业产品的价格史发展下来的结果。这一方面说明有它的妥当性，另一方面也说明有它的局限性，因此，我们是不能机械搬用的。

第二，按一般情况说（无特殊的历史条件），这一论点本身可能含有片面性的缺点，因为它没有将有关重工业产品的价格政策的全部因素都考虑在内。我们如果机械地加以搬用，就会限制我们去利用价值规律对于重工业产品的生产和分配所能起的积极的“影响”作用，可是这种“影响”作用却是我们应该充分利用的；因为它对社会主义建设来说，是一个有利的因素，而不是一个有害的因素。

以上就是我对于“重工业产品不能不低价，和一部分可以不征周转税，但不能一般不征周转税”这一认识的基本说明①，其中可能有不妥当和不够详尽的地方。现在提出来的目的，是可以引起有兴趣的同志来共同研究，并及时得到批评和指正。

（原载《经济研究》1956 年第 3 期）

---

① 本文第三个注解中，曾经指出一种意见，它以为《政治经济学教科书》中所说的“生产生产资料的部门的产品价格”并不是指各种重工业产品的价格而言，而只是指该部类的全部产品的价格总和而言。其实，按教科书的上述论点来说，这两方面原是一致和没有差别的，不过它直接想表达的只是各种重工业产品的价格一般都不应包含周转税；至于该部类的全部产品的价格总和不含有周转税，那只是一个相应的间接的结果而已。那么，上述那种意见为什么要把它们区分开来，并特地指出那只是指该部类的全部产品的价格总和而言呢？这是由于：上述意见一方面认为在规定各种重工业产品的价格时，确应同时考虑它们之间的合理比价等关系；其结果就一定会同本文前面所说的那样，将有一部分或一小部分重工业产品要征周转税。另一方面，上述意见又认为这同《政治经济学教科书》中的那个论点并不矛盾，因而就将该书所说的“生产生产资料的部门的产品价格”不理解为各种重工业产品的价格，而只理解为该部类的全部产品的价格总和。但是这样一来，就必然会产生以下麻烦，即就各种重工业产品而言，既然有一部分要征周转税，那么就必须同时去找出另一部分相应的重工业产品——它们可以而且应该按低于其成本加企业利润来定价，而且还必须做到这所低的价格金额大体上足以平衡前述那些产品所征的周转税金额；否则，就好像不合乎理论、不合乎政策。其实对重工业产品订价，我们主要只需做到以下三点：第一，一般保本；第二，一般低价；第三，各种重工业产品之间的比价合理。至于第一部类产品的价格总和，结果到底是等于还是大于它的成本总和加企业利润总和，那是没有核算必要的。因此，上述那种意见是含有错误的。

论社会主义商品生产的必要性和它的“消亡”过程

——关于斯大林论社会主义商品生产问题的研究

一　要研究的问题

本文要研究的问题，不是在工人阶级已经取得政权和社会主义社会尚未建成以前的过渡时期为什么还有保存商品生产的必要，而是在社会主义社会已经建成和从社会主义向共产主义逐渐过渡的时期为什么还要继续保存商品生产和这种商品生产将怎样“消亡”下去。这后一个问题，在苏联已有直接的现实意义，对我国和各新民主主义国家虽然还是一个较为未来的问题，但从科学研究的长期规划来说，已是一个不容忽视的问题。

对上述问题，马克思、恩格斯、列宁曾直接、间接有所论述和提示，斯大林根据苏联社会主义建设的全部实践，曾有更多和更直接的论述和提示，特别是他的晚年著作《苏联社会主义经济问题》一书。斯大林的这本著作对马克思列宁主义经济学有许多重要的、著名的阐述，如其中论社会主义所有制的两种形式和社会主义制度下的商品生产之间的关系，“产品交换制度”的推行对促使集体农庄转变为全民所有制经济的作用，以及生产资料的生产在社会主义制度下（国内）已非商品生产，但还必须保留价值形态的“外壳”等问题的理论说明，就是这样的实例，虽然其中有些地方还有待于继续讨论和研究。斯大林的这些说明，在我国四年前是很新颖的，现在已为我们所熟悉。本文不是要来重述斯大林所提出的这些理论和它们的重大意义，而是想对其中个别新的论点再作进一步的学习和探讨。

斯大林在《苏联社会主义经济问题》一书中，在解答了苏联从资本主义到社会主义的过渡时期为什么不能消除商品生产这一问题之后，曾又进一步解答苏联目前为什么也还不能消除商品生产，他说：

> 有人说，在我国生产资料公有制已经建立，而雇佣劳动制度和剥削制度已被消灭以后，商品生产的存在就失去了意义，因此就应该消除商品生产。
>
> 这也是不对的。现今在我国，存在着社会主义生产的两种基本形式：一种是国家的全民的形式，一种是不能叫作全民的集体农庄的形式。……这种情况就使得国家所能支配的只是国家企业的产品，至于集体农庄的产品，只有集体农庄才能作为自己的财产来支配。然而，集体农庄只顾把自己的产品当作商品让出去，愿意以这种商品换得它们所需要的商品。现时，除了经过商品的联系，除了通过买卖的交换以外，与城市的其他经济联系，都是集体农庄所不接受的。因此，商品生产和商品流通，目前在我国，也像大约三十年以前当列宁宣布必须以全力扩展商品流通时一样，乃是必要的东西。①

从这一段话看来，社会主义社会建成以后，商品生产还不能消除的原因就只在于集体农庄尚为集体所有制经济而非全民所有制经济，它的产品还不能同国家企业的产品一样受国家支配。同时，斯大林紧接着所说的那一段话，也是加深人们这一认识的。他说："当然，在出现了有权支配全国一切消费品的一个无所不包的生产

① 斯大林：《苏联社会主义经济问题》，人民出版社1953年版，第13—14页。

部门，来代替两种基本生产部门即国营部门和集体农庄部门之后，商品流通及其‘货币经济’就会作为国民经济不必要的因素而消失了。但是，只要这个条件还不具备，只要还存在着两种基本生产部门的时候，商品生产和商品流通便应当作为我国国民经济体系中必要的和极其有用的因素而仍然存在着。”①

我认为，斯大林的这一段解释和所提出的论点可能是说得不够确切的，因为它很容易使读者对社会主义商品生产的必要性和它的“消亡”过程，得出一个不完全的认识。现在，我把它作为一个学术问题提出来研究一下。

二　社会主义制度下的商品生产

为了说明我的认识和避免混淆，应先分别清楚：在社会主义制度下，有哪些具体的商品生产关系？它们的必要性的根据何在？

关于商品生产，马克思、恩格斯曾作过不少经典性的解释。譬如恩格斯曾说，什么是商品？这是多多少少互相分离的私人生产者的社会内所制造的生产品，就是说，首先是私人生产品。可是，只在这些生产品，不是为生产者本身消费而生产，而是为他人消费即是说为社会消费而生产之时，它们方才成为商品；它们通过交换，进入于社会的消费之中。这当然是就一般私有制度下的商品生产而言的。马克思、恩格斯论述商品生产时，一般也是以这种商品生产为对象。这种商品生产在社会主义制度下，由于生产资料已转为公共财产，除掉在集体农庄市场上还有极个别的残迹存在外，已经是不存在了。斯大林说：“我国的商品生产并不是通常的商品生产，而是特种的商品生产，是没有资本家参加的商品生产，这种商品生产基本上是与联合的社会主义生产者（国家、集体农庄、合作社）

① 斯大林：《苏联社会主义经济问题》，人民出版社1953年版，第14页。

的商品有关的。”① 这就是说，商品生产有建立在私有制基础之上的，也有建立在公有制基础之上的。后面这种商品生产，虽然为联合的社会主义生产者所公有，但是他们必须将产品作真正的交换、买卖，即将他们的产品的所有权作真正的转移，那些产品才能算是真正的商品。关于这一点，斯大林曾特地强调指出，他说：

> 可不可以把我国社会主义制度下的生产资料看做商品呢？据我看来，无论如何是不可以的。
>
> 商品是这样的一种产品，它可以出售给任何买主，而且在出售之后，商品所有者便失去对商品的所有权，而买主则变成商品的所有者，他可以把商品转售、抵押或让它腐烂。生产资料是否适合于这个定义呢？显然，是不适合的。……②

接着，斯大林就解释：在社会主义制度下，生产资料虽由国家交给或分配给它的企业（有关的国家企业，按照国家的分配计划，通过付款收款的形式，相互调拨它们的生产资料），但并没有转移所有权，而仍属于国家所有。至于在分配和调拨时，所以要“讲生产资料的价值，讲他们的成本，讲他们的价格等等”，那是“为了计价、为了核算、为了计算企业的盈亏、为了检查和监督企业所必需的。但这只是事情的形式的一面”。因此，生产资料在国内就已“失去商品的特性，不再是商品，并且超出价值规律发生作用的范围之外，仅仅保持着商品的外壳（计价等）”而已；只有“在对外贸易领域内，并且仅仅是在这个领域内，我们的生产资料才确实是商品”。③

根据以上所述，在社会主义制度下，例如在苏联，在它国内，商品生产关系可以划分为以下两类：

---

① 斯大林：《苏联社会主义经济问题》，人民出版社 1953 年版，第 15 页。
② 同上书，第 46 页。
③ 同上书，第 47 页。

一、真正的或完全意义的商品生产；为了以后研究的必要，这又可以具体地分为以下 5 种。

（1）国家和集体农庄、合作社之间的商品关系，即国家向集体农庄收购农产品和原料；国家向手工艺合作社收购手工艺品；国家向它们出售一部分生产资料如运输汽车、废钢材等（所以严格地说，在社会主义制度下，生产资料在国内也有极小一部分是作为真正的商品出售的）。

（2）国家和集体农庄的庄员、手工艺合作社的社员之间的商品关系，即国家通过国营和合作社营的零售网，将各种消费品出售给他们。

（3）国家和国家企业、事业以及军政机构内的职工、成员之间的商品关系，即国家通过国营和合作社营的零售网将各种消费品出售给他们。

（4）集体所有制经济和集体所有制经济之间的商品关系，例如手工艺合作社直接向集体农庄收购它们在完成对国家的交售任务以后所余下的某些农产品和原料。

（5）集体所有制经济和居民之间的商品关系，例如集体农庄和手工艺合作社在集体农庄市场上直接出售一些多下来（除卖给国家者外）的零星产品给居民。

二、非真正的或非完全意义的商品生产

（6）这就是前面所说的在国家企业之间采取价值形态（商品的外壳）互相调拨的生产资料。

本文要研究的，就是在社会主义制度下，上述两类或上述六种具体的商品生产关系的存在根据和它们的“消亡”过程。在这六种商品生产关系之中，第四、第五两种所占的比重是很小的，而且是从属和派生的性质。本文以后不专门加以论述；因为只要将前面第一、第二两种商品生产关系的存在根据和“消亡”过程解释清楚，它们（前述第四、第五两种商品生产关系）也就可以迎刃而解了。

在社会主义制度下，国家企业所生产的消费品，是国家向集体所有制经济换取农产品、原料和工艺品的主要依据，它们通过国营和合作社营的零售网卖给集体所有制经济的生产工作者，这部分消费品当然是真正的商品。国家企业所生产的消费品，另一部分是卖给国家企业、事业以及国家军政机构的职工和成员的，这部分消费品是不是真正的商品？或者仅仅在形式上为商品？这本来是不成问题的，但从本文来说，却有着重分析一下的必要：

第一，这部分消费品本质上是由全民所有制的企业卖给它的成员，这是全民所有制企业的成员对他们的企业提供劳动的一个相应的补充过程（构成“各尽所能，按劳取酬”的全部过程）。在社会主义制度下，国家企业付工资给工人，以及工人在国家企业中劳动，已经不是商品买卖关系——劳动力已非商品，工资已非特种商品（劳动力）的价格形态。那么，国家企业卖消费品给工人，工人按规定价格付钱给国家企业，是否亦可类推为非商品买卖关系呢？这是不能这样类推的。因为在国家企业和它的成员之间，劳动力不是可以随便“卖与不卖”或“买与不买”的对象；但是消费品在国家企业和它的成员之间就不具有这种性质，特别是国家企业的成员有完全的自由来选购国家企业所生产的消费品，同时买去以后，就属于他们所有，国家企业不能再从他们那里“调拨”回来。所以上述消费品也同国家企业卖给集体农庄庄员的消费品一样，都是真正的商品。

第二，国家企业所生产的消费品，不论是卖给它的成员或卖给集体农庄的庄员，虽然都是商品，但是前者直接为全民所有制经济内部的商品关系，后者为全民所有制经济同集体所有制经济之间的商品关系，它同国家向集体农庄购买农产品和原料是互相联系的。本文以后将要说明：国家向集体农庄购买农产品和原料这一方面，在集体农庄转变为全民所有制经济以后，就会变为非真正的商品关系，同现在国营企业互相调拨生产资料一样。至于国家向集体农庄庄员（他们那时已变为国营农场的生产工作者）销售消费品这一方面，到那时仍然是真正的商品关系，不过亦变为全民所有制经济内部的商品关系，即同现在国家企业卖消费品给它的生产工作者一样。因此，我认为在专门研究社会主义商品生产的必要性和它的“消亡”过程这一问题时，对于上述商品关系的这两个方面，是有区分必要的。

三　社会主义商品生产的存在和“消亡”问题

现在我们来研究，在社会主义制度下，为什么要保留以下三方面的商品生产关系和它们将怎样“消亡”下去？

（1）国家和居民之间的，即前述第二种和第三种商品关系。

（2）国家和它的企业之间的（国营企业和国营企业之间的），即前述第六种商品关系。

（3）国家和集体所有制经济之间的，即前述第一种和第二种商品关系。

总起来说，我认为，在社会主义制度下，生产资料私有制度已经被消灭掉了，而上述三方面的商品生产关系仍然存在和被保留的原因，一是由于社会生产力还发达得不够充分：二是从属地由于在人们的意识中还或多或少地遗留着资本主义的残渣，如自私的倾向和本位主义等[①]。这就是说，在社会主义制度下，社会生产力还不能“随着每个人在各方面的发展而增高，一切公共财富都尽量涌现出来”；劳动还“单单是谋生的手段”，还未同时成为“乐生的第一要素”（马克思语）；人们还不能完全“如此习惯于遵守公共生活底基本原则”，“自愿地尽其所能来工作”（列宁语）。因此，

---

① 斯大林在他的年青著作《无政府主义还是社会主义?》一书中，对本问题曾作以下解释：“……在社会主义第一阶段上，既然参加新生活的还有一些不习惯于劳动的分子，生产力也没有足够的发展，而且还有‘粗’工和‘细’工的差别，这时要实行‘各取所需’的原则一定大感困难，所以社会不得不暂时走上某一条中间道路。但同样很明显，当未来社会走上自己的轨道而资本主义残余被连根铲除的时候，上述原则就会是适合于社会主义社会的唯一原则。”（《斯大林全集》第一卷，人民出版社1953年版，第307—308页。）

要建成社会主义，要完成向共产主义（第二阶段）的过渡，在经济上就有保留商品生产以及价值、成本、价格、利润等经济工具的必要，以便利用它们来为社会主义和共产主义的建设服务。具体说来，是为了以下三方面的实际需要：

第一，为贯彻“按劳取酬”所必需——在属于全民所有的经济中，所有生产资料和生产成品都属于全体生产工作者所有；但是由于前述总的情况，在安排劳动和分配消费品方面还不能采取“各尽所能，各取所需”的原则和办法（如果人为地、过早地采用这种原则和办法，社会就会发生混乱和倒退），还只能采取“各尽所能，按劳取酬”的原则和办法。这是在上述总的情况之下，使社会利益和个人利益相结合的最好办法，它可以刺激和督促人们来努力提高劳动生产率，增加生产，扩大生产，建成社会主义和共产主义的经济基础，使人们的物质文化生活不断地提高。在社会主义制度下，在属于全民所有的企业和它的生产工作者之间，既然只能采取“各尽所能，按劳取酬”的原则和办法，那么消费品就自然必须采取商品形态，按它的价值、价格来交换、来分配；对于劳动也就必须按它的数量和质量并利用货币形式来计酬（工资）。

第二，为实行“经济核算”所必需——在前述总的情况之下，国家对于属于全民所有的生产资料和企业，是否可以采取凭“良心”或单凭“社会主义热情”的办法，分别交给它的部长、局长、厂长、车间主任、工段长、各职能机构，以及职工群众去经营管理呢？那是绝对不行的。如果那样做，一定会大大地便利于人们去浪费国家资财、不积极改进生产、不顾整体利益，以及产生其他混乱和倒退的现象。因此，在社会主义制度下，国家对于它的企业，除要注意政治工作外，在经济上还必须有一套管理办法，即“经济核算”的办法；说得通俗一些，即一切要算账，要计较盈亏，要有赏罚和追究责任。列宁曾经教导我们说，要建成社会主义并把千百万人引向共产主义，“不是直接依靠热情，而是借助于伟大革命所产生的热情，依靠个人利益，依靠个人兴趣，依靠经济核算”[①]。“经济核算”办法是“各尽所能，按劳取酬”这一经济规律在一个企业、一个经济部门中的扩大利用，它必须借助同商品生产有关的价值、价格、成本、利润等这一系列的经济工具来贯彻。否则，对各种各样的劳动消耗、原材料消耗，各种各样的固定资产和流动资产的周转效率，各种产品的质量好坏，等等，就难以进行统一的核算和监督。以上核算和监督，是统一地通过产品的推销结价、积累的上缴、信贷的偿还等环节来施行、来检验的。

从以上说明可知：在社会主义制度下，生产资料在国内所以还要保留商品的“外壳”，是有两个根据的：第一，由于消费品尚为商品，它要计价销售，因而作为消费品的成本因素之一的生产资料当然不能不也相应作价；第二，由于国家对它的企业（不论是生产消费品的企业或是生产生产资料的企业）要实施经济核算制度，因而生产资料必须具有商品的“外壳”并在国家企业内部作价调拨。所以，斯大林说：“这是为了计价、为了核算、为了计算企业的盈亏、为了检查和监督企业所必需的。”[②] 这是非常重要的，这是有很大的实际作用的。生产资料的价格也是不能随便定的。我们在规定生产资料的价格时，必须适当考虑它们的价值和相互的比价关系。斯大林说生产资料的价格等“只是事情的形式的一面”，是“超出价值规律发生作用的范围之外”，等等[③]，那都是对比着真正的完全意义的商品而言的，我们不能孤立地去了解绝对地去了解，或过分夸大地去了解；否则，就会产生误解和在工作中犯错误。

第三，为适应“集体农庄的经济要求”所必需——在社会主义制度下，在国家和集体所有制经济（以下只以集体农庄为例来说明）之间，是存在着大量的商品关系的，主要是：一、向集体

---

① 参阅苏联科学院经济研究所编《政治经济学教科书》，人民出版社 1955 年版，第 503—507 页。

② 斯大林：《苏联社会主经济问题》，人民出版社 1953 年版，第 47 页。

③ 同上。

农庄采购大量的农产品和原料；二、向集体农民销售大量的消费品。为什么要保留这样大量的商品关系呢？这是因为社会生产力，特别是农业生产力还发达得很不够，集体农民对社会主义的觉悟程度也还不够高，国家如果就把集体农庄变为全民所有的国营农场，把他们的产品全部变为国家直接支配的全民财产，他们本人都变为农场的生产工作者，按劳取酬，由国家发给工资，这不但一时不易为他们所乐意接受，而且也会给国家增加过重的负担（好像我国目前如果过早地将小商小贩的经销、代销关系，一下都改为合营商店或国营的零售机构，就会给国家增加一个“大包袱”一样）。所以按照“生产关系一定要适合生产力性质”这一规律，集体农庄既然不能马上改为全民所有制经济，那么在全民所有制的工业（城市）和集体所有制的农业（乡村）之间，就不能不继续保留大量的商品交换关系。

以下，我要着重提出两个问题来研究：一、把集体所有制经济都变为全民所有制经济，以及二、把国家和全民所有制经济中的生产工作者之间的“各尽所能，按劳取酬”的关系都变为“各尽所能，各取所需”的关系（也就是说，把消费品从商品变为直接分配的产品）——这两者的转变过程、条件和历史进度，是否是一样的？我认为不是完全一样的。例如要完成以上两者的转变，虽然都要大大地发展社会生产力，以及大大地提高人民的共产主义觉悟程度，但是为了完成前列第一种转变，对这两大基本条件的要求就可以较低一些，因而就可以较早完成；为了完成前列第二种转变，对这两大基本条件的要求就要更高得多，因而必须在更远更远的将来才能完成。

根据以上理解，我认为，“在出现了有权支配全国一切消费品的一个无所不包的生产部门，来代替两种基本生产部门即国营部门和集体农庄部门之后”[①]，国家向集体农庄购买农产品和原料的这

① 斯大林：《苏联社会主义经济问题》，人民出版社1953年版，第14页。

一商品关系是可以消失了，但是国家和集体农民（他们那时已直接为全民所有制经济中的生产工作者）以及国家和原有全民所有制经济中的生产工作者之间的商品关系（消费品之作为商品）还是一时消失不了的。（生产资料的商品“外壳”，到那时也还是要继续保留的。）因此，所谓到那时，“商品流通及其‘货币经济’就会作为国民经济的不必要的因素而消失了”[①] 这一结论，可能是说得不够确切的。

再者，根据以上理解，我认为，在社会主义制度下，社会主义生产存在两种基本形式——全民所有制形式和集体所有制形式，只是社会主义商品生产关系存在的根据之一，而不是它的全部根据。因此，只从社会主义生产还存在两种公有制形式，来解答在社会主义制度下为什么还有商品生产关系，亦可能是说得不够确切的。

关于斯大林所提出的有关社会主义商品生产的上述论点，我过去曾有以下想法：到国家有可能把集体所有制经济都变为全民所有制经济的时候，消费品大概也可摆脱商品形态而变为直接分配的社会产品；所以斯大林才作那样的论断。但是一经研究，就觉得这样的想法是不对的。这可以直接从斯大林的以下论述中看出来：

（1）大家知道，用“产品交换制”来代替“商品流通”，是被斯大林作为“把集体农庄所有制提高到全民所有制的水平”的有效方法之一来提出的[②]。但是“产品交换制”与“商品流通”不同的地方，基本在于前者通过广泛的全面的“换货”合同，把集体农庄生产的产品都包括在全民计划化的总的系统中，借以加强国家对全部农产品和原料的控制，达到消除集体农庄所有制和商品流通阻碍国家生产力强大发展的潜在矛盾；另一方面，“产品交换制”还是保留一定程度的商品关系的（比国家企业内部调拨分配的生产资料还具有更多的商品“外壳”），仍需互相交换，互相计

① 斯大林：《苏联社会主义经济问题》，人民出版社1953年版，第14页。

② 同上书，第60、61、86页。

价，它（产品交换制）并不是产品的直接分配制。所以斯大林在讲到产品交换的广大系统时，曾有“以便集体农庄在交出自己的产品时不仅取得货币，而主要是取得必要的制成品”，以及“集体农庄农民从国家手中获得的产品，将比在商品流通中获得的要多得多，价钱也便宜得多”等的说法。[①]

（2）大家知道，为了准备在实际上而不是在宣言上过渡到共产主义（第二阶段），斯大林曾经指出至少必须实现三个基本的先决条件，其中条件之一就是使“产品交换制来代替商品流通”，“把集体农庄所有制提高到全民所有制的水平”。斯大林说，只有把这一切先决条件全部实现之后，才可以希望，劳动将在社会成员面前，从累赘变成“生活的第一需要”，才可以从“各尽所能，按劳取酬”过渡到“各尽所能，各取所需”；才易于使社会主义过渡到共产主义。[②] 从这些论述中，当然不难看出：在集体农庄所有制转变为全民所有制这一条件实现之后，消费品之作为商品，还是不能随着就改变掉的，这就是说，“商品流通及其货币经济”在那时和在一个相当长的时期内，还是需要继续存在的。如果不分清这一点，我们到那时就会错误地、过早地来废除一切商品生产，而不继续加以利用。

既然如此，那么，斯大林为什么又说：在社会主义制度下，商品生产的继续被保留，只是由于社会主义公有制还存在着两种不同的形式呢？对这个矛盾，我有以下两种理解：或者（一）在社会主义制度下，虽然工业消费品（绝大部分为国营企业生产）和农产品（大部分为集体农庄生产）都是商品，但两者是有区别的：前者直接掌握在国家手中，只是要卖给居民，易于主动处理；后者先掌握在集体农庄手中，国家要向它们去买，较难主动处理。因

① 见斯大林《苏联社会主义经济问题》，人民出版社 1953 年版，第 86、87 页，并参阅第 61 页。

② 参阅同上书，第 60—62 页。在英文译本中，前引“才可以”和“才易于”两处，都是用的“未来式”，是译得更确切、更为明确的。

此，虽然这两类商品生产都同共产主义不相容，但后者的矛盾更大，是主要矛盾或基本矛盾，它如果被解决了（将集体农庄转变为全民所有制经济），过渡到共产主义（商品的全面“消亡”）就较容易了；也就是说，社会主义制度下的商品生产就等于达到基本消失的程度。因此，斯大林论述社会主义制度下的商品生产问题时，就是以后者为对象，于是就做出本文前面所引的那一个论断。或者（二）斯大林作此论断时，根本就是将“商品生产”“商品流通”“货币经济”等概念只作为“互相持有商品、互相以商品交换（买卖）”这一含义而言；如果这样，前述矛盾当然亦可消除。但是，不论怎样，以上论断本身总是容易使读者对社会主义商品生产的必要性和“消亡”过程得出一个不完全的认识。我的这些理解，以及我前面所提出的意见，都只是我个人在学习中的一种想法和看法，难免是不对头的，现在冒昧提出，希望有兴趣的同志来共同研究和指正。

最后，我再附带说一下社会主义制度下商品生产的全部“消亡”问题。

上述消费品之作为商品和生产资料还具有商品的“外壳”，这些必须从社会主义进到共产主义（第二阶段），才能完全“消亡”下去。因为正如马克思所教导，只有到那时，即“在共产主义社会高级阶段上，当那奴役人们迫使其服从社会分工的情形已经消失后；当智力劳动与体力劳动的对立已随之消失后；当劳动已经不单单是谋生的手段，而且本身已为乐生的第一要素时；当生产力已随着每个人在各方面的发展而增高，一切公共财富泉源都尽量涌现出来时，——只有那时，才可把资产阶级法权底狭隘眼界完全克服，而社会就能在自己的旗帜上写着：‘各尽所能，各取所需’”①。

马克思列宁主义是把社会主义制度下的商品关系和“国家”机构的必要性同“资产阶级法权底狭隘眼界”一时不能完全被克

① 转引自《列宁文选》（两卷集）第二卷，人民出版社 1955 年版，第 243 页。

服——这两者联系起来考虑的。马克思列宁主义认为社会主义制度下的“国家”是不能“废除”的，而只能让它自行“消亡”下去。列宁曾说：“‘国家消亡’一语，真是选得非常中肯，因为它既能表明过程的逐渐性，又能表明过程的自发性。”[①] 社会主义制度下的“商品”同社会主义制度下的“国家”相似，它也是不能“废除”的，而只能让它自行“消亡”下去。这就是说，随着前引马克思所说的那些物质的、精神的条件逐渐成熟，消费品的产量越来越丰富，质量越来越优美，价格越来越低廉，供应越来越周到；这样，它就自然而然地由“各尽所能，按劳取酬”的对象（商品形态）逐渐转化为“各尽所能，各取所需”的对象（完全褪去商品的痕迹）。到那时，社会中枢——中央计划、统计组织对各地方、对各经济单位虽然还要周密地（而且比现在不知要周密多少倍）计算生产和分配，但只要按大家对生产和消费的需要，并直接按劳动的时日单位、按物资的自然计量单位来计算，不必再用什么价值、价格和货币等经济工具了，同时也无须采用“经济核算”制度、“财政监督”制度等（这些也是“资产阶级法权底狭隘眼界”的最后遗物）来“约束”、来刺激了[②]，从而生产资料的商品“外壳”也就自然而然地随着“消亡”下去。

以上所说的“商品消亡”的远景，正如马克思列宁主义所教导，是不能“约许”的，是不能“施行”的。这就是税，我们对这个极为美好的共产主义远景，不能空想，不能开无谓的空头支票，而应该从加紧当前的社会主义建设工作和共产主义建设工作，切切实实地、一步一步地向它前进。

（原载《经济研究》1956 年第 5 期）

① 《列宁文选》（两卷集）第二卷，人民出版社 1955 年版，第 238 页。

② 人们现在做计划工作，要注意劳动、物资、财政等三大类的平衡表；到那时，前两类会永远存在下去，后一类就只有一个前途，那就是进历史博物馆。

价值规律和国民经济有计划按比例发展规律对生产的作用问题及其相互关系问题

一　关于价值规律问题

按政治经济学这一门学科的历史说，探讨商品的价格是由什么决定的问题，是它开宗明义的第一个任务。这个问题不搞清楚，其他更进一层的经济问题，如利润、地租等问题，就无从谈起。对这个问题进行探讨，从古希腊的亚里斯多德算起，到现在已有两千三百多年；从英国的威廉·配第算起，到现在已有三百多年；从马克思完全科学地解决这个问题，说明商品价格是由价值（物化在商品内的社会必要劳动）决定的年代算起，到现在也有一百多年。但是值得我们注意的是：直到现在，在我们从事政治经济学教研工作的同志中间，对价值规律是什么，还有不同的说法。本文不能来讨论价值规律应该是什么，以及其他的解释为什么都是不对的等问题。但是由于我要谈价值规律对生产的作用问题，就必须先提出自己对价值规律的认识；否则，主体不清，就无从谈它的作用，或者谈了以后，反会使人们迷惑起来，搞不清楚我在说些什么。

我所理解的价值规律就是：这个商品和别一个商品的交换比例

编者按：本文是作者四月间在经济理论讨论会上海会议上的一个发言；为在本刊发表，作者曾作了个别文字上的修改。

（通称交换价值），或者各种商品分别和一种特殊的商品即货币相交换的比例（通称价格），必然受物化在商品（包括货币）内的社会必要劳动（通称商品的价值）所决定。所以简单地说，价值规律就是商品按价值交换或等价交换的规律。这在马克思、恩格斯的经典著作中有一再的说明。从政治经济学这门学科的发展和形成的历史过程来看，人们在很长一个时期内，只知道在商品的交换价值或价格后面有一个共同的东西在起决定作用。开始时人们对这个东西的命名是分歧不一的，有的把它称作“自然价格”，以与市场价格相对待；有的把它称作“实际价值”或“抽象价值”，以与交换价值相对待，后来才把它统一地命名为价值。至于这价值是什么，即决定商品交换价值或价格的这个背后物，到底是什么，直到马克思才完全科学地论证清楚，阐明它就是物化在商品内的社会必要劳动。有的同志把价值规律简单地表述为价值由社会必要劳动所决定的规律。做这样的表述，当它是直接针对着和结合着前面的价格问题并为解答这个问题而提出时，这也是可以的，马克思在他的经济著作中有时就是这样说的。如果我们不作全面的了解，孤立地引用上面的表述，那就不能完整地说明价值规律是什么；特别是现在有些同志把价值与社会必要劳动这两个范畴完全等同起来，上面的表述还容易使人们误解价值规律是永存的，而不是商品经济所特有的规律。

价值规律同科学所探明的其他一切规律一样，都不是直接地和纯粹地显示出来的；这是因为任何事物都不是孤立地存在着，而是互有交叉、互有干扰的。在实际经济生活中，不论是资本主义制度下或社会主义制度下，商品的价格因各种主客观因素的交叉，总是高于或低于价值，很少是恰巧等于价值。但是，归根到底，商品的价格又总是受价值制约的，并从而显示出价值对背离它的价格仍有决定作用。有人因为看见价格总是背离着价值，就说价值规律不适用或不存在，那是对这个规律以及对一切科学规律的客观性的一大误解。

二　关于国民经济有计划按比例发展规律问题

国民经济是一个多方面的纵横交叉的综合体，它们相互之间有各种比例关系，如第一、第二部类的比例关系等。因此，它们必须保持一定比例、一定的平衡，才能发展。这是各种社会形态所共有的经济规律，如同生产关系要适合生产力性质的规律、劳动生产率增长的规律一样，为各个社会所共有。至于这个规律的表现过程或实现过程，在不同社会中（在不同的所有制度下），则是互有不同的。马克思在致库格曼的一封信中，曾极明白地谈到这一点。他说："显而易见，这种按一定比例分配社会劳动的必要性，决不可能被社会生产的一定形式所消灭；所能改变的只是它的表现形式。……在社会劳动的联系是表现于个人劳动产品的私人交换的社会制度下，这种按比例实行的劳动分配所由以表现的形式，也就是这些产品的交换价值。"① 这就是说，在资本主义制度下，由于生产资料的私有制，存在竞争和生产无政府状态，这个按比例发展的规律，是不可能通过人们的自觉认识来表现的，人们只能后发地依靠市场价格的波动去瞎摸瞎凑。在社会主义制度下，由于生产资料为社会公有，用马克思的话来说，生产是直接为社会生产，不像私有制度下的生产是后发地经过私的交换才转化为社会生产。因此，在社会主义社会的经济生活中，存在着国民经济有计划按比例发展的规律，它代替了资本主义制度下的竞争和生产无政府状态的规律。

关于国民经济有计划按比例发展规律这一规律的命名，是否妥当，曾有讨论。我觉得是恰当的。因为它能在表述上把社会主义社会的这一个比例发展的规律，从一般的按比例发展规律区别开来。

---

① 《马克思恩格斯文选》（两卷集）第二卷，外国文书籍出版局 1954 年版，第 462 页。

同时，国民经济有计划按比例发展规律这一全称，也明确地表明它是社会主义社会经济发展的一个客观过程，不会因为其中有“有计划”这一限制词就被误解为这不是客观规律，而是由人“创造”出来的“规律”。

所有社会规律，都是反映人们活动的客观必然联系。例如在过渡时期，有无产阶级必然对资产阶级实行专政的规律，这当然不会被理解成由无产阶级主观上创造出来的规律。国民经济有计划按比例发展规律亦同。计划是由人制定出来的，这是一个上层建筑的产物；我们应该将计划和人们制定计划时所依据的国民经济有计划按比例发展规律区别开来。如果因为“国民经济有计划按比例发展规律”这一规律的命名中有“有计划”三个字，就觉得这不像一个客观规律的表述或者把它作为“唯意志论”观点，那就未免过于拘泥于文字了。

三　关于价值规律对生产的调节作用的两种不同解释问题

在社会主义制度下，例如在我国现阶段，价值规律对生产有没有调节作用，这是一个有争论的问题。我认为，我国经济学界争论价值规律对生产的“调节”作用问题时，有一些同志是把两个截然不同的解释绞在一起和混为一谈了。因此把它们明确地区分开来，是有十分必要的。

现在先谈第一种解释、第一种使用法。

不论什么社会制度，生产总是按着一定的比例进行的。但是，在私有制度下，在资本主义制度下，生产什么，生产多少，亦即生产资料和劳动力在各生产部门的分配，如前所述，是不可能由社会、由国家来预先统一安排的，而只能由各个私的生产者、资本家去瞎碰瞎撞。他们只能后发地凭市场价格的涨跌来各自安排。涨价表示供不应求，他们就去多生产；跌价表示供过于求，他们就减少生产或不去生产。这就是人们常说的价值规律在人们背后自发地调节着社会生产。马克思、恩格斯和后来斯大林，说价值规律对某种生产有调节作用时，他们所说的“调节作用”，就是指此而言。例如，马克思在《资本论》第一卷第429页中说：“手工制造业的分工，以生产资料集中在一个资本家手里这一件事作为前提；社会的分工，则以生产资料分散在许多互相独立的商品生产者手里这一件事作为前提。在手工制造业内，比例数或比例性的铁则，使一定数的工人，归属于一定的机能；在社会内，商品生产者和他们的生产资料，是如何在不同诸社会劳动部门之间分配，都是让偶然性、随意性去发挥它们的杂乱的作用。……各生产范围保持平衡的不断的趋势，只是当作这个平衡不断破弃的反应来实行。工场内部的分工，有一种先定的计划的规律；这种规律，就社会内部的分工说，都只是后发的，当作一种内部的无言的自然必然性来发生作用。那就是当作一种可以在市场价格的晴雨表一样的变动中知觉到，并且把商品生产者的无规律的随意行动控制着的自然必然性。”在《资本论》第三卷第1153页，马克思也讲到这个问题，他说：生产物当作商品的性质，或商品当作资本主义生产的商品的性质，“还引起了全部的价值决定，及全部生产由价值来调节的结果。……在这里价值法则不过当作内部的法则，对于个别当事人，还是当作盲目的自然法则来发生作用，并由此在生产的各种偶然的变动中，维持着生产的社会平衡。”

在社会主义制度下，由于生产资料的公有化，特别是社会的主要生产资料还属于全民公有，国民经济有计划按比例发展规律已经取竞争和生产无政府状态的规律而代之。它使国家对于全社会的生产，不用再像资本主义制度下那样自发地依靠市场价格的晴雨表来调节，而可以像资本家对待一个工场的分工那样，用先定的计划来调节。这就是说，在社会主义制度下，价值规律对生产已失去前述那样的调节作用，代之而起的是人们可以自觉地根据国民经济有计划按比例发展规律以及其他规律的要求，制定生产计划，来调节社会生产。斯大林在《苏联社会主义经济问题》一书中说，“价值规律只是在资本主义制度下，在生产资料私有制度存在之下，在竞争和生产无政府状态、生产过剩的危机存在之下，才能是生产调节者”（第 21 页）。他又说，“价值规律在我国社会主义生产中，并没有调节的作用”（第 17 页）。这很明显是继承着马克思的以上论点，根据苏联的社会主义实践所作出的正确结论。马克思和斯大林所说的价值规律对生产的这种自发的调节作用，在我国目前一般已不存在（个别例外还是有的），这是大家一致的认识。说价值规律对生产的这种自发的调节作用，是随着生产资料公有制的确立和国民经济有计划按比例发展规律的出现，以及国民经济的计划化而消失，从而在它们之间有一兴一灭的关系（有些同志所形容的所谓“太极图”式的关系），这当然是可以的，但是这只是就上述意义的调节作用而言。必须指出：说在社会主义制度下，价值规律对生产没有上述调节作用，这当然不是说它对生产已无其他性质的作用，价值规律对生产的这种其他性质的作用（详后），是不会随国民经济有计划按比例发展规律起作用而消失的；就这后一种作用说，它们之间就没有上述“太极图”式的关系。

下面再说关于价值规律对生产的调节作用的第二种解释、第二种使用法。

在科学上，一个术语、一个范围，最好一个使用法，不要一词两用，以免滋生混乱。但是，由于各种原因（有合理的和不合理的；有不能避免的和应该设法避免的），也常有一词两用的现象。在已发生一词两用时，我们就只好用心去区分它们，分别按其原意去对待它们；这样也可以搞清楚问题，不致为它们所困惑；同时也免得在已有混乱之中，自己再去增添一份。

实际生活告诉我们：在我国社会主义制度下，生产什么、生产多少，大部分是用计划（包括国家的、中央各部的、各省的，以及某层的）来规定的。各生产部门、各生产单位（包括全民所有制的和集体所有制的两部分），一般就按此计划来生产；同时，对各种产品的生产，主要是农产品的生产，除用计划来规定外，国家还自觉地利用价格的高低（价值规律的作用）来促进它或限制它。例如过去各农业生产合作社，现在为各人民公社，每年用多少亩土地去生产棉花和粮食，等等，一般都是按国家所下达的生产计划指标来安排的，国家计划对它们有决定性的作用。此外，由于它们也考虑棉粮比价，考虑种棉花是否合算，因此，国家为了增产棉花，解决原棉不足问题，就会自觉地利用适当提高棉价的办法来刺激农民更愿自动地多种一些棉花，并收到良好的效果。这表明价值规律通过棉价的提高，对棉花生产起一定的促进作用（相反，就会起一定的限制作用）。这是大家常举的实例。对这个事实，在我们的同志中间，有两种表述法：有的同志说，国家计划对棉花生产有调节作用；价值规律对棉花生产有影响作用，借以区分前者是决定性的作用，后者有作用，但不是决定性的。这里要区分的不是价值规律如何起作用（是自发的，还是人们自觉的），而是与国家计划相比，它的作用程度的大小。另一些同志，也同意上述决定性与非决定性的区分，但是他们在表述上略有不同；例如他们称国家计划对棉花生产有调节作用；价值规律对棉花生产有一定程度的调节作用。这些同志所说的价值规律对社会主义生产（例如上述的棉花生产）也有一定程度的调节作用，与斯大林所说的价值规律对社会主义生产已无调节作用，其中调节一词所表述的意义是不相同的，所以除掉有表面文字上的矛盾外，实质是不矛盾的。斯大林对上述棉价高低对集体农庄的棉花生产有作用，也是知道的，并会加以强调，这是大家常常引用的。我认为，只要同志们是按照上述“调节作用”的第二种用法，说价值规律对社会主义生产（如棉花生产）也有一定程度的调节作用，那也是可以的，因为分清实质以后，这已经是一个无关重要的名词问题了。如果这些同志用自己的说法和上述提高棉价的事例，来反驳斯大林的命题（“价值规律在我国社会主义生产中，并没有调节的作用”）；或者相反，如果另有同志以斯大林的说法来反驳这些同志的说法，那都是不合适的。

四 价值规律和其他三个规律的关系问题

国家在制定计划和规定价格时，必须以客观经济规律为依据，同时所依据的规律都不止一个。例如制定生产计划，所依据的就不只是国民经济有计划按比例发展规律一个规律，制定价格方案（规定计划价格）时，所依据的也不只是一个价值规律。为了较完整和较明确地说清楚价值规律和国民经济有计划按比例发展规律对我们制定计划以及通过计划对国民经济生活所起的作用和相互关系问题，我认为还应结合其他两个规律，方便于说明，这两个规律是社会主义基本经济规律和社会主义赢利规律（或称社会主义高级赢利规律）。前者是我们大家所熟悉的，它是国家制定生产计划和其他计划以及规定价格时所必须考虑的中心规律；我们考虑其他规律的要求时，如不考虑这个基本经济规律的要求，就会迷失方向，无所依归。规律是客观的，是没有级别的，但是由于它们所反映的事物联系本身有不同的地位、不同的重要性，我认为可以而且必须区分各有关经济规律在客观上的主导和从属关系。后一个规律——社会主义赢利规律，在社会主义的经济生活中，也是天天存在的，不过还没有人这样加以概括。我现在把它作为一个学术理论问题提出来谈一下。

资本主义经济有剩余价值规律和平均利润规律，它们当然不再存在于社会主义社会。但是社会主义社会不是不讲究生产的赢利性的，不是不讲究资金的积累率的，不过它不是社会主义社会的基本经济规律。斯大林在《苏联社会主义经济问题》一书中，曾教导我们说，“个别企业和个别生产部门的赢利，从发展我国生产的观点来说，是有巨大意义的，无论在计划建设或计划生产时，这都是应该注意的，这是我国现在发展阶段上经济活动方面的起码知识”（第 53 页）。此外，他在指出价值规律对社会主义生产没有调节作用之后，还就赢利性问题进一步教导我们说，“某些同志由此作出结论说，国民经济有计划发展的规律与国民经济的计划化，消灭着生产赢利的原则。这是完全不对的。情形正好相反。如果不从个别企业或个别生产部门的观点，不从一年的时间来考虑赢利，而是从整个国民经济的观点，从比方十年到十五年的时间来考察赢利（这是唯一正确处理问题的方法），那么，个别企业或个别生产部门暂时的不牢固的赢利，就决不能与牢固的经久的高级赢利形式相比拟，这种高级赢利形式是国民经济有计划发展法则的作用及国民经济计划化所提供给我们的”（第 12 页）。这些话无疑是正确的。把这些话概括起来，我认为就可以说在社会主义制度下，是有一个社会主义赢利规律的，它在整个国民经济生活中起着作用。对这个规律，我们要注意端正以下两种错误认识：一是忽视它和鄙视它，把它当作资本主义性质的经济规律；二是片面强调这个规律的重要性，无形中把它提高到社会主义社会的基本经济规律的地位——如果这样对待它，就会变为资本主义观点。

这里应补充一下：在我国社会主义制度下，价格高低对生产（例如前述的棉价对棉花生产）所以能起一定的促进作用或限制作用，一方面是由于有价值规律在作用着，同时也是由于有这个赢利规律在作用着。我认为在分析价值规律对社会主义生产的作用问题时，必须结合这个赢利规律，才能作出完整的说明。

以上四个经济规律，我们在制定生产计划、基本建设计划以及计划价格方案时，都是常常会被一同考虑的。我举两个实例来说明。

（1）1955 年，我国对各种改良农具普遍降过一次价格。当时为研究应不应该降和降多少，曾考虑到以下问题：如不较大地降价，改良农具就不易推广，这会妨碍农业生产技术的提高和棉粮的增产，这对整个国民经济是不利的。因为当时农业所生产的经济作物（棉麻），有赶不上工业需要的矛盾，有比例不调的问题存在。为有助于改变当时农业发展落后于工业发展的不平衡状况和巩固高级农业生产合作社的组织，改良农具的价格应该大降一下。因此，当时决定按加权平均成本计算，将价格降到保本和稍有微利的水平上（生产技术较差或经营管理不善的农具厂就得暂时赔本，由国家用较有赢利的其他农具厂的上缴利润来补贴或平衡）。我记得当时降价的总幅度达40%以上，降价总额是不小的。当时我们认为如再多降些，就可能变为不合适，因为再多降，就会有多数农具厂要赔本出卖改良农具，这对各该厂的生产来说会有副作用，对国家财政平衡也会有些影响。

（2）1956年，国家机械生产部门、铁路和基本建设所需要的钢材甚多，供应不足，很紧张；同时，商业部门为供应市场零星小五金的需要，如刀、铁钉、锁、铁丝、洋铁皮等，也需要有一定数量的钢材做加工订货的原料。前者有关国家的工业化，后者有关人民的日常生活；同时，前者有关高级赢利，后者可以取得当年较多一些的积累。当时为分配这一重要生产资料——钢材，曾反复研究，一再讨论，最后决定把商业部门所申请分配的钢材减少5万吨；同时认为如再多减，就有许多不利，如影响对小五金工厂的生产的维持，影响人民生活需要，影响商业部门回笼货币的任务和利润上缴的任务。

从以上两个事例中，我们可以看出：不论在制定物资分配计划、生产计划和价格方案时，社会主义基本经济规律、国民经济有计划按比例发展规律、社会主义赢利规律以及价值规律，都以不同的关系、不同的结合、不同的程度，对我们起作用，我们不能不全面地考虑到它们，因为它们是同在的，是互有联系的。现在有一种说法，好像考虑了社会主义基本经济规律和国民经济有计划按比例发展规律的要求，就不能或不应该考虑社会主义赢利规律和价值规律的要求；好像为了体现前两个规律的要求，其唯一形式就是赔钱出售改良农具，以及不去经营较为有利的小五金生产（就前面的例子说），这是不对的。要知道，有时在一定条件下想办法多搞赢利性大的生产，也是符合社会主义基本经济和国民经济有计划按比例发展规律要求的。自然，有时在一定条件下，以上四个规律的要求，交叉到某一生产问题、某一基本建设问题、某一价格问题时，也会显示出它们之间的矛盾，但是不会是对抗性的。如出现矛盾，正确处理的原则是：同时兼顾，不片面取舍；在考虑兼顾时，应分清主次，不平均对待，这就是毛主席和党中央经常教导我们的：要有重点，又要学会两条腿走路。例如，对上述改良农具的价格问题，为了贯彻国民经济有计划按比例发展规律的要求（当时这一要求具体表现为以尽可能低的价格出售各种改良农具），来帮助农业生产合作社改进技术、提高粮棉生产，使之能满足工业方面的棉花、黄麻、甘蔗等原料需要；但是，另一方面，按价值规律的要求和社会主义赢利规律的要求，价格又不能过低，否则，会影响成本的补偿和应有的赢利。这表明这些规律当时交叉到改良农具的价格问题上是显示出它们之间的一定矛盾的。我们当时正确处理这个矛盾的方法是：同时全面地考虑它们，而以较多照顾前一要求为主。当时平均降价40%以上，就是按这些原则定下来的。这叫做矛盾的统一和解决。

由于我对政治经济学研究不深，对哲学更少修养，以上所论以及所举的例征，是否正确和恰当，请同志们批评、指教。

（原载《经济研究》1959年第5期）

论商品和价值(上)*

引　言

自斯大林的《苏联社会主义经济问题》一书发表以来，到现在已经近7年；自1956年人们再进一步研究这本著作中关于社会主义制度下的商品交换和价值规律问题的各种论点以来，到现在已经三年有余。在这期间，我国经济学界对社会主义制度下的商品交换和价值规律问题也有许多不同的见解。最近半年多来，我国经济学界又因人民公社运动的影响而对以上问题展开讨论，并有不少同志发表了文章，提出一些新的论点或更明确的论点，对我很有启发，使我也进一步研究以上问题，觉得自己过去的某些论点是不正确的，有不彻底和前后不一贯的地方。我对别的同志的某些论点，也有不能同意的地方。现在，为了学习和请教，我毫不藏拙地把我的全部意见提出来。在涉及不同论点时，我应该明确地为自己的论点辩护，并明确地对对方的论点进行批驳；但是这绝不是表示：我的论点就是对的，对方的论点就是不对的。情形很可能是这样：在进一步展开讨论以后，我还要继续纠正或补充我现在的某些论点。

---

* 这是我正在写的《关于商品交换和价值规律的探索》一书的第一篇，是全书的依据和出发点。现在为了吸收读者同志的一些反映和批评，以便减少该书正式出版时的一些缺点和错误，我把这大体上也能独立的第一篇先发表出来。

对社会主义制度下的商品交换问题（哪些是商品交换，哪些不是商品交换）和价值以及价值规律问题（什么是价值或何谓劳动表现为价值，以及什么是价值规律，哪些才是价值规律的作用），人们之所以有各种不同意见，按我的探索，第一是由于对马克思、恩格斯的某些经典著作有不同理解，特别是一方面引证和根据它们，另一方面又不正确地自有解释和不根据它们；第二是由于社会主义经济有复杂的过渡性，大家对这过渡的理解以及对其中的现象和本质关系的理解互有不同；第三才是由于对当前的经济生活实地调查不够，对过渡的实际情况有不同估计。所以我认为，只要大家把对前两个问题特别是第一个问题的各种意见都一五一十地摊出来，整个问题就容易搞清楚。以下，我就按照自己的这一认识，在行文中要较多地引证经典著作并提出自己的体会，同时还要较多地引述与我的论点相反的论点（包括我自己过去的某些论点）并加以批驳——在这方面，对国内翻译的书刊所介绍的某些苏联经济学者的一些论点，为了学习和请教，凡有不同意见的地方，我也率直地提出讨论。这里，我有这样一个意见，就是：近年来，在商品和价值问题的讨论中，有些文章在批驳别人的论点时，有应指名而不指名的，我认为这是对对方的不敬；有些文章在引用别人所研究出来的新论点时，有应指名而不指名的，我认为这是不道德的；还有一些文章在改变自己的重要论点时，也不作个交代，我认为这是缺乏自我批评精神。我认为，我们应该改进这方面的文风，树立起明朗的和严肃友爱的百家争鸣的文风。本书难免要因此而冗长，但是如果引证从简，除了容易产生以上缺点外，我更怕难以表明自己的意见；同时，在一般读者看来，或者还难摸到问题的所在。因此，只好“宁缺毋滥”一些，这点要先请读者同志原谅。如果我这较多的引证能有助于一部分读者进一步去阅读经典著作，那就是我的一种额外收获，略以弥补冗长的引证的缺点。

第一章 什么是商品及商品交换

对这个问题，我的简要答案是：生产资料的不同的所有者——严格说，是生产资料的不同的私有者——所互相交换的产品，谓之商品；他们互相让渡他们的产品的行为，谓之商品交换。

在社会主义制度下，例如在苏联和我国现阶段，产品还不是属于一个所有者，而是属于三个所有者（这里指三类不同性质的所有者而言）：大部分属于全民的代表——国家所有，它分别交给它的工、商企业掌管（不是所有）；小部分属于集体农庄、合作社（我国现为人民公社）集体所有，不是全民所有；还有很小一部分属于集体农庄或人民公社的成员个人私有，例如他们在自留地上所种的庄稼和自己私养的猪、羊、鹅、鸭之类。[1] 因此，在以上三个所有者之间，对其所有的产品，就有以下五种交换：

（一）国家和集体之间的交换，这是最大量的；

（二）国家和集体成员个人之间的交换，这也是大量的；

（三）集体和集体之间的交换；

（四）这个集体和其他集体的成员个人之间的交换（包括集体把生活资料卖给国家的职工）；

（五）集体成员个人相互之间的交换（包括他们把生活资料卖给国家的职工）。

这后三种交换与前两种交换相比，是为数不大的。对这五种交换，我国经济学界基本上都一致认为是商品交换，并一致认为它们与私有制度下的两个私有者之间的商品交换各有不同，例如第一种

---

① 国家的职工按一定的关系取得的和为他们私有的生活资料，是供他们自己消费的，不是供他们再去交换和做买卖的，所以不将它作为一种所有与前三种所有并列。国家的职工有时也将旧货废物卖给合作社或受国营企业委托收购废旧的摊贩；他们有时还将首饰、旧衣、旧收音机等物委托国营的寄卖行代售。这种现象是个别的、例外的，我们总不能说国家职工通过一定关系取得生活资料，本质上不是为自己消费，而是为了再当作废旧来出卖。本书不谈这种交换，因为它不值得列为一种交换提到政治经济学上来专门研究。

交换有很大的不同，第五种交换有较小的不同，余可类推。

除以上五种交换外，社会主义社会还有全民所有制经济内部的以下两种交换：

（一）国营企业（包括工业和工业，工业和商业，商业和商业）交换它们各自所掌管的产品；

（二）国营企业（一般为零售店）把生活资料卖给国家的职工个人。①

对这两种交换是否为商品交换，那被交换的产品是否为商品，这是数年来国内外经济学者有争论的问题；其中还包含结论虽然相同（是或不是），但是所作的分析又迥然不同的问题。对这两种交换，我现在的认识如下：第一种不是商品交换，只是在外表上看去像商品交换，这是我7年来一直未变的认识，不因《政治经济学教科书》（第三版）修改其说法而动摇；只是我过去对这问题所作的某些解释，现在认为有错误而应改正——特别我现在认为：这种交换与全民所有制经济内部的第二种交换不同，它是未来共产主义社会永远废除不掉的，同时也是不应废除的，过去我未分清这一前途问题。对上述第二种交换，我在1956年前认为是商品交换，后来才认为不是商品交换，现在更明确认为它只是在外表上像商品交换，实质上并非商品交换；但是要改变我过去所作的某些解释。我认为，在分析这两种交换时，一方面必须注意社会主义阶段商品及商品交换的过渡性；另一方面必须明确地把握住这两种交换本身内在的非商品交换的本质属性。我对这两种交换（特别是其中的第二种交换）的看法，与目前的流行说法是相距很远的；与少数作出相同结论的某些同志（如胡钧同志②）的说法也颇有出入。总之，与我持相同看法的同志在目前为数很少，所以有些同志说笑

---

① 这当中包含有一个劳动力（它是特种产品——人身的产品）的交换问题，这里暂时不论，本书第二篇将加以论述。

② 见胡钧同志在《红旗》1959年第12期发表的《关于全民所有制内部商品价值形式问题》一文。

话，说我是商品论的“窄派”；其实，我以后将要说道：如果像某些同志所另下的“宽”商品定义真是正确的话，那么我比他们还更宽（这是我顺着他们的前提的假定说法），可以不像他们那样犹豫地不敢说共产主义社会亦有商品，或又前后矛盾地承认共产主义社会没有商品的论断。总之，在我不认为对方的意见一定就对和我自己的意见一定就错时，我还应该勇敢地提出我的意见，向经济学界请教和商榷。

为论证和说明以上问题和我的认识，我认为必须通过许多中间环节和一些预备性的说明，一步一步地来进行，最初而且必须从最根本的问题说起，即何谓商品及商品交换？因为一切争论，说也奇怪，就是从政治经济学的这一初步问题开端的。我从此开始，并不是企图用一个商品定义来解决一切，或者把人们引向“概念之争”；而是因为按事物本身的逻辑，我们从此开始，最能清理出问题的线索并说明问题。

第一节　经典著作对商品只有一个定义

对何谓商品及商品交换这一问题，我认为马克思、恩格斯在他们的经济著作中是说得十分清楚的，决无二义；同时我们现在也没有任何理由、任何必要去修改或补充他们的说法；因为他们是说得完全正确的，并没有什么“短见”或“过时”。我认为，我前面那个简要的答案就是正确地根据他们的著作得出来的。但是，目前也有不同的看法：有些同志认为马克思、恩格斯对商品的说法是对的，原因在于他们对商品曾有两个定义，一宽一窄，否则，就不对了；还有一些同志认为马克思、恩格斯对商品只有一个（窄的）定义，所以有些“短见”——他们说，我们不能在已经看到新的社会主义经济生活的今天，还去硬搬他们过去对商品所下的定义。

现在，我们且先研究：所谓经典著作中有两个商品定义的说法到底对不对？

主张有两个商品定义的同志说，马克思和恩格斯虽然在很多地方把商品定义为两个私有者所互相交换的产品，但是也有不限于此的说法，例如按他们的引证，恩格斯在《论卡尔·马克思著〈政治经济学批判〉一书》一文中，就明白讲到“加入交换范围的生产品就是商品”。这些同志想借此论证：把全民所有制经济内部的交换当作商品交换，也是与经典著作相符的。现在我们且先来看一下恩格斯的那段话的全文：

> 政治经济学是从研究商品开始，即从研究生产品由个别人们或原始公社相互交换时的情形开始。加入交换范围的生产品就是商品。但它成为商品，只是因为和这个物品，和这个生产品联结着的是两个人或两个公社间的关系，即生产者与消费者（他们在这里已不再结合在同一个人身上）间的关系。在这里，我们立刻就看见有一个特殊事实的例子，这事实贯穿着全部政治经济学，并在资产阶级经济学者的头脑中引起了惊人的混乱：政治经济学所研究的不是物品，而是人与人之间，归根到底是阶级与阶级之间的关系，但这些关系始终和物品联结在一起，并且是作为物品来表现的。①

于光远同志在《关于社会主义制度下商品生产问题的讨论》一文中，亦引证这段文章，并有同一看法，而且他还另外补引了两段经典著作为证明，他说：

> ……在社会主义革命胜利前的马克思主义经典著作中，常常把商品同私有制联结起来，那是因为他们在考虑问题时主要以私有制度的社会作背景的缘故。但是，在马克思、恩格斯的

① 《马克思恩格斯文选》（两卷集）第二卷，外国文书籍出版局 1954 年版，第 352 页；重点是原来有的。

著作中，依据原始公社制度下存在有商品交换的事实，对商品下的定义就没有同私有制联系起来。上面我们引过的恩格斯在《卡尔·马克思著〈政治经济学批判〉一书》中那一段话就是这样。像这样的话在马克思和恩格斯的著作中还可以找到很多。例如马克思就说过："能同别的生产品交换的一切产品都是商品。"［马克思：《雇佣劳动与资本》，《马克思恩格斯文选》（两卷集）第1卷，莫斯科外国文书籍出版局中文版，第68页］在《资本论》第1卷里，马克思和恩格斯写道："一物可以有效用又为人类劳动的生产物，但不是商品。用自己的生产物满足他自己的需要的人，就只创造使用价值，但不创造商品。要生产商品，他不仅要生产使用价值，且还要生产为别人的使用价值，社会的使用价值。［并且，还决不仅是单纯地'为别人'。中世纪的农民，为封建领主生产利息谷物，为牧师生产什一税谷物，这种利息谷物和什一税谷物，决不因为是为别人创造的，就成为商品。要成为商品，这个生产物必须由交换移转到把它当作使用价值来使用的人手里。］"（马克思：《资本论》第1卷，人民出版社1953年版，第13页，［］号中的话是恩格斯加的。）这里所说的"为别人"是同"为自己"对待而言，并不限于私人，一个原始公社对另一个原始公社来说也是别人。马克思、恩格斯并不认为只有在私有制下面才能存在商品交换。特别到了今天，我们大家既然都同意社会主义制度下存在有商品生产，如果再把商品生产看成同私有制度下不可分离地结合在一起，显然是不妥当的。商品一般应该把私有制下的同公有制下的商品都包括在内。①

为不过早地涉及以后的问题，这里不来讨论今天还把商品生

① 见《经济研究》1959年第7期，第36页。——光远同志在这段文章之下，还附了一个长注，那是专为批驳我的一个论点；他在什么范围内是批驳得对的，且留到本书第二篇去讨论。

产与私有制联起来的论点是否真是“显然不妥当”，我们且先研究：对马克思、恩格斯的以上三段话本身，我们究竟应该如何去理解。

对以上三段话，在我看来，是不能像光远同志那样解释的。恩格斯的那段话是一气呵成、不能分开的。他不仅说个别人或原始公社互相交换的产品才是商品，而且还说物品之成为商品，“只是”因为与这个物品联系着这样的特殊关系，它归根到底是阶级与阶级之间的关系，是始终与物品联结在一起并作为物品来表现的关系。恩格斯唯恐人们忽视这种关系，他还特地加了重点来表述，可是光远同志却看落了这一点。本篇第四章将进一步说明：这种关系，在公的交换中，是不可能存在的。所以恩格斯这里所指的是加入私的交换的产品才是商品。至于这个原始公社和另一个原始公社之间的交换为什么实质上也是私的交换，我在下面就要说到。

其次，再看马克思在《雇佣劳动与资本》一文中的那句话。为便于搞清楚问题，还是先把前后文都引列于下：

“可是，虽说任何的资本都是一些商品即交换价值量的总和，然而并非任何一些商品即交换价值量的总和都是资本。

“任何一些交换价值量的总和都是一个交换价值量。任何单个交换价值量都是一些交换价值量的总和。比方，值一千马克的一座房子，是一千马克的交换价值。值一芬尼的一张纸，是一百个百分之一芬尼的交换价值量的总和。能同别的生产品交换的一切产品都是商品。各商品由以交换的一定的比例，便是它们的交换价值，……这些产品数量的大小，是丝毫不会使其作为商品，作为交换价值，或具有一定价格的这种性能有所改变的。……只是依其数量大小不同而具有大小不同的价值，大小不同的价格罢了。

“那末，一定的商品量，一定的交换价值量，究竟是怎样变成资本的呢？

“它变成资本，是由于……借交换直接的活的劳动力而保存起来和增殖起来。……”①

引这段话中的一句（我加 ~~~ 号的地方），来证明马克思是将任何所有制度下的交换都作为商品交换来看待，我认为是不妥当的，理由有三：（一）该句前后都是论私有制经济问题；（二）这段话与前引另外两段话不同，它不是为商品下定义而说的；特别是（三）这段话的目的是解释：商品或交换价值之转化为资本，不是由于它的总量的大小；商品总量大小本身不能改变它的简单商品的属性。为说明这个问题，马克思在行文中就带出了这两句话：“能同别的生产品交换的一切产品都是商品。各商品由以交换的一定的比例，便是它们的交换价值。”按其前后文看来，马克思说这两句话，是要着重讲出这么一个意思：“能同别的生产品交换的一切产品既都是商品，那末，你能说交换一千马克的一座房子和交换一芬尼的那一张纸谁是商品或谁就不是商品吗？各商品由以交换的一定比例即便是它们的交换价值，那末，你能说值一千马克的一座房子是一个交换价值总和而值一芬尼的一张纸就不是一个交换价值总和吗？同时，不论如何，它们作为商品或交换价值量的大小本身总同样不能使它们变为资本或不变为资本。”从其原文来看，我认为，马克思自己是没有想到要在这里告诉我们将来进入公的交换的产品亦是商品；尤其值得我们注意的是：当他和恩格斯专谈这个公的交换的地方，他们又总是说它不是商品交换（见本章下一节）。

最后，再看《资本论》中马克思和恩格斯合作的那个商品定义。我认为，从这个定义本身来看，亦是以私的交换为前提的，特别是在该页前六页（《资本论》第1卷第7页），马克思讲了“无论富的社会形态是怎样，使用价值总是形成富的物质内容。在我们现今考察的社会形态中，使用价值同时又是交换价值之物质的担负物”。（重点是引者加的）同时，在该页后二页（《资本论》第1卷

① 《马克思恩格斯文选》（两卷集）第一卷，外国文书籍出版局1954年版，第68页；重点和 ~ 号是引者加的，未引的文句是我认为在此可以略去的文句。

第15页），马克思又更明白地说："只有各自独立而不互相依赖的私人劳动的生产物，才相互当作商品来对待。"我想，至此，问题应该是很明白了。

在我国经济学界中，说经典著作对商品有"宽"和"窄"等两个不同定义，是不止光远同志一人，例如关梦觉同志在《关于社会主义制度下商品生产的几个争论问题》一文中，也提出相同的看法。由于他的引证与光远同志的差不多，我就不另批驳了。[①]

光远同志说，在马克思、恩格斯的著作中，对商品下定义而不与私有制联起来的地方（所谓商品的"宽"定义），还可以找到很多。我愿意在光远同志举出这更多的引证时再来研究和讨论。

苏联奥斯特罗维季扬诺夫院士曾引用马克思的另一段著作说："有人认为马克思列宁主义的经典作者好像只认为生产资料私有制是商品生产的一个必要条件。这种意见是不正确的。马克思的主要著作《资本论》就是分析资本主义条件下的商品生产的，当然他的分析是以劳动的社会分工和生产资料的私有制为出发点的。但是这不是说，他只认为私有制这一条是商品生产的前提。《资本论》中指出，原始的商品关系是在生产资料公社所有制的基础上产生的。马克思说：'商品交换是在一个公社的边界上，在一个公社与其他公社，或与其他公社的成员相接触的地方开始。但物品一经在对外生活上成为商品，它就会由反应作用，以致在对内生活上也成为商品。'……"[②] 光远同志在他的文章中（见前），亦提到这个问题。为了搞清楚问题，我把奥院士这段话亦引来研究一下。我认为这种说法及其引证的方法可能都有问题，因为马克思自己的文章是这样说的：

"……在交换以前，物品A与B还不是商品：它们是由交换成为商品的。一个使用对象在可能性上成为交换价值的第一个方法，

① 请参阅《经济研究》1959年第8期，第39—40页。
② 请参阅《经济译丛》1957年第11期，第45页。

就是当作非使用价值存在，成为满足所有者直接需要以后有余的使用价值量。物自体是在人身之外，从而是可以从人身让渡出来的。要使这种让渡成为交互的，只要人们互相默认他们是那些可以让渡的物品的私有者，并由此当作互相独立的人来互相对待。这种互相当作外人看的关系，在自然发生的共同体……的成员间，是不存在的。商品交换是在一个共同体的尽头处，在一个共同体与其他共同体，或与其他共同体的成员相接触的地方开始。但物品一经在对外生活上成为商品，它就会由反应作用，以致在对内生活上也成为商品。……”①

从这较全的引文中，我们不难看出：（一）产品转为商品，第一要它的所有者有多余产品；第二要互相让渡（非单方面的赠送或掠夺等），这必须以产品所有者互相承认他们是其多余产品的私有者为条件。（二）上述互相独立、互相以私有者（或“外人”）对待的关系，在原始公社内部成员间是不存在的，而是先在一个公社与另一个公社之间发生，因而商品交换也是先在后者之间发生。因此，（三）在马克思的心目中（同时也就是在客观上），那些进行原始商品交换的公社与公社，是互相被作为它们所交换的剩余产品的私有者看待的，虽然它们内部还没有发生私有关系。此外，恩格斯根据美洲易洛魁人、希腊人、德意志人等原始社会的史料，曾说到各原始公社或部落的一种生活情况，也可用来说明这个问题。他说，原始各公社或部落的人口是极其稀少的；仅在部落居住的地方，比较稠密些，在该居住地的周围，首先是一个广大的狩猎地带，其次为中立的防卫森林，它把这个部落和其他部落隔离开来。我想，不难了解，这样互相防卫着的部落，他们之间所发生的交换，以及两个私有者之间的交换，在经济性质上是不会相差多少的。

---

① 马克思：《资本论》第一卷，人民出版社 1953 年版，第 73—74 页；重点是引者加的。

关于产品作为商品来交换，是以交换双方互相私有其产品为前提的这一论点，马克思、恩格斯有许许多多专门的说明，我列举数个如下：

（一）“……要使这种物能当作商品来相互发生关系，商品监护人必须当作是有自己的意志存在这种物内的人，来相互发生关系，以致一方必须得他方同意，从而，依双方共同的意志行为，才在让渡自己的商品时，占有他方的商品。他用必须互相承认是私有者。这种权利关系——不问是不是依法成立的，总归是在契约的形式上——是一种意志关系，在其中，有经济关系反映出来。这种权利关系或意志关系的内容，也就是由这种经济关系规定。”①

（二）……什么是商品？这是多多少少互相分离的私人生产者的社会内所制造的生产品，就是说，首先是私人生产品。可是，只在这些生产品，不是为生产者本身消费而生产，而是为他人消费即是说为社会消费而生产之时，它们方才成为商品；它们通过交换，进入于社会的消费之中。

根据马克思、恩格斯专门对商品所下的定义，特别是根据他们对商品及商品交换所作的一套分析，我曾经说过这样的话：“对商品只能作以上定义，——即私有的和经过买卖以供社会消费的产品；此外，不能再有其他定义。”② 以后我又说：“严格说，它（商品）只存在于生产资料私有制度之下。”③ 现在，我还是这样看法。这里，且先简单地说明两点：（一）两个原始共同体、两个原始部落之间发生商品交换，当然不是因为它们本身已经是私有制，而是因为它们是两个分离的公有者，按它们相互之间的关系来说，是各有其产品，实际上就是互相私有其产品；所以马克思、恩格斯并不认为这个原始事实与他们所说的商品的起源有何矛盾。（二）或者

① 马克思：《资本论》第一卷，人民出版社1953年版，第69—70页。
② 骆耕漠：《社会主义制度下的商品和价值问题》，科学出版社1957年版，第5页。
③ 骆耕漠：《社会主义商品生产的必要性和过渡性》，《经济研究》1958年第5期，第62页。

有同志要向我说："照你对商品的理解，现在国家和集体经济之间的交换，也不能算作商品交换了。"我说，应该看到这一点，同时不能忽视它还是两种公有制之间的交换，即国营经济和集体所有制经济之间的交换，它与两个原始公社之间的交换，在所有关系上或经济性质上有相同又有不同，主要差别在于参加交换的一方为全民所有制，不是集体所有制，[①] 所以我们不能不加限制地称它为商品交换，不能不像斯大林所作的卓越的总结那样，把它称为"不是通常的商品交换，而是特种的商品交换"[②]。本书第二篇将说明这种交换已经是变种的商品交换，它已经失去了商品交换的某些基本特性。

第二节 经典著作预见到全民内部的两种交换

以下再研究关于经典著作只有一个商品定义，但是已经"过时"的说法究竟对不对。

主张以上说法的同志也是要把社会主义全民所有制经济内部的交换（一种或两种）看作商品交换，但是他们的特点是：（一）并不企图从经典著作中找相应的商品定义作论证，因为他们知道经典著作中并没有"宽口径"的商品定义，如要引证，那都是对他们不利的；（二）他们干脆指出马克思、恩格斯的商品定义只是根据私有制度下的情况说的，因此，他们认为应该根据社会主义的新情况为商品另下一个"宽"定义，以便把一切有关生产物的交换都爽爽快快地收罗在"商品交换"这个经济范畴之内。我现在先以朱剑农同志的一篇文章为例来说明这种见解。

在《关于社会主义制度下的商品生产和价值规律》一文中，剑农同志在答复"究竟怎样才算是商品？怎样才不算是商品？"的

① 光远同志在《关于社会主义制度下商品生产问题的讨论》一文中，曾指出这一点，这是很重要的，对我有启发；但是我从而得出的结论与他不相同。

② 斯大林：《苏联社会主义经济问题》，人民出版社 1953 年版，第 15 页。

问题时，亦引证到恩格斯在《反杜林论》中的那个定义，他先不引全，只引其中的半句如下：“只在这些生产品，不是为生产者本身消费而生产，而是为他人消费即是说为社会消费而生产之时，它们方才成为商品；它们通过交换，进入于社会的消费之中。”这样引证，与剑农同志把全民所有制经济内部的两种交换都作为商品交换来看待，当然是可以勉强过得去的，但是这当中埋着一个问题，必须加以答复。接着，剑农同志就全面讲到那段引文并答复说：

“也许有人提出这样的反驳吧：他们说，你所引述的恩格斯前一段话语的论断，为什么不引述这一段话语前面的一部分呢？前一部分的内容不正好证明社会主义社会的生产资料不能算作商品吗？

“是的，恩格斯在前一段话语的前面曾写道：‘什么是商品？这是多多少少互相分离的私人生产者的社会内所制造的生产品，就是说，首先是私人生产品。可是，……’

“但是我们知道，恩格斯在说这段话语的时候，是针对商品生产初形成的私有制社会的状况而说的，而不是为说明社会主义社会的情况而说的。因此，我们在研究社会主义情况时，就只能参考他为分析私有制社会所作的一些论断的精神实质，而不能机械地死抠，如果硬要一字一句地死抠，试问你又怎样说明社会主义社会的消费品应该当作商品这一不成问题的问题呢？”①

说国家卖给职工的消费品是商品这一论断，在我看来，就不一定是“不成问题的问题”，这可以留到本书第二篇去讨论。本书现在要研究的是剑农同志这一段话本身对恩格斯那个商品定义的看法到底对不对。应该说明，目前决不止剑农同志一人有此看法。另外，如薛暮桥同志亦有此看法。他在《社会主义制度下的商品生产和价值规律》一文中，介绍了我国有些同志认为国家和职工之间的消费品交换以及各国营企业之间的交换已经不是商品交换，以及另一些同志认为它们都是商品交换这两种意见之后，曾提出他自

① 见《经济研究》1959 年第 1 期，第 30 页。

己的一个意见如下："有些同志认为，对商品交换所作的后一种解释是不科学的，不符合许多经典著作中的说法。应该说明，我们讨论的是社会主义制度下的商品生产，而不是私有制度下的商品生产，更不是资本主义制度下的商品生产。"① 暮桥同志这段话说得比较含蓄，其实就是说，我们不能拘泥于经典著作对商品所下的那些定义，而应该就社会主义的实际情况而论社会主义的商品交换。又如光远同志，他也认为经典作家在给商品下那许多与私有制相联结的定义的时候，是由于"不把社会主义社会可能还存在商品当作背景来考虑的。在那时，马克思主义者除了知道两个原始公社之间的商品交换之外，只知道私人生产者之间的商品交换"。② 为不过早涉及以后的问题，现在暂不研究根据社会主义的实际情况，对社会主义制度下的各种交换应该如何论法，以及以上同志和其他同志所另下的"宽"商品定义是否妥当等问题，我们且先来看看马克思、恩格斯对商品作以上一类定义或解释时，是否由于没有预见到我们目前全民所有制经济内部的两种交换的基本情况，从而才那样说的？我的答复是：完全不是这样。

首先，我们来研究恩格斯在《反杜林论》中对商品下前面那个定义时的情形。我根据他的前后文，肯定他当时不仅考虑到未来的公有制情况，而且正是为了批判杜林的"社会主义"和说明商品交换只限于私有经济才提到那个定义的。因为恩格斯对商品下了以上定义并以近三页的篇幅作了进一步的解释之后，紧接着就说，可是，商品生产决不是社会生产的唯一形式。在古代印度的公社里，在南斯拉夫人的家庭公社里，生产品是没有转为商品的。公社成员，直接为着生产而结合，成为社会，工作是按照习惯和需要来分配的，生产品（由于它们是直接供给消费的）也是如此。直接的社会生产以及直接的分配，不须任何商品的交换，因之也不须生

① 见《红旗》1959年第10期，第18页。

② 见《经济研究》1959年第7期，第32页。

产品之转为商品（至少在公社内部），同时也就不须生产品之转为价值。

不过对恩格斯的这段话，人们还可另作解释，例如说他讲的是过去的公有制，而未直接讲到未来的公有制；又如人们可以把其中的“直接的分配”只理解为社会直接把生活资料分配给社会成员消费，如像国家机关把笔墨纸张发给工作人员使用一样。[①] 从而恩格斯所作的那个结论（“不须任何商品的交换”）才是对的——但是，他们说，我们今天的社会主义经济并不像恩格斯所说的那么简单，并非都是“直接的分配”，而仍有各种交换（按他们的观点，就都是商品交换），所以恩格斯对商品下以上定义时，还是受到时代的限制。为证明这种理解的不正确，且不论恩格斯在这里所说的“直接的分配”是何意义（留到本书第二篇去说），我可以再举马克思、恩格斯的其他著作，从这些著作，我们可以极清楚地看出他们当时已经预见到了我们今天全民所有制经济内部的两种交换的基本情况：

（一）在《反杜林论》中，而且就在前引那段话的前数页（《反杜林论》第317—318页），恩格斯就曾讲到在公社和成员之间以及公社和公社之间，是有交换的；但是他不但认为这被交换的产品不是商品，而且还认为其中的“货币”已经“不是尽货币的职能”，而是“隐蔽的劳动券”。这些话至少可以说明一点：就是他已预见到公有制度下是有交换的；不过，按他自己的前后文来看，他认为这不是商品交换，而是社会直接分配产品的方式之一。

（二）马克思在《哥达纲领批判》一书中，一方面说“在基于生产手段公有之上的合作的社会里，生产者并不交换他们的生产物；在这里变成生产物的劳动也同样不表现为这些生产物底价值”；另一方面又指出在社会主义制度下，仍然有国家和职工之间

① 请参阅前引剑农同志的那篇文章第30页，他在那里亦引用恩格斯的这段话，并作此理解。

的交换。关于这后一点，马克思是这样说的："……个别生产者底个人劳动时间是社会的劳动日之由他所供给的一部分，是他的一份加在这个社会劳动日里。他从社会获得一种证券证明他（扣除了他为公共基金的劳动之后）供给了多少劳动，于是他凭券从消费手段底社会储蓄中取出与他的劳动相等的那么多东西。他在一个形态中给了社会一个劳动量，又在另一个形态中取回了同一劳动量。此地显然通行着一个规制那商品交换（只要这交换是同等价值的）的同一原则。"① 这表明马克思也预见到社会主义制度下是有关于生活资料的交换的，不过他不认为这是商品交换，因为他接着又说这个等价交换原则的内容和形式已经变更了。对马克思这段话，现在有不少同志都加重引用，并认为这是表示马克思承认上述生活资料的交换是商品交换——它究竟应该如何解释，且留到本书第二篇去讨论。现在至少可以证明马克思当时是看到了全民所有制经济内部的这一种交换。

（三）在《资本论》第二卷第20章分析第一部类的不变资本的流通问题的那一节中，马克思曾极明确地讲到第一部类各部门、各企业所生产的和为本部类所需要的那一部分生产资料，是在该部类内部各资本家之间交换的；紧接着，马克思又说，"如果生产是社会主义的，不是资本主义的，那很明白，第一部类这个生产物，将会同样不断地为再生产的目的，而再当作生产资料，被分配在该部类各生产部门之间，那就是，一部分直接留在它当作生产物所从出的生产部门，别一个部分就向别的生产部门移入，从而在第一部类各不同生产部门之间，发生一种不断的来回"。② 这里所说的"来回"（在英文译本中，它被译为"to - and - for"），与前面所说

① 马克思：《哥达纲领批判》，人民出版社1957年版，第19—20页。

② 请参阅马克思《资本论》（第二卷），人民出版社1953年版，第526页；重点是引者加的。

的“交换”（英文为“exchange”），讲的是一回事。[①] 这就是说，在社会主义制度下，上述生产资料也是要在第一部类各企业之间交换的，它是前述全民内部各国营企业之间的交换的主要构成部分，如我国目前的抚顺煤矿将炼焦煤作价拨给鞍山钢铁公司，后者又将钢材作价拨给上海电机厂，上海电机厂又将电机作价拨给鞍山和抚顺，如此互相“来回”——互相“交换”。这更证明：马克思、恩格斯是完全预见到社会主义制度下全民所有制经济内部的两种交换的，他们所说的“不交换”，并不是说没有任何交换，而只是说不再有商品性质的交换。马克思讲到社会主义制度下第一部类内部的以上交换时，为什么特地用一个新的术语——“来回”来表述？我认为，这就是由于他不认为这种交换是商品交换。大家知道，交换一词，在马克思的著作中，常常（不是全部）被当作狭义的交换即商品交换来使用的。因此，在前引那一段话中，马克思为了前后有所区别，就特地将社会主义制度下第一部类内部各企业之间关于生产资料的交换，不说成“交换”（exchange），而说成“来回”（to－and－for），表明它与商品交换不同。这应该不是偶然的，而是表明马克思用词的严谨和有深长的意义。

因此，剑农同志和其他同志说，经典作家对商品下那样的“窄”定义，是因为他们当时尚未预见到今天全民所有制经济内部的两种交换，我认为这种说法也是不对的。

第三节　必须分清商品交换的两个对立面

根据以上引证和分析，我认为可以先归纳出以下三点：

（一）在马克思、恩格斯的著作中，对商品只有一个定义，说明商品是两个私有者所互相交换的产品。斯大林把两个公有者

---

① 在《苏联社会主义经济问题》一书中（第73—74页），“来回”一词被译作“对流的运动”，斯大林在阐述马克思的这一段话时，还直接把它说成“交换”。

(国家和集体)之间的交换称为“特种的商品交换”，正是根据和对比以上经典定义派生出来的。

(二) 马克思、恩格斯对商品下以上定义时，已预见到了我们今天全民所有制经济内部的两种交换的基本情况。他们对商品下那样的定义，绝不是受时代的限制，而是因为在他们看来，只有在各自私有其产品的前提下，才有可能出现商品交换；在公有制度下，虽然有以上两种交换，他们也确实预见到了，但是他们不认为是商品性质的交换，因此，他们对商品就不认为有下两个定义的必要。

(三) 马克思、恩格斯使用“交换”这个经济范畴时，是有不同含义的：一是指狭义的商品交换而言，还有是指广义的交换而言，后者就包括有全民所有制经济内部的那两种交换。所以我们阅读马克思、恩格斯论商品消亡问题的著作时，**必须分清与商品交换相对待的两个不同的对立面**：(1) 自产自用，或者由社会将产品直接按需分配给消费者(生活消费或生产消费)，不要求按劳分配，或不要求按劳核算，从而相互之间就根本无须交换，以与商品交换相对待；(2) 仍有交换，但非商品交换，以与商品交换相对待。① 人们过去常常把马克思、恩格斯所说的“在公有制度下人们不交换其产品，商品已经消亡”的论点，只理解为实行自产自用或直接的按需分配，即只理解为向前述第一个对立面转化(我国经济学界目前还有不少人是这样看的)，从而就对社会主义和共产主义滋生出许多糊涂观念，把它们想得太简单，以为在公有制度下可以废除一切交换；这当然是错误的。等到看见在社会主义阶段还不能不有全民所有制经济内部的那两种交换(这里是将前述其他五种交换舍而不论)，他们就大感意外，急忙来一个 180 度的大转弯，不分青红皂白地说它们都是商品交换，甚至还错怪马克思、恩格斯预见不够。其实，在我看来，这是由于他们自己未看清楚马克

① 光远同志在《关于社会主义制度下商品生产问题的讨论》一文中，只指出前一种对立(他分为两项)，这是因为他不认为在商品交换之外，还有“产品交换”这个对立面。

思、恩格斯的著作，对前述商品消亡的第二个对立面缺乏理解，即缺乏非商品交换的交换概念。

根据列宁和斯大林后来的一些论述，我认为可以把全民所有制经济内部的这个非商品交换的交换称为“产品交换”。这就是说，社会产品可以不再特殊地作为商品来交换，而只作为单纯的产品（回到本来面目）来交换。本书第二篇将说明：这种产品交换是不同于商品交换的更高一级的交换，在社会主义阶段，是在劳动直接社会化的基础上，直接遵照按劳分配和按劳核算的关系，采取“等价交换”的形式进行的。对“产品交换”这个新范畴，主张全民所有制经济内部的交换亦为商品交换的同志，自然抱完全否定的态度；另有一些同志认为在列宁、斯大林的著作中并无此种区分；还有一些同志认为目前还不能把全民所有制经济内部的交换称为产品交换，要到将来才可以。这些问题都留到本书第二篇去研究；现在为便于以后说明和讨论，我将“产品交换”这个范畴先假设下来。

此外，关于商品消亡问题，我有以下想法，现在先扼要地提一下，到本书第二篇再来论证和说明：

（一）目前国家和集体等等之间的那五种商品交换，在集体所有制完全转化为全民所有制以后，就会消亡，但不是转化为无任何交换（自产自用或直接的按需分配），一般是转化为像现在全民所有制经济内部的两种非商品交换的交换。

（二）目前国家和职工之间的生活资料的交换（它不是商品交换，只是在外表上像商品交换），包括将来从集体所有制方面转化过来的那部分在内，在社会主义向共产主义逐渐过渡的过程中，在按劳分配向按需分配逐渐过渡的过程中，是会按产品先后达到极丰富的程度，一批一批地逐渐转化为直接的按需分配，由要交换到根本不要交换，去了现在像商品交换的外貌。

（三）目前各国营企业之间的交换（不是商品交换，只是在外表上像商品交换），包括将来从集体所有制方面转化过来的那部分在内，在未来共产主义社会中，也是仍然存在和废除不掉的。它们虽然是更有计划地、更有组织地按生产需要来分配，但是为了核算劳动（包括物化劳动和活劳动）的耗费和效果，为了综合平衡社会的生产和再生产，仍然必须与现在一样，互相计算社会劳动耗费和按等量社会劳动进行交换。这就是说，这部分产品交换，那时不能转为不交换。那时与现在不同的地方主要是：它们互相对物化在产品内的社会劳动的核算和按等量社会劳动进行交换，可以不再具有像商品的价值、价格的外貌。① 从现在交换还具有像商品的价值、价格的外貌，到将来交换完全去了这种商品外貌，即由隐蔽的劳动券转为名副其实的劳动券，那不是一批一批地逐渐实现的，而是在整个交换范围内一点一点地逐渐实现的，即从有较为显著的商品的价值、价格的外貌，一点一点地逐渐减少直到最后彻底去掉这种外貌。我国经济学界对商品的消亡过程曾有两种对立的说法，一种是说一批一批地消亡；一种是说一点一点地消亡，他们所指的内容与我所说的内容不全相同。我认为以上两个过程是各有所指：前者指全民所有制经济内部国家和职工之间有关生活资料的交换行为本身而言；后者指全民所有制经济内部的交换（现在为两种，以后只留下各企业之间的那一种）所具有的商品的价值、价格的外貌。我认为分清这两方面，对全面了解商品的消亡过程将有很大的帮助。

根据以上理解，我还有这样一个想法：马克思、恩格斯当年预言在公有制度下，将没有商品交换，这与全民所有制经济内部在现阶段还有前述那两种交换和到未来共产主义阶段还有前述那第一种交换，原是不矛盾的，并非由于什么时代限制；可是现在主张全民所有制经济内部的两种交换还是商品交换，它们只有到共产主义社会才会消亡（按他们的认识，即都转为自产自用或转为直接的按需分配而根本不需交换）的同志们，倒会被我们未来还得继续参

---

① 现在的流行说法，是把物化在产品内的社会必要劳动与“价值”这一经济范畴完全等同起来；其实前者只是在一定历史条件下才表现为“价值”，详见本篇第四章。

加共产主义各企业之间的等劳交换行为的后辈评为真是自相矛盾和短见，而且是由于抛弃了我们的前辈所已指出的正确论断才陷于此种矛盾和短见的。我认为我们今天应该对后代防止和避免这个真正的矛盾和短见。

第二章　关于几个劳动范畴的说明

说明马克思、恩格斯对商品只有一个定义，以及他们亦预见到全民所有制经济内部的两种交换，只是为正确解决当前争论的问题开辟道路，但是还远远不能解决当前争论的问题，因为人们头脑中还有一连串疑问，例如，为什么过去私有制度下的交换是商品交换，社会主义制度下国家和集体经济之间的交换是特种的商品交换，特别是全民所有制经济内部的两种交换又只是像商品交换，实质上已经不是商品交换？为什么不能另下一个较宽的商品定义，把这两种交换亦列为商品交换呢？以及这些区分和这些争论是不是经济研究工作者在玩弄名词呢？这一连串疑问是必须详细答复的。要答复这些问题，决非一个商品定义所能顶事。可是现在人们在争论中常常只用自己所爱好的一个定义来批驳对方，并说自己是对的。譬如，某甲说，凡须作价交换者即为商品，从而他就推断别人把全民所有制经济内部的两种交换列为非商品交换是不对的。又如，某乙说，只有不同的所有者之间的交换才是商品交换，从而他就推断别人把全民所有制经济内部的两种交换列为商品交换是不对的。其实，以上不同结论早已包含在以上不同的大前提之中，谁也不能说服谁。正确的商品定义是重要的，但是，光是一个定义，是不能解决问题的。更重要的是具体说明商品是什么，它为什么只能这样定义而不能那样定义。因此，要解答清楚以上疑问，我们必须根据马克思、恩格斯关于商品、价值、货币的一整套分析，把商品或商品交换的基本特性找出来，然后才容易辨明全民所有制经济内部的两种交换有无以上特性，从而才可以最后判定它们是否为商品交换。

由于目前人们对马克思所说的劳动表现为价值等问题有种种理解，有些人甚至不加区分地并用这两个经济范畴，无所谓劳动表现不表现为价值的问题，好像它们是二而一或一而二的——在我看来，这是目前的商品和价值问题一时争论不清的根本原因之一。因此，为解答以上疑问，我认为还很有必要先做一些预备工作，把一些必要的知识列举出来，并把一些混乱扫除了。为此，应该说明几个有关的劳动范畴问题，以及劳动价值学说的简史。否则，把各种不同序列的问题绞在一起来说，就难以登堂入室，辨明其中的是非。

本章先说明几个劳动范畴问题。

第一节 “简单劳动和复杂劳动”与“熟练劳动和不熟练劳动”的区别问题

不论在什么社会制度下，劳动总是人类生存的根本条件；同时，劳动本身或劳动一般比起它的特殊的历史形态——“价值”来，总是较易观察和说明。但是，这并不是说它很简单和不成问题。现在，我们从“简单劳动和复杂劳动”“熟练劳动和不熟练劳动”这两对劳动范畴的区分问题说起。

对这两对劳动范畴，目前有些教科书和有些同志的文章是不加区别的，或者区别不明。《政治经济学教科书》（第三版）是这样说的：“参加商品生产的有各种熟练程度不同的工作者。未受任何专门训练的工作者的劳动是简单劳动。需要专门训练的劳动是复杂劳动或熟练劳动。”据我理解，这种说法或有不妥，因为复杂劳动，虽然也与熟练劳动一样，是经过一定专门训练的劳动，但是以上两对范畴是各有所指的。现在把我的认识说一下。简单劳动和复杂劳动的差别，是不同工种的诸劳动在发展程度上的差别，例如砌砖是一种较简单的劳动，精密的金属切削是一种较复杂的劳动，后者的 1 小时就可能抵前者的 2 小时（这是我随便假定的例子，下同)。熟练劳动和不熟练劳动是同一工种的诸劳动在发展程度上的差别，例如一个熟练的砌砖工人，比一般的砌砖工人可以多砌砖一倍，前者的1小时就可以抵后者的2小时。

对简单劳动和复杂劳动，马克思是这样说的："缝劳动与织劳动，虽然是性质上不同的生产活动，但……二者只是人类劳动力支出的两种不同的形态。当然，人类劳动力，在能以这种或那种形态支出以前，必须已有某种程度的发展，但商品价值所表示的，只是人类劳动，是人类劳动一般的支出。像资产阶级社会中将军或银行家演着重要的节目，单纯的人只演极不重要的节目一样，人类的劳动在这里也是这样。那是简单劳动力的支出。……复杂劳动只被看作是强化的或倍加的简单劳动。……以简单劳动为尺度单位，各种劳动还原为简单劳动的各种比例，是由生产者背后的一个社会过程确定的，[①] 所以，在他们看来，好像是由习惯确定的。"[②] 这些话表明简单劳动和复杂劳动，是不同工种的诸劳动之间的一种区别。

关于熟练劳动和不熟练劳动问题，马克思是这样说的："如果一个商品的价值，是由其生产期间支出的劳动量决定，或许有人会以为，一个人越是懒惰越是不熟练，他的商品将越是有价值了，因为它的完成需有越是多的劳动时间。"但是，马克思继续说，形成价值实体的劳动是社会必要的劳动时间，"它是指在现有的社会标准的生产条件下，用社会平均的劳动熟练程度与强度，生产任一个使用价值所必要的劳动时间"。[③] 在《政治经济学批判》一书中，马克思在说明简单劳动和复杂劳动的折合问题之后，接着又说："交换价值[④]的决定于劳动时间，还包含着一个前提：就是物化在

---

① 引者注：本书第二篇将要说明，这样被确定的情况，在公有制度下，就有可能加以改变。

② 马克思：《资本论》第一卷，人民出版社1953年版，第17—18页。

③ 同上，第10—11页。

④ 引者注：在写《政治经济学批判》一书时，马克思还未严格区分"价值"和"交换价值"这两个范畴，虽然他在实质上已经将它们区分清楚。这段引文中的这个"交换价值"即指"价值"而言。

一定商品如一吨铁中的劳动，不问它是某甲的还是某乙的劳动，总是同样多；或者说，为生产同一个具有一定的质和一定的量的使用价值，不同个人所费的，是同量劳动时间。……即在当时一般生产条件下为生产另一个同样的商品所需要的劳动时间。”① 这段话和上面那段话所说的问题是完全相同的，它们表明熟练劳动和不熟练劳动是同一工种的诸劳动之间的一种区别：以一般熟练程度为尺度，生产同质同量的某产品，例如一件纱、一尺布或一吨煤等，熟练工人只耗费较少的时间，不熟练工人要耗费较多的时间，但是它们都折合为相等的社会必要劳动量，或创造同样多的商品价值量。

对以上两对劳动范畴的区别，我过去曾有一度分不很清，以后把它们分开了，现在更把它们明确地区分如上，或者是符合经典著作原意的。

第二节　社会必要劳动和其他劳动范畴的关系问题

“社会必要劳动”和“社会平均必要劳动”是完全一样的，因为社会必要劳动一定是以有关劳动耗费的诸社会条件的平均水平为基准，所以只是在表述上要不要把“平均”二字写出来的问题。社会必要劳动或社会平均必要劳动，在马克思、恩格斯的著作中亦常常被简称为社会劳动，虽然后者亦常常在别的意义上被使用。马克思曾说过以下的话：“你们记得我曾经用过‘社会劳动’这个用语，而‘社会’这个用语是意义很大的。我们说一个商品的价值是由耗费于或结晶于这个商品中的劳动量来决定，我们所指的是在一定的社会状态中，在一定的平均生产条件下，在所用劳动强度和技巧的一定平均社会水平下，生产这个商品所必需的劳动量。”②

社会必要劳动和抽象劳动是讲一个统一物的两个侧面，即讲物

---

① 马克思：《政治经济学批判》，人民出版社 1955 年版，第 5 页。

② 《马克思恩格斯文选》（两卷集）第一卷，外国文书籍出版局 1954 年版，第 399 页；重点是原来有的。

化在产品内的劳动的量和质。各种产品是各种具体劳动对不同对象加工的结果。我们计算和比较它们的劳动耗费时，不能以它们各自所耗费的自然时间为准：第一要把存在于它们之间的复杂劳动按一定比例换算为简单劳动；第二要按平均熟练标准去换算各种工种内的诸不同熟练程度的劳动（还有其他问题，留到下一节去说）。这样折算出来的各种和各个产品所消耗的劳动，在量上是社会必要的劳动，在质上是同一的人类劳动或抽象劳动，马克思有时也把它说成是“无质的”劳动。所以，抽象劳动和社会必要劳动这两个范畴是反映形成社会产品的劳动的两种规定性（质和量），它们是不可分的。

社会产品是由多种产品构成的，其中每种产品是由许多生产单位生产的，它们体现一定量的社会必要劳动，但是它们个别所消耗的劳动量则往往与此不相等，我们称后者为产品的个别劳动消耗量，以与产品的社会必要劳动消耗量相对待。这也是一对重要范畴，我们必须注意。当它们在特定的历史条件下表现为价值时，我们称前者为社会价值即价值，称后者为个别价值。商品的交换价值或价格，是受前者决定的，不是受后者决定的。

此外，还有一对劳动范畴，那就是公有劳动（也称社会劳动；当这样使用社会劳动一词时，它的意义就与前面所说的社会劳动不同）和私有劳动或私人劳动，这是从社会制度、社会性质来区分劳动。这种区分，在政治经济学上有极大的意义，我们在研究商品和价值问题时，不能对它有丝毫忽视。

第三节　社会必要劳动量的规定问题

前面已经说到，为生产一个产品所必需的社会劳动耗费量，不是各个生产者（不论他是个体生产者或一个工厂）所耗费的个别劳动量，但是前者是从后者的综合平均中转化出来的：第一，复杂劳动必须相应地折合为加成、加倍的简单劳动；第二，熟练劳动和不熟练劳动要按平均熟练标准来计算，这两点是就劳动本身而言的。此外，还有两种因素的差异也影响社会必要劳动量的规定。现在用假设的例子分别说明如下：

（一）假定生产者本身的劳动情况是相同的，例如劳动技巧、劳动能力都相同——为说明方便，我们假定他们是同等的采煤工人，但是他们有的有较好的技术装备，有的只有较差的技术装备可资利用，这样，他们每日的采煤量就会不同，假定前者多于后者一倍。这不是由于劳动有差异，而是由于生产工具和技术装备有差异。在计算社会必要劳动量时，如果那较差的技术装备还是社会的平均水平，那么，有较好的技术装备的那部分劳动产品（加倍的煤），就能在此限度内体现加倍的社会必要劳动量，相反，如果那较好的技术装备已是社会的平均水平，那么，只有较差技术装备的那部分劳动产品（一半的煤），就只能在此限度内体现一半的社会必要劳动量。

（二）再假定两个煤矿（把它们改为两个煤井或同一煤井的两个不同的煤层也一样），那里的采煤工人的劳动技巧、劳动能力是同等的，技术装备也一样，但是他们所遇到的劳动对象（煤层）有好坏不同，一个石碴少，一个石碴多，这样，他们每日的采煤量就会不同，假定前者亦多于后者一倍。这种差异是由劳动对象的条件不同而产生的。在采掘工业、渔业、农业等受自然条件影响较大的生产部门中，我们最容易看到这种差异，但是在加工工业中，它也是存在的。例如纺纱工人，遇到质量好的棉花，在同量劳动时间内，就可以产出较多的棉纱，相反，就只能产出较少的棉纱，这也同样会影响到一定量的棉纱所体现的社会必要劳动量。上述的煤和棉纱，在此限度内按怎样的方向体现多少社会必要劳动量，那要看社会平均的煤层情况和棉花情况如何而定，这就用不着详加解释了。

所以，决定物化在产品内的社会必要劳动量（包括活劳动和物化劳动）的多少和变化——换言之，即决定社会劳动生产率的大小和变化——的因素是多方面的，概括起来，不外乎人、工具和自然等三个方面。马克思曾把这个问题概括地表述如下："生产上必要的劳动时间，随劳动生产力上的每一种变化而变化。劳动的生产力，取决于多种事情，就中，有劳动者熟练的平均程度，科学及其技术应用的发展程度，生产过程的社会结合，生产资料的范围及作用能力，和诸种自然状况。"① 根据马克思的这一概括的说明，我们可知：使各生产者的产品的个别劳动耗费量和社会必要劳动量不能一致和有差距的原因是多方面的，其中有劳动的熟练程度的不同，有生产技术发展程度的不同，还有生产资料和自然状况的不同，这些是我们应该注意和记住的。

第四节　几个永存的劳动范畴问题

"经济范畴只不过是生产方面社会关系的理论表现"②，它们有历史的，也有非历史的，即永存的（除非人类本身消灭了）。以上我讲到许多劳动范畴，其中如公有劳动和私有劳动就是历史范畴，它们只反映特定历史阶段、特定社会所有制度下的劳动关系；又如具体劳动就是一个非历史范畴，即永存的范畴，因为有人类必然有劳动，同时劳动总必然有具体的一面，如原始社会有采集野果的劳动，有捕鱼或打野兽的劳动，现在有制造机器、制造宇宙火箭和从事原子能工业的劳动，这些是人们没有争论的。但是对以下劳动范畴，人们目前的认识还不一致，我把它们提出来研究一下。

（一）简单劳动和复杂劳动，熟练劳动和不熟练劳动是不是历史范畴？

自人类从动物界发展出来和劳动稍有进化以后，这两种劳动的差别就产生了，并一直存在到现在。当然，我们现在作为简单劳动

① 马克思：《资本论》第一卷，人民出版社 1953 年版，第 12 页。
② 《马克思恩格斯全集》第四卷，人民出版社 1958 年版，第 143 页。

和不熟练劳动看待的，比起古人来则是大大的复杂劳动和熟练劳动，但是按今日的社会水平来看，它们则在平均水平之下。这些是人们的一致认识。至于对人类的未来劳动，人们还有不同看法。有的同志说，未来将消灭这两种劳动差别；有的同志说，简单劳动和复杂劳动的差别会消灭，熟练劳动和不熟练劳动的差别是永存的。在我国经济学界，我认为漆琪生同志是前一种说法的最显明和最彻底的代表。他曾在《论社会主义制度下商品的实质和特征》一文中说：商品消亡的可能性的实现，“须等到社会主义的生产力已经高度发展到使得任何劳动都是统一的共同人类劳动力的支出，而不存在某种技术和工种的性质上的差异，可以直接用单位产品的具体劳动时间来衡量产值大小的时候，方能成功。单一的社会主义全民所有制的实现，无疑地可以促进社会生产力加速地达到这样的水平。在这个时候，生产者的具体劳动没有再还原为抽象劳动的必要，无须再实现为价值，因此商品的内在实质丧失了形成的根源，从而商品完全归于消亡”。[①] 这种商品消亡论，在我看来，是错误的。这是因为琪生同志对劳动表现为价值的含义和根源，有很大的误解。这里且先研究琪生同志所明确提出的以下论点对不对：任何劳动将来都会变成直接统一的，即“彻底消除生产过程中复杂劳动与简单劳动，熟练劳动与粗笨劳动”的差别。[②] 我认为，脑力劳动和体力劳动的差别将来是会消灭的，但是简单劳动和复杂劳动的差别是永远消除不掉的，它与熟练劳动和不熟练劳动的差别永远消除不掉是相差不多的，虽然将来这两种劳动的差别的距离会比今天大为缩小。我的理由是：宇宙的秘密是无穷的，人类征服自然的斗争是无止境的，这就是说，劳动和技术将不断发展和提高；再者，工龄长的人一般总比工龄短的人熟练，这可以说是一条自然规律。因此，我不赞成琪生同志的看法。我认为，说将来没有以上两种劳

① 见《经济研究》1959 年第 5 期，第 55 页。
② 同上书，第 54 页。

动差别，实在是对共产主义和人类进步的一种误解，这等于否认将来人类会进步，并使共产主义庸俗化。关于这个问题，恩格斯曾嘲笑过杜林，他说："两个人在一小时内所生产的物品，虽在同一工业部门内，但因劳动的强度和劳动者的技巧程度的不同，也总是各不相同的；这样的不幸……不是任何经济公社，至少不是我们地球上的任何经济公社所能挽救的。"① 所以，以上两种劳动差别的前途问题，在经典著作中是早就谈过和解决了的。

（二）社会必要劳动和个别劳动的差别（矛盾）是不是永存的?

这里所说的个别劳动，就是指为生产一个单位产品所耗费的个别劳动，如某个鞋匠为做一双鞋所耗费的劳动；同时它也可以表现为某一个鞋厂、某一个鞋业托拉斯为生产一双（当然是几万双里的一双）鞋所耗费的劳动。为了区别这两种情况，人们又称后者为局部劳动，表明它是由许多人的个别劳动构成的。不过对"社会必要劳动"来说，后者仍然是个别性的，可以包括在与"社会必要劳动"相对待的"个别劳动"之内。所以我这里所说的社会必要劳动和个别劳动的前途问题，也就包括有些同志所说的"社会劳动和局部劳动"的前途问题在内。

社会必要劳动和个别劳动的差别（矛盾），是从过去一直存在到今天的，它的前途问题，与前述两种劳动的差别（矛盾）的前途问题，有很密切的关系，但是不限于劳动这一方面的因素。因为使个别劳动耗费与社会必要劳动耗费有差别的原因，除了劳动这一个因素外，如前所述，还有技术因素和自然因素。关于这一点，琪生同志在他那篇文章中是看到了的。所以，复杂劳动和简单劳动的差别，熟练劳动和不熟练劳动的差别，虽然被他错误地看作将来会

---

① 苏星同志在《全民所有制经济内部的商品生产和价值规律问题》一文中（见《红旗》1959年第16期），亦引到这段话，并正确地看到以上劳动差别的前途，但是他认为即使在全民所有制经济内部而在不能实行按需分配的条件下，为比较或计量这有差别的劳动，不仅要还原为抽象劳动（这是对的），而且还要借助或表现为价值，因而全民内部的交换都是商品交换。我认为这是他对何谓价值以及何谓劳动表现为价值等问题有误解的缘故。

趋于消灭，但是，社会必要劳动和局部劳动之间的差别和矛盾，他仍然认为是消灭不掉的。他说，将来“虽然消灭了人的活劳动之间的差别，但物的死劳动之间的差别却依然存在，并在物质条件和生产设备上，表现为先进单位与落后单位的差别，使得局部劳动和社会平均劳动仍然存在矛盾”。[①] 我认为，不能消灭的原因还不止于此，即就它们的劳动根源说，将来也是不能将社会劳动和局部劳动之间的差别和矛盾消除掉的，理由见前，不再重复。

（三）抽象劳动是否只是与商品经济相联系的历史范畴?

对这个问题，我不赞成目前的流行说法，虽然它由来已久，传播很广，我自己过去亦曾受过影响。这种意见认为抽象劳动是商品经济范畴，是历史范畴。例如《简明经济学辞典》就是这样写的：“只有在商品经济条件下，作为人类一般劳动的消费，劳动才具有抽象劳动的历史形式。……在商品交换过程中，由于使商品生产者生产的各种不同的商品彼此相等，于是就把各种劳动化为抽象劳动。……随着同一形式的共产主义所有制的建立和商品生产的消灭，抽象劳动这个经济范畴也将消逝。”[②] 又如奥院士在前引那篇文章中，对抽象劳动亦有相同看法。该文批评一种主张的拥护者说：“这种主张的拥护者没有用商品生产的存在来说明各种不同的社会劳动归结为抽象劳动的必要性，而是用社会主义阶段脑力与体力劳动、熟练与简单劳动、工人与集体农庄庄员劳动之间重大差别的存在来说明。但是他们忘记了只有在商品生产的条件下才有把不同社会劳动归结为抽象劳动的必要性。”[③] 我认为以上流行意见是不正确的。1957 年，我曾冒昧提出我的反对意见[④]。当时，我只看

---

① 见《经济研究》1959 年第 5 期，第 55 页。

② 《简明经济学辞典》，人民出版社 1959 年版，第 273 页。

③ 见《经济译丛》1957 年第 11 期，第 48 页。——附注一下：该文所批评的那种论点本身确是不对的，该文对它的批评是对的，但是文中所说的“只有在商品生产的条件下才有把不同社会劳动归结为抽象劳动的必要性”，我认为是不对的。请参阅《经济研究》1958 年第 5 期所载拙文第 51—52 页。

④ 见拙著《社会主义制度下的商品和价值问题》，第 102—106 页。

到卫兴华同志在他所写的《关于抽象劳动的问题》一文中，曾简单地发表过这种反对意见。[①] 近来说抽象劳动不是历史范畴的文章比过去多了一点，例如王学文同志在《社会主义制度下的商品关系与价值规律》一文中，曾说到“将来除存在着具体的有用的劳动以外，作为人类劳动一般支出的抽象劳动，也是将来进行经济核算与计划统计工作所必需的。”[②] 必须指出：在《资本论》中，马克思只说决定商品价值的劳动是抽象劳动，而不是具体劳动，但是他从没有说过只有在商品经济中，才有把具体劳动归结为抽象劳动的必要。本篇下一章还要说道：马克思在《评瓦格纳〈经济学教程〉》的遗稿中，曾更直接、更明显地指出抽象劳动本身并非历史范畴。

再者，如前所述，将来既不能完全消灭复杂劳动和简单劳动的差别，熟练劳动和不熟练劳动的差别，以及生产技术和自然条件等方面的差别，从而社会必要劳动和个别劳动或局部劳动既不可能是直接等一的，这就决定人们将来非把具体劳动归结为抽象劳动不可（只是不再表现为价值）。因为物化在产品内的社会必要劳动量的多少，是人们永远关心的事，将来只会更加关心，它在质上不能不是同质的或无质的人类抽象劳动，不然的话，如果那时真的不管哪有差别的劳动，而直接按个别劳动的自然小时核算，那么我们的子孙就不是将经济工作越做越细致，而是越做越马虎，那不是要变成“九斤老太”所说的“一代不如一代了”吗?[③] 我想，这应该是不会有的事。因此，我认为：说只有在商品经济中才有把具体劳动归结为抽象劳动的必要，说抽象劳动是历史范畴，不是本意有错，就是概念混乱，二者必居其一。

（原载《经济研究》1959 年第 10 期）

---

① 见《读书月报》1957 年第 1 期。

② 见《经济研究》1957 年第 5 期，第 34 页。

③ 见鲁迅的小说《风波》中的故事。

论商品和价值(下)

第三章　劳动价值学说简史

为了把一些必要的知识列举出来并把一些障碍扫除，以便说明商品或商品交换的基本特性和何谓劳动表现为价值等问题，本章再继续介绍劳动价值学说的简史。因为有了这个简史知识，我们后来人就更容易了解：为什么劳动会不直接是劳动而转化为价值，以及我们的前辈经济学者是怎样从价值找到劳动的，以免我们因为受已成的口语的影响而将劳动和价值混为一谈。

商品是一个二重物的矛盾统一体，即使用价值和价值这两个因素的统一体，二者缺一，即不成为商品。这是目前大家都同意的前提。所以区分商品或非商品，区分商品交换或非商品交换，本来也可算作不难的事，但是由于对其中的所谓“价值”有不同理解，问题就变得复杂起来了。关于商品是使用价值和价值二因素的统一体的这一正确论点，我们从《资本论》第一卷第一篇第一章，甚至在这一章的第一节的开门见山的标题上（“商品的二因素：使用价值与价值”）就可以学到。但是根据我的学习和体会来说，要对这个“价值”有正确的理解，至少必须反复精读这一篇的前后三章和马克思、恩格斯论价值和货币的其他重要著作。同时，回顾一下马克思以前的资产阶级学者的价值学说的简史，对了解何谓“价值”，何谓“劳动表现为价值”，也是极有帮助的。以下，就来谈谈劳动价值学说的简史。

第一节 政治经济学的第一个难题

马克思、恩格斯着手研究政治经济学的时候，政治经济学这门科学已经有近200年的历史（从英国的威廉·配第算起），当时它的研究对象之一——商品，已经发展到更为复杂的资本主义商品形态，已经不是简单的商品形态，更不是物物交换的原始商品形态。那时最为突出的经济问题是什么呢？那就是出现在庞大的商品交换之中和变化莫测的商品“价格”问题，例如，价格是什么？它是受什么支配的？它有哪些变化规律？恩格斯曾说：“当政治经济学作为科学出现的时候，它的一个首要任务就是要找出隐藏在这个仿佛支配商品价格的偶然情况后面，而实则自己支配着这个偶然情况的法则。”① 因为这个问题不搞清楚，更复杂的经济现象如利润、利息、地租等的根源问题，也就搞不清楚。同时，为资产阶级效劳的各种庸俗经济学说，如资本生利润、土地生地租、劳动生工资的学说，就不能被击溃。

对以上价格问题，人们长时期以来不能作出科学的解答，这是由于其中有许多复杂的中间环节，特别是在商品经济中有许多相反的外观，阻碍人们去作本质的理解。例如，不说那复杂的垄断价格和生产价格问题，也不说各种商品与纸币相交换的问题，即以各种商品与金银货币（它表现为铸币）相交换而论，它就比过去的物物交换更复杂、更隐蔽，使人更难了解彼此交换商品就是彼此交换劳动的这一内在联系或本质关系。在原始的简单的物物交换中，例如农民用他们所生产的粮食（假设为五十斤小麦）去与村中的木匠交换家具（假设为一只木盆），他们还大体知道：交换就是交换劳动；五十斤小麦和一只木盆的交换比例，就是他们所消耗的劳动

① 《马克思恩格斯文选》（两卷集）第一卷，外国文书籍出版局1954年版，第49页。——引者注：恩格斯这里所指的法则，即价值法则。

时间的比例。但是一到商品交换的品种、范围扩大以至出现国外市场和引出金属货币作媒介以后，以上实质就被掩盖起来，人们就不了解金银货币是什么，为什么它有那么大的魔力，它是反映什么社会经济关系的，各种商品的价格（各种商品专与货币相交换的“交换价值”）是受什么决定的，等等。关于这个问题，恩格斯有很好的说明如下：

“农民所换入的物品需要怎样多的劳动时间去生产，是中世纪农民明白而准确知道的。村内的铁匠和车匠，就是在他眼底下劳动；成衣匠和鞋匠（在我幼年时代，他们还是依次寄宿在莱因河两岸农民家中，在那里，把已经准备好的材料，加工成为衣服鞋履）也是这样。农民和卖东西给他的人，自己都是劳动者，所交换的物品是他们每个人自己的生产物。他们在这种生产物的形成上，用去了什么呢？劳动呀！只是劳动呀！在工具的补偿上，在原料的生产和加工上，他们所给予的，都只是他们自己的劳动力。除了比例于用在生产物上的劳动，他们怎样能够拿他们的生产物，来和其他从事劳动的生产者的生产物相交换呢？在那里，用在这各种生产物上的劳动时间，不仅是唯一适当的尺度，可以使互相交换的量有分量上的决定；在那里，一般地说，也再没有别的尺度是可能的，不然，难道人们会相信，农民和手工业者会这样蒙昧无知，以致有人把十小时劳动的生产物，拿来和别人一小时劳动的生产物相交换么？……

“但是，说到这种以劳动量为标准的交换，这个劳动量，对于谷物和家畜那样必需用为时较长的，为不规则的中断时间所中断的，收获量也不确定的劳动来生产的生产物，又怎样计算（纵然只是间接地，相对地计算）呢？特别是对于那些不会算数的民族，又怎样呢？很明白，只能由一个冗长的暗中摸索的逐渐接近的过程。在这个地方，是和在别的地方一样，人们只有由吃亏的方法来学乖。但每个人大体上都有得到成本的必要，使计算愈益变得正确。加入交易的物品种类不多，他们生产的方法往往数百年间极少变化的事实，使目的比较容易达到。……”①

但是商品交换一发展，金属货币出现以后，情形就不同起来。为此，恩格斯曾继续说：“最重要最有决定性的进步，是到金属货币的推移。这种推移也有如下的结果：现在，价值由劳动时间决定，不再明白在商品交换的表面上表现出来了。在实际的理解上，货币成了决定的价值尺度。并且加入交易的商品种类越是繁杂，商品越是来自远地，生产各种商品必要的劳动时间越是无法控制，情形便会越是这样。并且，货币当初大多数是从外国来的。即使贵金属是在本国得到，农民和手工业者部分地因为对于在这上面用去的劳动，已经不能做近似的估计，部分地因为劳动有作为价值尺度的属性的意识，已经相当地为货币计算的习惯所掩蔽；所以货币就开始在大众的观念中，代表绝对的价值。”②

这就是说：自较直接的简单的商品交换发展为以金属货币作媒介的商品流通以后，商品的交换比例与体现在商品内的劳动之间的关系，就被各种商品与金属货币相交换这一现象掩盖起来了。这样，在一般人的心目中，一切商品与货币相交换以及按那么一个比例交换，已经不是反映物化在他们的产品中的劳动的比例关系和社会关系，而是因为一切商品具有某种作为均等的价值的物质属性，金属货币本身就是它的天然的尺度。

对商品交换，在它的幼儿时期，人们想不到要去研究它；等到人们后来要考察它的时候，它已经变成很难理解的怪物。马克思曾就这个问题说道：“劳动生产物所依以成为商品，和商品流通所依以发生的各种形态，在人开始说明其内容，但不是研究其历史性质（因为在他们看来，这各种形态是永劫不移的）时，已经取得了社会生活的自然形态的固定性了。因此，只有商品价格的分析，能引出价值量的决定，也只有一切商品共有的货币表现，能引出商品价

① 马克思：《资本论》第三卷，人民出版社1953年版，第1173—1175页。

② 同上书，第1176页。

值性质的确定。但商品界这个完成的形态——货币形态——不惟不能显示出，反而物质地隐蔽着私劳动的社会性质，和私劳动者间的社会关系。”[①] 因此，价格是什么，或者作为商品的某种物质属性的价值是什么，就成为政治经济学要首先使劲攻克的堡垒了。这个堡垒不是一下子就攻下的，如果从亚里士多德算起，人们攻它攻了2200多年，最后是由马克思来攻克的。

第二节 从价格找到价值和从价值找到劳动

在西欧，早在公元前300多年，古希腊的伟大思想家亚里士多德曾经提出这个价格问题，因为当时雅典已经有商品货币经济，价格问题已经摆在人们面前。当时亚里士多德曾指出，“五床等于若干货币”，无异“五床等于一屋”。这样，他就把货币还原为商品，特别是他又说，“没有等一性，就不能交换，没有可公约性，就不能相等”。这就是说，无论是在“五床和一屋”的交换中，还是在“五床和若干货币”的流通中，总有一个共同东西在作为它们互相交换的基础，交换价值或价格就是由这东西决定的。但是亚里士多德到此为止了，而且最后他又退回去说，“那实在是不可能的，这样不同种的物品，是不能公约的”，因而那个等一物只能是“应付实际需要的手段”。[②] 这样，他又否定了价格的客观基础。虽然如此，他能于当时把五床等于若干货币还原为五床等于一屋，并指出它们后面有一个均等的东西，那是了不起的，所以马克思说，“这是他的天才的闪耀。但他生活所在的社会的历史限制，使他不能发现这个均等关系‘实在’是由什么构成”。[③] 马克思这里所指的是：奴隶占有制社会和亚里士多德自己的贵族身份，使他轻视劳动，从而他就难以想到劳动就是这个均等的东西。

---

① 马克思：《资本论》第一卷，人民出版社1953年版，第58页，重点是引者加的。
② 以上是根据马克思《资本论》第一卷第37页的引文转述的。
③ 马克思：《资本论》第一卷，人民出版社1953年版，第38页。

后来越过中世纪，自资本主义商品经济在荷兰、葡萄牙、英国、法国等国相继登上历史舞台以后，人们就更注意以上价格问题。当时的庸俗经济学者，不认为在商品和商品交换或商品和货币交换的后面，有一个什么共同的客观东西在起决定作用。他们认为价格是凭买卖双方对商品的好恶或对商品的效用的估量来评定的，我们不妨把它叫做价格的“效用论”，用马克思后来所定立的术语说，他们把使用价值和价值相混淆了。另一些庸俗经济学者认为商品的价格是由买卖双方的供求情况来决定的，这可叫做价格的“供求论”，虽然比前者略进一步，但是并没有触及问题的本质。还有一些经济学者说，各种不同的商品所以按一定的比例交换，是因为它们在不同的使用价值（例如可以吃或可以穿，等等）的属性之外，还具有另一种共同的物质属性，那就是能与别的商品相交换的属性——他们沿用已有的口语，称它为商品所具有的“交换价值”或“价值”属性。[①] 他们既然庸俗地把商品的“交换价值”或“价值”误认为商品的物质属性，他们自然不可能说出它们到底是什么。[②] 古典经济学者如威廉·配第、亚当·斯密、李嘉图等人，比他们跨前一步，着手探讨和解剖“价值”，并开始琢磨到它是什么，不过远不彻底，远不完整，而且也还夹着庸俗的因素。例如，配第有时说它是劳动，有时又把它只归结为生产金银的劳动；亚当·斯密有时正确地说它是劳动一般，有时又庸俗地把它混淆为“劳动的价值”即“工资”；李嘉图分不清劳动和劳动力、剩余价

---

① 当时经济学者对“价值”和“交换价值”这两个范畴是混用不分的。“价值”是“交换价值”的本体，“交换价值”是“价值”的现象形态，这是到马克思奠定他的劳动价值学说以后才完全被分清和阐明的。他们当时混用不分，是由于他们当时还根本不知道“价值”或“交换价值”是什么。既然这样，他们自然不可能再进而分清这两者的差别和关系。

② 马克思曾这样讽刺地说：“一部分经济学者，曾怎样由附着在商品界的拜物教或劳动的社会性质之对象性的外观，受到迷惑，可由这个问题的冗长的无味的争论来证明：那就是，在交换价值的形成上，自然曾有怎样的作用？因为交换价值只是一定的表示一物所费劳动的社会方式，所以它是和汇兑率一样不包含自然材料的。”——见《资本论》（第1卷），人民出版社 1953 年版，第 67 页。

值和平均利润，从而在劳动决定价值的学说面前动摇并留下破绽，等等。直到马克思，才把“价值”完全发掘出来，证明它是物化在商品内的劳动，并首创地、明确地指出不是笼笼统统的劳动，而是人类的抽象劳动（从质来看）和社会平均必要劳动（从量来看）；并从而展开剩余价值学说以及平均利润和生产价格的理论，把劳动价值学说变为真正完整的科学。这就是说，2200多年来困惑着人们的那个商品价格问题——亦即决定价格的那个同一物（后来大家把它叫做“价值”）是什么的问题，最后是由马克思的劳动价值学说来解决的。马克思在他《评瓦格纳〈经济学教程〉》的最后经济遗稿中，曾说到他怎样研究和解决这个问题的经过，他说：

“……我并不是从概念出发，从而也不是由价值概念出发，……我由以出发的，只是劳动生产物在今日社会内依以表现的最简单的社会形态，这就是‘商品’。我分析它，最先是在它依以表现的形态上分析它。在这里，我发现了，一方面，在它的自然形态上，它是一个使用物，那就是，是一个使用价值，另一方面，它是交换价值的担负物，并且从这个观点看，就是交换价值。但交换价值的进一步的分析，却指示了，交换价值只是一个现象形态，是包含在商品内的价值的独立表现方法。然后，我就来分析价值。”①

接着，马克思还有一段话，把物化在产品内的社会劳动只是在一定的历史条件下才表现为“价值”的论点非常直接、非常明确地表述出来，他说：

“……交换价值要在至少有一部分劳动生产物（使用对象）当作‘商品’的地方才出现，并不是一开始就有，却要到一定的社会发展时期，在历史发展的一定阶段方才发生，然也就因此，交换价值就是一个‘历史的’概念了。如果洛贝尔图——以下我就要说到，他为什么看不到这一点——进一步分析了商品的交换价值

① 马克思：《资本论》第一卷，人民出版社1953年版，第1018页。

（因为交换价值只在有多数商品，有不同诸种商品的地方，方才存在），他应该会在这个现象形态背后，发现‘价值’。如果他进一步研究了价值，他应该会进一步发现，在这里面，物（使用价值）只是人类劳动的对象化，只是等一的人类劳动力的支出；从而，这个内容，也是当作事物的对象性质，当作物的性质来表现，虽然这种对象性并不是表现在它（商品）的自然形态上（也就因此，一个特殊的价值形态成了必要的）。并且，他应该还会发现，商品的‘价值’，不过用一个历史地发展了的形态，表现着一个东西，这个东西，在其他一切历史的社会形态内，同样是存在的，虽然有不同的形态。那就是，它不过用一个历史地发展了的形态，来表现劳动当作社会劳动力的支出所有的社会性质。如果商品的‘价值’只是在一切社会形态内都存在着的东西之一定的历史的形态，即当作商品‘使用价值’的特征来表示的社会的使用价值也是这样。……”①

在完成以上科学研究以后，马克思先在《政治经济学批判》，后来在《资本论》第一卷第一篇第一章，就按照他的由抽象到具体的“说明方法”，把他按“商品→使用价值和交换价值（价格）→价值→社会劳动”这样的进程，一步一步地深入进所研究出来的结论（价值是劳动和由劳动决定的理论），详细地先陈述出来，然后再回到价格、工资、利润等具体问题上去。

关于劳动价值学说的简史，我就介绍到此为止。

第四章　商品或商品交换的基本特性

对这个问题，我的简要答案是有以下三个基本特性：（一）商品交换是一定的私有劳动的仅有的、唯一的社会联系，它不是按社

① 马克思：《资本论》第一卷，人民出版社 1953 年版，第 1025—1026 页，重点是引者加的。

会的分配进行的；（二）商品交换必然使一种商品从商品群中分离出来成为货币，它是商品的价值尺度和流通手段；（三）劳动表现为商品的价值，表现为它所具有的某种物质属性，以及价值迂回曲折地依靠与别的商品相交换表现为交换价值或价格。

前两章说明了几个有关的劳动范畴问题和劳动价值学说的简史。现在我们可以进而探讨，商品或商品交换有哪些基本特性？为什么只有物化在商品内的劳动才表现为价值？以及何谓劳动表现为价值？

在经济上，生产、分配、交换的特性是受生产资料所有制决定的，这是一条通则。各种所有制度下的交换（按其广义而言）有一个共同的前提，那就是社会分工。如果整个社会都生产一种产品，那就不会引出交换。同时，参加交换的产品的品种的多少和范围的大小，也与社会分工的发展有关。但是，为什么有些交换在经济性质上是商品交换而另一些交换又不是商品交换呢？这是社会分工及其发展程度所不能说明的，因为这不是由它决定的。所以在研究交换的经济性质，研究哪些是商品交换和哪些不是商品交换时，我总认为在方法上应该将社会分工这个因素舍弃掉，免得夹在一起，滋生混乱。[1]

根据经典著作和我的理解，商品交换只存在于私有制度下，所以要探讨商品或商品交换的特性，就必须抓住私有制这个根，一切都从此出发。但是私有制有各种各样的私有制，例如有奴隶占有制的私有制、封建的私有制、独立小生产者的私有制和资本主义私有制，因而从属于这种种私有制的商品交换关系自然会各有其特点。例如独立小生产者之间的商品交换，有按商品的价值相交换的倾向，资本主义制度下的商品交换有按商品的生产价格相交换的倾向。我现在要列举的商品或商品交换的特性，是指其中的基本特性

① 请参阅《经济研究》1958 年第 5 期所载拙文《社会主义商品生产的必要性和过渡性》第 50—51 页。

或一般特性而言，它们是私的交换所共有的，而不包括它们在不同私有制度下的变形或发展的部分，例如不包括作为前述商品价值的发展形态的生产价格。这对本书来说是完全适当的，因为上述基本特性是区分商品交换和产品交换的标志，上述基本特性的变形或发展是区分不同的私有制交换（商品交换）的标志，而本书需要探索的是前一种标志。

这里有一个问题，就是：不同意商品交换只存在于私有制度下的同志，就会不同意从私有制出发来谈商品的基本特性。他们会说："你所说的只是私有制度下的商品交换，但是我们现在所争论的是公有制度下的交换呀！"现在，我且放下这一点，就算商品交换有"宽"和"窄"的两种，我以下所说的只是"窄"定义的商品交换（私有制度下的商品交换）的基本特性。但是只要搞清楚了这些基本特性，人们以后就容易辨明：主张全民所有制经济内部的两种交换亦为商品交换的同志，实际上是把私的（在我就是唯一的）商品交换所特有的一些属性错误地转嫁在以上两种公的交换身上。结果，他们不是不自觉地陷在自我矛盾之中，就是不自觉地按自己的爱好或按日常的不科学的口语在修改经典著作中的那些正确的经济科学术语，例如"价值"和"货币"等。为不过早地涉及以后的问题，现在且按本书的逻辑，继续阐述经典著作所说的商品或商品交换到底有哪些基本特性。

第一节 商品或商品交换的第一个基本特性

在私有制度下，社会生产是被分裂为孤立的、对抗的和互相缺乏直接联系的各个私人（各奴隶主、各封建主、各资本家、各独立小生产者）的生产，但是生产总是社会性的，总是有分工合作的，因而他们又不能不有所联系，不过只有通过把他们各自所有的产品当作商品来交换这一条路，此外，就没有别的路。这就是说，在私有制度下，各人的劳动不直接是社会劳动，它是唯一地依靠交换才转化为社会劳动的。与此密切不可分的，就是：在私有制度下，社会不能分配各生产者的产品，因为它不属于社会公有，而属于各人私有。因此，交换是各人的私事，是盲目自发的，它不是按社会对产品的统一分配（因不可能由此统一分配）来进行的。这里交换和分配完全是两回事。

在《反杜林论》中，恩格斯有一段话，曾极清楚地说到这个问题，他说，资本主义生产方式，萌发于个别商品生产者所组成的社会内，这些生产者的社会联系，是通过他们的生产品的交换来实现的。但是每个建筑在商品生产之上的社会的特点是：在这个社会内，生产者丧失了控制自己本身的社会关系的权力。每个人用其偶然所有的生产资料，并为着满足自己特殊的交换需要，为自己而生产。谁也不知道他所生产的那种产品会有多少出现于市场上，不知道它能够找到多少数量的消费者；谁也不知道他的个人劳动的产品究竟是否为人所需要，不知道究竟能否抵偿它的成本，而且不知道一般地是否卖得出去。在社会化的生产中，统治着无政府状态。

根据以上所述，我们可简单地归纳出商品或商品交换的第一个基本特性如下：把产品作为商品来交换，是私有制度下使各人所有的劳动、生产或产品转化为社会的劳动、生产或产品的唯一方法；它是各人的私事，是盲目自发的；它与分配是两回事。本书第二篇将详细说明，全民所有制经济内部的两种交换就不具有这样的特性，它们实质上是社会分配自己所有的产品，这是它们不为商品交换而为产品交换的一个原因。

第二节　商品或商品交换的第二个基本特性

现在再说商品或商品交换的第二个基本特性，这个特性是根源于私有制和从属于前一个特性派生出来的。简单说，它的内容是：商品交换，由于它的内在矛盾，必然使一种商品从商品群中分离出来成为货币，成为各种商品的一般等价物，成为它们的共同的价值尺度和流通手段。

对于货币不能是别的，而只能是一种特别的商品，是各种商品都与之相交换的商品；最早是牲畜、贝壳之类充当这种货币商品，其后为铜和银，最后为黄金；纸币是作为流通手段的货币的代表，货币是什么，它就代表什么——对于马克思的货币论中的这些结论，现在是我们都知道和同意的。至于说只有在私的交换即商品交换中，才产生货币和存在货币，这就会有人表示部分的怀疑和不同意；如果说我们的人民币实质上已经不是货币，而是“隐蔽的劳动券”——表面上看去像货币，实质上已经是劳动券，从而表明社会主义全民所有制经济内部的交换已经不是商品性质的交换，目前就会有更多的人摇头反对。现在不能过早地来讨论这些问题的孰是孰非。现在且先说明：货币为什么是私的交换即商品交换的必然产物？以及何谓商品的共同的价值尺度？何谓商品的流通手段？因为只要按照经典著作先把这些问题不走样地搞清楚了，以后就容易理解：恩格斯在《反杜林论》中，根据马克思的劳动券理论，为什么说在公的交换中的货币已经不是起货币的职能，而是“隐蔽的劳动券”的职能。

前面已经说过，在私有制度下，处在社会分工中的互相分离的孤立的生产者（或生产资料占有者），不能不将他们所私有的产品作为商品来互相交换。交换是他们的唯一的社会联系。在交换之前，他们的生产是私的生产，不直接是社会生产。因此，在交换之前，他们不知道他们的商品是否为社会所需要以及需要多少，他们能否借以换回自己所需要的其他商品以及换回多少。商品，对它的生产者即卖者，没有使用价值，只具有价值，这价值（不论它是什么）要在与别的商品相交换时才能被证实是多少（表现为多少交换价值），因此，是以该商品对他的购买者能够有用为前提。对商品的买者即消费者来说，他买商品是为了它的使用价值，而不是为了再把它当作价值去交换。不难了解，在私的交换即商品交换中，每个商品所有者都希望他自己的商品对别的任何商品所有者都是有用的，从而他可以任意选择换回他自己所需要的其他商品。换言之，就是每个商品所有者都希望他自己的商品是一切其他商品的一般等价物，是可以直接与一切商品相交换的商品，是可以到处流通的。至于别的任何商品所有者的商品，能否与他的商品相交换，则不能与他的商品一样，而必须凭他对各该任何商品的需要与否来决定，不能同样是可以直接交换或到处流通的。这叫做每个商品所有者都想使自己的商品成为“商品之王”，结果自然是大家都当不上“商品之王”。这是参加商品交换的各个商品所有者之间的一个矛盾。马克思曾经这样经典式地论述这个矛盾：

“每一个商品所有者，都只愿意为那些有使用价值可以满足自己的需要的别种商品，换去自己的商品。在这限度内，对于他，交换只是个人的过程。但另一方面，他总希望他的商品当作价值来实现，并转化为有同价值的适合于他的别种商品，而不问他自己的商品，对于这别种商品的所有者，有没有使用价值。在这限度内，对于他，交换是一般的社会的过程。但同一过程不能同时对于一切商品所有者只是个人的，同时又只是一般的社会的。”①

参加商品交换的各个商品所有者之间的这一矛盾，是他们的劳动产品“是私有劳动产品同时又不能不是社会劳动产品”的矛盾的反映，如果得不到解决，商品交换就难顺利进行。例如甲要乙的商品，但是乙不要甲的商品；再者，乙所要的是丙的商品，但是丙又不要乙的商品，结果是以上商品都难成交，这自然会妨碍社会生产（这里为商品生产）的继续进行。这个矛盾，一方面会随着商品交换范围的扩大而日益尖锐，另一方面也会因此而得到解决。因为随着日益增多的和不断进行的（虽然有摩擦、有困难）直接的商品交换或物物交换，在各个私的商品生产者的自发的选择中，会逐渐出现有某一种商品是各商品所有者常常愿意交换的对象，开始不固定，以后就固定在某一商品身上，它就成为其他各种商品的一

① 马克思：《资本论》第一卷，人民出版社 1953 年版，第 71—72 页。

般等价物。马克思说："问题与解决问题的手段是同时发生的。商品所有者用他所有的商品和其他种种商品相交换相比较的交易，一定会引导不同种商品所有者的不同种商品，在交易之内，与同一个第三种商品相交换，并当作价值，与它相比较。这样一个第三种商品，因为是种种其他商品的等价物，所以直接（虽然还是在狭隘的范围内）取得了一般的或社会的等价形态。这个一般的等价形态，是和唤起这个形态的暂时的社会接触同生共灭的。它是交替地，暂时地，归属于这种商品或那种商品，但随着商品交换的发展，这种形态终于排他地固定在特殊商品上，或结晶为货币形态。"[①] 最后，如我们所知道的，就归结在金银商品身上。[②]

自众多的商品所有者交换商品的社会行为自发地使一种商品（金或银）成为一般等价物、成为货币以后，像前述甲、乙、丙等商品所有者，只要能将自己的商品先换成金银货币，他就可能随时按自己的需要换回其他商品。这样，金银货币就成为各种商品互相交换的媒介；原来难以顺利进行的物物交换（例如前述甲商品和乙商品的交换），现在通过货币作媒介，就能顺利进行了。但是，这里所谓能够顺利进行，也只是说庞杂的商品界现在有了一个一般的等价物，它成为各种商品所具有的那个价值（不论它是什么）的共同尺度，可以用它来统一比较那个价值的表现的大小（多少交换价值），可以用它来沟通各种商品的交换，成为商品的流通手段，比没有形成这个一般等价物以前便利多了。至于各种商品能否交换成货币，把商品的价值实现出来，那仍然是一个大问题。这个问题，过去是分散地表现在甲商品和乙商品的交换上，或乙商品和丙商品的交换上，以及其他等等商品的交换上，现在则集中地表现在各种商品和货币商品的交换上。马克思曾把"商品价值由商品体到金体的跳跃"比作"致命的飞跃"，他说："没有这种飞跃，

① 马克思：《资本论》第一卷，人民出版社 1953 年版，第 74—75 页。

② 关于货币商品为什么最早是牲畜之类，以及最后又归结到黄金上来，请参阅马克思的《资本论》第一卷，人民出版社 1953 年版，第 75—76 页。

商品不受打击，商品所有者是会受打击的。”① 根源在于商品含有私有劳动和社会劳动的矛盾，它并没有因货币的产生而消除，反而因货币的产生而更集中和尖锐起来，到经济危机来临时，它就以爆炸的形态表现出来。

在马克思以前，经济学者不知道货币也不过是一种商品，或者只模模糊糊地知道它也是商品，但是不知道这种商品“如何、因何、从何变成货币”②，因此，货币对于他们仍然是一个谜。重商主义者和货币金属论者拜倒在金银货币跟前，惊叹它能购买一切和到处流通的魔力，好像金银闪闪地发出诱人之光，天生就与凡俗的商品不同而有以上魔力。还有一些不满资本主义现状的小资产阶级经济学者，不知商品经济的本质和内在联系，庸俗地和舍本逐末地咒骂金银货币，仇恨金银货币，空想在私有制的基础上，由银行发行一种直接以劳动小时为单位的“劳动货币”或“劳动券”来代替金银货币，使一切商品对社会都可以按它的劳动耗费而直接交换，即可以到处流通。换言之，他们想使一切商品（不只是一种商品）都成为货币。这当然是不可能的。前面已经说过，私有制加社会分工，才使生产者将他们的产品作为商品来交换，它们命定是不可能直接交换的（这里所说的直接交换，不是指物物交换而言，详后），因为它们直接是私有劳动产品，而不直接是社会劳动产品。同时，正由于有这种直接交换的不可能性，才逼得所有的商品交换者以自发的社会协同行为，使一种商品从商品群中分离出来成为货币。货币的直接交换可能性（它有那购买一切和到处流通的魔力），正是以其他一切商品不具有这种可能性为条件，可是在马克思以前或与马克思同时的小资产阶级经济学者如格雷、布雷、蒲鲁东等人，却空想使一切商品都成为货币商品，成为可以直接交换的商品。马克思在《资本论》中曾解释这个问题并批判他们。

---

① 马克思：《资本论》第一卷，人民出版社 1953 年版，第 96 页。

② 同上书，第 79 页。

他说："一种商品（麻布[1]）是在能与其他一切商品直接交换的形态上，或者说，是在直接社会的形态上，就是因为（且以此为限）其他一切商品没有把这种形态取得。"接着，马克思就以一个脚注批评道：

> 人们事实上从来不曾就一般直接交换可能性的形态，看出这是一个包含对立性的商品形态，它像阳磁极不能与阴磁极分离一样，不能与直接交换不可能性的形态分离。所以，或许有人会想，我们可以使一切商品同时具有直接交换可能性的形态。这种想象，和一切加特力教徒都可以变成教皇的想像，是属于一类的。当然，对于那些把商品生产看为是人类自由和个人独立的顶点的小资产阶级来说，如果能够除去那种和这个形态不能分开的不便，那就是，能够把商品的不能直接交换性除去，当然是极好的。蒲鲁东的社会主义，便是这种庸俗的空想之演出。我曾在别处说过，这种社会主义，连创见的功绩也没有。在他之前许久，就有格雷、布雷等人，把这种工作更成功得多地展开了。……[2]

马克思在这段话中所说的"曾在别处"，即指在《政治经济学批判》一书而言，他在那里曾为批判格雷的空想的"劳动货币"学说而解释以上问题。这段解释和批判很重要，对我们研究今日社会主义制度下的商品和货币问题也很有用处。我把它加重引录如下：

既然劳动时间是价值的内在尺度，为什么在劳动时间之外又另外有一种外在的尺度呢？为什么交换价值发展成为价格呢？为什么一切商品都用一种特别提出于众商品之外的商品来计算自己的价

---

① 引者注：马克思这里以麻布为例，它等于以后作为货币的金银。

② 马克思：《资本论》第一卷，人民出版社 1953 年版，第 49 页。

值，因而使这唯一的商品变成交换价值的适当存在，变成货币呢？这是格雷应该予以解决的问题。他不去解决问题。倒去空想商品能够当作社会劳动生产物而直接地相互发生关系。但是它们是什么，它们就只能以什么的资格来相互发生关系。商品直接是孤立的、各不相属的私人劳动的生产物，这种私人劳动，必须在私人交换过程中通过转移来证明是一般社会劳动；换句话说，在商品生产基础上的劳动，只有通过私人劳动的全面转移才变成社会劳动。但是，格雷既然把商品中所含劳动时间假定为直接就是社会劳动时间（引者注：这一句中的重点是原来有的），他就是把这种劳动时间假定为共同的劳动时间，或者说直接联合起来的人们的劳动时间。这样一来，实际上，一种特殊的商品，如金银，就不会当作一般劳动的化身来同其他商品对立了，交换价值就不会变成价格了，但是，使用价值也就不会变成交换价值了，生产物也就不会变成商品了，因而资本主义生产的基础本身也就消灭了。但是，这一点决不是格雷的本意。生产物要当作商品来生产，却不当作商品来交换（引者注：这一句中的重点是原来有的）。格雷将这个虔诚的愿望之实现付托给一个国家银行。一方面，社会以银行为代表使个人不依赖私人交换的条件，另一方面，社会让个人在私人交换的基础上继续生产。因此，……格雷在"论货币……"这最后一本著作中，他越是急于想表明他的劳动货币纯粹是资本主义的改良，他就越是陷入尖锐的矛盾之中。

商品直接就是货币，或商品中的私人特殊劳动直接就是社会劳动——这种教条，当然不会因为有一个银行相信它、照它经营，就会变成真实的东西。宁可说，在这种情形下，破产会来表演实际批评家的角色。

从马克思这两段写得如此明确的著作中我认为，我们应该搞清楚以下问题：（一）货币是一种商品，它所以具有直接交换可能性，是以其他一切商品不具有这种直接交换可能性为条件。这就是说，货币的流通是以商品的不能直接流通为条件。商品之所以必然分为一般商品和货币商品，以及具有以上类似阳磁极和阴磁极的对立性的根源，是商品一方面为“孤立的、各不相属的私人劳动的生产物”，另一方面又不能不经私的交换全面地转化为社会劳动的生产物。（二）商品的价值，经过马克思的分析，虽然已经被证明为物化在其中的劳动的一种特殊表现，但是它仍然不能用这内在尺度——劳动小时来直接衡量，而只能外在地凭它与别的商品相交换的比例、最后是外在地凭各种商品与一种货币商品相交换的比例（马克思称它为价格）来衡量，这也是因为物化在商品之中的劳动是私有劳动，而不直接是社会劳动，所以社会无法用抽象的必要的劳动小时单位来直接衡量它们。因此，（三）那些小资产阶级经济学者，想在私的生产或商品生产的基础上，由银行发行一种“劳动货币”或“劳动券”，使一切商品都可以直接按它们的劳动耗费来交换，即都直接成为货币，以废除可咒诅的金银货币，那无疑是一种“缘木求鱼”的空想，原因之一就是他们没有真正懂得商品和货币的本性。马克思说得好：这是要把生产物当作商品来生产，但是不当作商品来交换。如果勉强实行，那个发行“劳动券”的银行的仓库就会被各个商品所有者损人利己地交换一空，陷于破产。这在欧文手里和蒲鲁东手里都实际表演过。此外，（四）从马克思评格雷的这一段话中，我们除了可以看出马克思认定：格雷的错误是在于他“把商品中所含的劳动时间假定为直接就是社会劳动时间”，即假定为“直接联合起来的人们的劳动时间”，它显然是不符实际以外，还可以看出马克思认定：如果劳动已经真是直接的社会劳动或联合起来的人们的共同劳动，那就不会有一种特殊的商品如金银当作一般劳动的化身来同其他商品相对立，而且所有生产物都不会再成为商品了。这又一次表明：马克思和恩格斯在他们的著作中，凡有机会和必要时，总是对比着私的交换即商品交换，指明在公有制度下，无须再使产品作为商品来交换，无须再使一种特殊的产品作为货币来起作用。这里，我只希望读者同志先把这最后第四点记住，详细应该留到本书第二篇去研究和论证。我在前面已经说过，只要先正确地搞清楚了商品交换必然使一种商品从商品群中分离出来成为货币，以及马克思所说的作为商品的价值尺度和流通手段的货币的含义是什么等问题以后，我们就容易说明：马克思和恩格斯的以下预言——在社会主义公有制度下，将没有货币，而只有劳动券或隐蔽的劳动券——为什么是正确的，为什么只是不符合我国人民币的名称，而非常符合我国人民币的本质或实际。①

第三节　商品或商品交换的第三个基本特性

现在再说商品或商品交换的第三个基本特性。这个特性，比前两个特性复杂和难懂得多，它的内容可简述如下：物化在商品内的劳动（它在质上是同一的人类抽象劳动：在量上是社会平均必要的劳动），不为人们所知，而表现为商品的“价值”，表现为商品所赋有的某种物质属性；我们只能在商品交换中，从作为等价物的商品的身上，迂回地或间接地看到它的对象性。在公有制度下，在全民所有制经济内部的交换中，如本书第二篇将要说到的，物化在产品内的劳动就直接是劳动，它不再表现为价值。这是将全民所有制经济内部的交换从商品交换区别出来的又一标志。

我认为，目前要说明何谓物化在产品内的劳动表现为价值和不表现为价值，其困难和复杂大概不下于我国史学界目前所想搞清楚的曹操问题。为什么呢？因为价值之为何等样物，在我看来，正与曹操之为何等样人相似，已被人们蒙上了许多误解，在某些点上，它已经不是马克思所说的那个“价值”了，而变为劳动的完全的同义语了。商品的劳动价值学说，如前所述，是经马克思的手才完

① 在《社会主义商品生产的必要性和过渡性》一文中（《经济研究》1958 年第 5 期，第 62—67 页），我曾明确提出这个理论问题，并作了一些说明。虽然至今与我抱相同见解的人还很少很少，但是我总认为这是政治经济学（社会主义部分）中的一个新的重要问题，并且它是解决当前商品之争和价值之争的又一关键，本书第二篇要详细说明这个问题。

整无缺地树立起来的，他对这个学说作了最深刻、最清楚的说明。此外，恩格斯在许多地方，特别是在《反杜林论》中，还为我们留下非常杰出的说明。同时，他们二人都说在公有制度下劳动不表现为价值（见第一章注⑳和注㉒的引文）。问题在于我们后来人对他们论价值问题的某些著作各有理解，好像我们对曹操各有理解一样。我不敢说，我是来为“价值”向经济学界翻案的，但是我不妨把我的一种理解提出来向经济学界请教和讨论。

在《资本论》第一卷第一篇，我们可以看到这样两个表述：一个是“劳动表现为价值”；另一个是“价值表现为交换价值或价格”。这是两个有联系而不相同的问题，我认为绝对不能像有些同志那样把它们混淆起来。现在先说劳动表现为价值的问题。

（一）关于劳动表现为价值

劳动是人类生存的条件，它把自然物质变形、变质为产品，最后为了供生活消费。在本篇第二章中，我们已经看到：劳动总是具体的，是形形色色的，同时它们又总是同一的人类劳动力的支出。由于客观上各种条件的不同，各个生产者（不论他是一个人或一个包括许多人的生产单位）为生产一个同质、同量的产品所耗费的劳动量（个别劳动）总是不会绝对相等的，它们与按全社会计算的该产品的平均劳动耗费量（社会必要劳动）相比，一般总是或多或少。所以，人们对一个单位产品，不但会个别地计算它耗费了多少劳动时间，而且还会在大体上计算它的社会平均劳动耗费。后者虽然不像前者那么易于探明，但是人们总知道它无非是个别劳动的综合和平均。同时，在社会内部各生产者或各生产单位之间发生产品的分配或交换（按其广义而言）时，人们也知道这就是分配劳动或交换劳动，在计量时自然以劳动时间为尺度。原始人当然蒙昧无知，但是在人类逐渐进化以后，人们是会逐渐知道以上一切的，因为它们是简单易懂的。（请参阅第三章注②恩格斯论初期商品交换的那一段话。）概念和范畴是客观的概括和反映，它是受客观决定的。因此，如果不是由于在私有制度下出现了商品交换和发展为商品流通，当人们可能在头脑中逐渐反映以上经济生活时，他们是会如实地直接地逐渐用劳动、劳动时间、个别劳动耗费、社会平均劳动耗费、劳动（产品）的交换、劳动（产品）的分配等范畴去反映它们的，人们根本不会先在日常的经济实践中、后在科学分析上应用什么商品、货币、价值、价格这一类更为复杂的和难懂的经济范畴。

但是，自私有制继原始公有制而发生，在简单的物物交换之后又出现以金银为媒介的间接交换，结果，如前所述，到人们想去了解和说明这一新的社会劳动过程时，它已经不是简单易懂的事情，而是复杂难懂的事情了。因为在交换变为私的交换即商品交换，特别是变为以一种特别的第三种商品（最后为金、银，且不说它的纸币形态）为媒介的商品流通以后，社会劳动的内在联系已经完全被掩盖起来，呈现出另一种“物的外观”。人们在日常经济生活中所能看到的是：大量的形形色色的商品都与金银货币相交换；各种商品都有一个共同的“使用价值”，就是能与别的商品或货币相交换，即有交换价值或价格；金银货币有无限的权力，它能购买一切商品，一切商品都由它来标定价格；这价格一方面是千变万化的，另一方面又好像有一定的比例关系；等等。于是反映这些表面的经济现象的新的经济范畴如商品、货币、交换价值、价格等，就在人们的头脑中逐渐形成起来（首先是从作为实践家的商人的口中说出）。至于商品交换的本质是什么；货币的本质是什么；商品的交换价值或价格的实质是什么，它们是受什么决定的，人们都看不出来了。这就是说，他们看不出：货币也是一种商品，它与其他一切商品一样，都是劳动产品；交换商品就是交换劳动；价格就是各商品所含的劳动用货币所含的劳动来表示的一种比例，它是受劳动决定的——总之一句话，他们看不到内在的劳动的社会联系。如前所述，概念和范畴是客观的反映，它们是受客观决定的。因此，按一般人的常识来说：产品作为商品来交换是自然而然和永劫不移的事情；商品本身是具有价值这一物质属性的——至于这个价值到底是什么，他们是不知道的，以致像亚里士多德这样杰出的思想家最后还说它是“应付实际需要的手段”；金银天然就是货币，它本身就具有能购买一切商品的属性，是“绝对价值”。总之一句话，在他们拘囚于商品经济的日常现象的思维中，历史的现象变为自然现象，社会劳动关系变为物自身的关系和属性。

关于以上这一切，马克思曾作了极其深刻的评述，他在《资本论》第一卷“论商品拜物教”的那一节中，曾经这样说：“生产物交换者实际关心的问题，是自己的生产物，能换得多少别人的生产物，即生产物以如何的比例相交换。这个比例已经取得某种习惯的固定性时，它就好像是由劳动生产物的本质生出来一样，以致比方说一吨铁和二盎斯金价值相等，就好像一磅金和一磅铁虽然有不同的化学性质和物理性质，但仍然是重量相等一样。”① 这就是马克思在另一段中所说的：“人们把他们自己的劳动的社会性质，当作劳动生产物自己的对象性质，当作这种物的社会的自然属性来反映；从而，生产者对总劳动的社会关系，是当作存在于生产者外界的诸对象物的社会关系来反映。就因有这种转换，所以劳动生产物成了商品，成了感觉的超感觉的物或社会的物。”② 这两段话的意思是：生活在商品交换中的当事人看惯了各种各样的商品都能互相交换，这就在事实上表明它们具有一个相同的东西，即所谓价值，但是他们不了解这价值是什么，就以为这是商品所具有的某种自然物质属性，好像物有重量一样。这样，商品和商品交换，就不是劳动和劳动交换——生产者对总劳动的社会关系，而是作为商品的自然物质属性的那个价值和价值之间的社会关系了。它是可以感觉的，因为日常生活证明就是这样，但是它又是超感觉的，因为归根到底，人们还不知道这个被当作商品的自然物质属性的价值到底是何等样物。为什么会这样呢？其根源何在呢？马克思答复说：

---

① 马克思：《资本论》第一卷，人民出版社 1953 年版，第 57 页；重点是引者加的。
② 同上书，第 53—54 页；重点是引者加的。

“使用对象成为商品一般，只因为它是互相独立经营的私人劳动的生产物。私人劳动的复合，形成社会的总劳动。生产者由他们的劳动生产物的交换，才发生社会的接触，所以，他们的私人劳动所特有的社会性质，也要在这种交换里面才显现出来。换言之，私人劳动会在事实上当作社会总劳动的一部分来活动，是由于交换加在劳动生产物上面并从而加在生产者身上的关系。因此，在生产者看来，他们的私人劳动间的社会关系，就像是这样的：明白的说，不像是人与人在他们的劳动上面的直接的社会关系，却像是人与人间的物的关系，和物与物间的社会关系了。”①

这就是说，根源不在别处，就在于本章第一节所阐述的：商品交换是私的交换，参加交换的劳动产品是私的劳动产品，它们不直接是社会劳动产品；生产者只在交换中才发生社会联系，他们只有通过物的交换才能隐约地看到一点社会关系，但是那是被物的外观所掩盖着的一种关系。② 因此，他们看不出商品的价值是劳动，而把它当作商品的自然物质属性，是另外一种什么东西。这就是马克思所常说的“劳动表现为商品的价值，表现为它所有的某种物质属性”的本意，严格说，与政治经济学上的商品只是指两个私有者所互相交换的产品而言一样，政治经济学所讲的价值也只是指上述的价值而言。本书第二篇将要详细说道：恩格斯在《反杜林论》中所说的“经济学所知道的唯一价值是商品的价值”，就正是指上述的价值而言。同时，马克思也是前后一贯地这样使用着“价值”范畴，所以他在《哥达纲领批判》中说：“在公有制度下，变成生产物的劳动不表现为生产物的价值、不表现为它们所具有的物质的特性。”可是现在有多少人是按这个原意去解释“价值”呢？在我

① 马克思：《资本论》第一卷，人民出版社 1953 年版，第 54—55 页；重点是引者加的。

② 我们要在懂得以上道理以后，才能真正懂得马克思的这一句名言：“加里安尼说：‘价值是人与人间的一种关系。’他必须加上一句：‘那是被掩盖在物的外壳内的关系。’”——马克思：《资本论》第一卷，人民出版社 1953 年版，第 56 页。

看来：现在是有不少人不按这个原意去解释，好像我们现在有不少人不按曹操的本来面貌去描绘曹操一样。商品和价值问题一时争论不清和错误地说马克思预见不够的根本原因之一，我认为就在于此。具体说，就在于有不少人一方面要引证马克思的商品、价值学说，另一方面当因自己的误解而遇到理论上的矛盾时，又按自己的需要和按过渡时期还未改变过来的日常口语的习惯去改变马克思的商品、价值理论，结果又怎能不矛盾和混乱呢？以后我还要说道：当人们这样做时，是不自觉地，而且是纯良地为着发展马克思的商品、价值学说，但是这样一种发展，在我看来，是没有根据和必要的。所以我认为这可能是这些人的一种悲剧。

每个科学概念和范畴，都是有特定内容和严密规定性的，“价值”这个范畴亦正如此。为了正确了解它，我再将马克思所说的一段精彩无比的话引录于下，并加一些解释：

“人把他们的劳动生产物看做价值，使它们相互发生关系，不是因为这些物在他们看来不过是同种的人类劳动之物质的外壳。全然相反。是因为他们在交换中，把他们的不同的生产物看做价值，而使其均等，他们才把他们的不同的劳动，看做人类劳动，而使其均等。他们虽然不知，但是这样做了。价值不会在额头上写明它是什么。它是把每一种劳动生产物化成一种社会的象形文字。后来，人们才想到要说明这个象形文字的意义。他们自己的社会的生产物，就是在这个秘密后面出现的。使用对象当作价值规定，本来就和语言一样，是人类的社会的产物。后来的科学发现——劳动生产物在它是价值的限度内，只是它生产上支出的人类劳动之物的表现——在人类的发展史上，划了一个时代，但依然没有扫除劳动的社会性质之对象性的外观。对于这种特殊生产形态即商品生产形态方才适用的事——互相独立的私人劳动所特有的社会性质，是由它当作人类劳动所有的均等性构成，并采取劳动生产物的价值性质的形态——在被拘囚在商品生产关系内的人看来，在这种发现之后，是和在它之前一样，是永劫不移的。这就像科学的分析，虽然把空气分析成为几种原素，但空气形态，当作一个物理的物体形态，依然是和以前一样。”①

对这段话的几点解释：

（一）拘囚在商品经济生活中的人，虽然不知商品价值为何物，但是他们在实践中，在交换中是这样做了——就是他们把商品看作除了有使用价值还有“价值”，后者被认为是商品的自然物质属性之一，这就是说，它不被认为是人类劳动；完全相反，倒是因为他们在交换中把各种不同的商品看作价值而使其均等，并且这样不自觉地做了，不同的劳动才被他们看作均等的人类劳动。在这里，价值被认为是商品的物质属性，是因；均等的人类劳动被认为是它的果。这种认识，在我们看来，自然是很奇怪的，但是对拘囚于商品经济日常生活中的人来说，倒是一个必然（“社会存在决定社会意识”）。

（二）在商品经济中，“价值”是一个神秘莫测的东西，但是又多少被人们意识到一点，例如它的统一性，它与交换价值和价格的某些关系。因此，它是作为劳动生产物（物化劳动）的一种“社会的象形文字”登上历史舞台的。大家知道，埃及和我国古代的象形文字与它所形象的原物是很不相像的，人们所说的“价值”与劳动的关系亦正一样。但是另一方面，象形文字毕竟也有一点像原物，而人们所说的“价值”亦如此，因为它触到了“社会必要劳动”的等一性的边。从这段话，我们可以深刻地看出马克思不仅在问题本身的研究方面，就是在表述和寻找譬喻方面，也是用尽心血和妙不可言的，它们都是我们一辈子学不完的。

（三）如前所述，这个“象形文字”，这个没有在“额头上写明它是什么”的“价值”，是后来经过不少思想家和经济学家，最后是靠马克思才把它说明的，这为政治经济学和人类认识史划了一

---

① 马克思：《资本论》第一卷，人民出版社 1953 年版，第 56—57 页；重点是引者加的。在我看来，凡我加重点的地方，就是现在有不少人忽视，从而对价值产生误解的地方。

个时代。但是在私有制度下，在客观的商品经济中，劳动的社会性质——人与人之间的劳动社会关系总是不能直接地、如实地表现出来，它总只有通过物与物的交换来显示。因此，人与人之间的劳动社会关系总是蒙着一层外衣而对象化为“存在于生产者外界的诸对象物的社会关系”——这种“劳动的社会性质之对象性的外观”仍然是扫除不掉的。对拘囚在商品生产关系内的人来说，它仍然是永劫不移的。这好比科学分析虽然把空气分解为几种元素，但是在现象上，它总还是一堆混混沌沌的气体，一般人还是把它这样看待。

此外，（四）我们还应细细注意马克思所说的“劳动生产物在它是价值的限度内，只是它生产上支出的人类劳动之物的表现”，以及他所说的“互相独立的私人劳动所特有的社会性质，是由它当作人类劳动的均等性构成，并采取劳动生产物的价值性质的形态”。这里所谓“物的表现”，就是指劳动本身已经被掩盖而表现为“价值”，它被认为是商品自身的某种物质属性；这里所谓“价值性质的形态”，就是指劳动生产物被当作上述那样的价值物而言，它是人类社会劳动的特殊的历史形态。

以上就是我要讲的商品或商品交换的第三个基本特性的一个侧面，那就是在私的交换即商品交换中，劳动才表现为商品的价值，表现为它所有的某种物质属性。在社会主义公有经济中，特别是在全民所有制经济中，劳动实质上已不表现为价值；对于这不表现为价值的直接的社会劳动，我们现在仍然象形文字式地称它为“价值”，而不直截了当地称它为劳动，那是有种种原因的，而且是任何事物在过渡时期所常有的现象（所谓“实变名未变”）。本书第二篇将说明这个富有哲学趣味的经济范畴问题。

（二）关于价值的对象性和它迂回曲折地表现为交换价值或价格

前面曾经指出：劳动表现为价值，以及这价值表现为交换价值或价格，是两回事，但是它们是密切不可分的，好像一物的两面一样。正由于物化在产品中的劳动，在私有制度下不能如实地直接地表现为社会劳动，而表现作为商品的一种物质属性的价值，它（价值）就成为“感觉的超感觉的”东西。因此，我们只能在一个商品和另一个商品的交换中，即在一个商品的交换价值中，琢磨到它的对象性。这是前述商品或商品交换的第三个基本特性的又一侧面。为说明这个侧面，我们且先来看看马克思对“价值”所说的另一段名言：

“商品的价值对象性，和瞿克莱夫人不同的，就在于我们不知道在哪里方才有它。和商品体的可感的粗糙的对象性正相反对，没有一个自然物质原子，会加到它的价值对象性中去。无论我们怎样翻阅转动一个商品，它，当作价值物，仍是不能把握的。让我们记着，商品在它是同一的社会单位（人类劳动）的表现时，方才有价值对象性，所以它们的价值对象性纯然是社会的，所以，不待说，这个对象性也只能表现在商品与商品的社会关系上。我们要探索这背后隐藏着的价值，实际也要从商品的交换价值或交换关系出发。”①

马克思这里所说的商品的价值对象性，就是指作为商品构成因素之一的价值本身的存在而言。由于价值并不真是商品的某种自然物质属性，我们当然不可能从翻阅转动一个商品的“肉体”而把它找到；由于它是生产者对总劳动的社会关系的一种特殊表现，我们只能从这特殊的社会关系（交换）中去间接地、迂回地把握它。

这里，我们应先分清这样一件事，就是：决定价值或作为价值实体的劳动不是具体劳动和个别劳动，而是抽象劳动和社会平均必要劳动，后一种劳动是前一种劳动的转化物或一般存在。因此，人们有时也在这个意义或这个关系（哲学上所说的具体和抽象、特殊和一般的关系）上，说后者不像前者那样可以直接看到或把握到；好像人们在生活中只能吃到国光苹果、香蕉苹果等具体的特殊

① 马克思：《资本论》第一卷，人民出版社1953年版，第22页。

的苹果，而吃不到抽象的、一般的苹果一样。这是一个问题。但是，马克思所说的商品的价值对象性不能直接地被把握，与这个问题是不相干的。马克思所说的“和商品体的可感的粗糙的对象性正相反对，没有一个自然物质原子，会加到价值对象性中去”，这句话是说，价值是“生产者对总劳动的社会关系”的一种特殊表现，它并不真是商品所有的物质属性；他这句话并不是说，商品的价值是空的，是没有实体的，它不是人类劳动力支出在一定历史条件下的表现。我们知道，各种特殊劳动是一种社会的自然存在物，它是人脑、神经、感官等机能的具体表现。同样，体现在这特殊劳动之内的和经人的思维反映出来的劳动一般本身，它也是一种社会的自然存在物，它是人脑、神经、感官等机能的一般支出，它们都是“可以感觉地区别的”。马克思在《资本论》第一卷“论商品拜物教”的那一节中，曾说了以下一段话，可以帮助我们了解以上问题，他说：

> 商品的神秘性质，不是由它的使用价值发生。它也不是由价值决定要素的内容发生。第一，无论有用的劳动或生产的活动有怎样的不同，这总归是一个生理学上的真理：它们是人类有机体的机能。无论这种机能的内容和形式如何，它们在本质上总归是人类的脑，神经，筋肉，感官等等的支出。其次，说到价值量决定上当作基础的事情，那种支出的时间或劳动的量，又很明白，劳动的量和劳动的质是可以感觉地区别的。在一切状态内，生产生活资料所费的劳动时间，都是人类关心的事，虽然关心的程度，不是在不同的发展阶段上一致的。最后，自人类依某种方法彼此相互劳动以来，他们的劳动又取得了一种社会的形态。①

① 马克思：《资本论》第一卷，人民出版社 1953 年版，第 52—53 页；重点是引者加的。

把马克思以上两段话结合起来看，我们可以非常清楚地看出：商品的神秘性质（这里表现为我们不知道它的价值对象性何在），不是由于作为价值的实体、作为它的决定要素的劳动本身（抽象劳动、社会必要劳动），因为它的量与它的质是同样“可以感觉地区别的”，它是不难把握的。商品的价值对象性之所以不能把握，一句话，是由于本来与瞿克莱夫人一样易于看到的社会劳动，在私有制的特定条件下，被分裂为私有劳动，它不能如实地、直接地表现为社会劳动，而只能在商品和商品交换这唯一的社会联系中，表现为当作交换价值（价格）的背后物或基础的价值。因此，这个价值、这个背后物、这个特殊历史条件下的社会劳动，如前所述，就只能在商品和商品相交换的比例（交换价值或价格）中显示出来，取得它的对象性。商品的价值虽然经科学探明为物化在其内的劳动，但是人们仍然不能直接说出它是多少。因为它直接是私有劳动，这私的个别劳动耗费（个别价值）虽然是社会劳动耗费（社会价值）的组成部分，而且已经在生产过程中被确定，但是谁都不能说谁的劳动合多少社会劳动（价值），只有到实行交换时，例如假定五十斤小麦与一只木盆或五元货币相交换了，这才最后确定或表明物化在五十斤小麦内的社会劳动（价值）值一只木盆或五元货币。这就是说，只有在交换中，依靠别的商品，最后为货币商品——金银，价值才有它的对象性，并确定它的量。这是物化在商品内的社会劳动（价值）的唯一表现方法和定量方法。前一节讲货币作为商品的外在的价值尺度时，曾经讲到这个问题。关于这个问题，恩格斯有很好的说明。他在《反杜林论》中指出“经济学所知道的唯一价值是商品的价值”之后，曾作解释如下。

“……当我说，某一商品具有一定的价值，那我就是说：（一）它是社会上有用的生产品；（二）它是由私人以私人的打算生产出来；（三）它虽然是私人劳动的生产品，但同时，好象不为生产者所知地、而且违反生产者意志地，它又是社会劳动的生产品，而且是一定数量的社会劳动的生产品，这一数量，是以社会方法，通过交换来规定的；（四）我不把这个数量表现于劳动本身中，也不把它表现于劳动时间的某一数目中，而是把它表现于别的商品中（引者注：这个重点是原有的，应特别加以注意）。所以，如果我说，这个表和这块布价值相等，每物的价值都等于五十马克，那么这样我就是说：在这一个表，这一块布与这一数额的货币之中，包含着相等数量的社会劳动。因此，我就确定，它们自身里面所代表的社会劳动时间，可以在社会上被测定，而且被发现是相等的。但是这种测定，不是直接的、绝对的，象其他场合上测定劳动时间那样；就是说，不是用劳动时间或劳动日等等来测定，而是间接地、相对地，用交换方法来测定的。这就是为什么我不能把一定数量的劳动时间表现于劳动小时之中（劳动小时的数目，我还不知道），而只能迂回地、相对地把它表现于某种具有等量社会劳动时间的商品之中。一个表的价值，与一块布的价值相等。”

恩格斯的这段话是很清楚的，但是人们也可能对它有另外的理解。譬如把商品的价值对象性的不能看到，以及我们不能直接说出商品的价值量（社会劳动量），归源于作为商品价值实体的劳动是抽象劳动和社会必要劳动，它不能用自然劳动小时去直接衡量，因此要迂回地、间接地用别的商品或货币来衡量它和表现它。这种理解，很明显是对马克思、恩格斯所说的“商品价值不能直接表现而只能迂回地表现出来”的这一论点的误解，我在本小节开端已经说过与这有关的问题，这里可以不再重述和批驳。此外，我还可以指出：恩格斯在上一段话之后，还紧接着说到在公有制度下，“为着决定生产品中所包含的社会劳动量，就可以不必采取间接的道路”，即不必采取通过交换的迂回道路，这更表明问题的关键完全在所有制，在劳动有私人劳动和社会劳动的矛盾，而不在劳动有具体劳动和抽象劳动的差别。

以上是解释商品或商品交换的第三个基本特性，它表明“劳动表现为价值”和“价值表现为交换价值”是两个有关而不同的命题时。我在解释“劳动表现为价值”和“价值表现为交换价值”

这两个抽象而复杂的命题时，都直接引证了马克思、恩格斯的著作，包括马克思在《评瓦格纳〈经济学教程〉》一文中的那两段话，但是值得注意和富有学术研究兴趣的是：国内外有不少经济学者[①]都引用这些著作，并作了论述；而我以上所述的与他们的不相同，他们相互之间也有不同。为不过早地涉及以后的问题，我现在只提出我的解释如上；对于他们的不同解释，我留到本书第二篇再去评论。

对商品或商品交换的特性，我根据经典著作的分析和自己在学习中的一些体会，列举出以上三个基本特性，它们是密切不可分的。我按它们的内在联系，用以上序列表述它们。我认为，从原始社会一直到未来的共产主义社会，人们在他们的经济生活中，彼此总是有交换的（按其广义而言），正和有生产和分配一样，但是交换有商品交换和非商品交换（产品交换）的区别。我认为，具有以上基本特性的交换是商品交换。否则，就不是商品交换。目前，有些同志，在我看来，当谈论社会主义制度下的各种交换是何种交换，以及谈论社会主义阶段商品的过渡性时，或者只凭自己下一个商品定义来演绎，或者把商品或商品交换的质的规定性说得隐隐约约，其中有一些还是前后矛盾的。我认为，在学术讨论上，对何谓商品，何谓价值以及价值规律，不妨人各有见，但是必须明明白白地交代自己的概念、论点和理由；否则，彼此就不好进行讨论，问题也就难以解决。例如在已注意到了社会主义阶段商品的过渡性的同志中间，有的说商品在量上是发展的，在质上是削弱的；有的说有几分商品就承认它是几分商品，但是如果他们不讲清楚自己所指的那个商品的质或那几分商品性到底是什么，大家就难以讨论。我

① 例如，苏联的斯特鲁米林院士《价值规律和计划工作》一文（见《经济译丛》1959 年第 9 期），以及国内杨坚白同志《略论价值的实体》一文（见《经济研究》1959 年第 4 期），吴传启同志《从一般和特殊的辩证法探讨马克思价值论的几个问题》一文（见《哲学研究》1950 年第 8—9 期合刊）和孙冶方同志《论价值》一文（见《经济研究》1959 年第 9 期）。

现在尽可能力求明确，把我对何谓商品、何谓价值和何谓劳动表现为价值等问题陈述如上，对与不对，那是另一问题。本书第二篇就根据前面所说的三个基本特性的存在与否，来分析和说明：社会主义制度下国家和集体经济之间的交换为什么是特种商品交换——是商品交换的变种；全民所有制经济内部的两种交换为什么实质上已经不是商品交换，只是在外表上看去像商品交换；以及这种说法和它所依据的原理真正被搞清楚以后，对贯彻党中央八届六中全会“关于人民公社若干问题的决议”中所强调的发展商品生产的方针和等价交换的原则，为什么不但不像有些同志所说的那样有抵触，而且还直接有帮助等问题。

（原载《经济研究》1959 年第 11 期）

关于我国实行按劳分配制度的经验的研究

按劳分配原则是崭新的社会主义分配原则，它在过去的私有制社会中是根本不能出现的。按劳分配必须以生产资料属于劳动人民公有为基础，并以生产最后是为了供应劳动人民的需要为前提。所以，按劳分配制度，是随着无产阶级夺得政权和有了公有制经济才诞生的，它随着公有制经济的发展而推广。按劳分配原则有很大的生命力和优越性：它对寄生阶级和懒惰分子有强大的革命改造作用，对劳动人民则是重要的生活保障和鼓励（因为劳动果实属于他们所有，多劳就可多得）。因此它能促进劳动生产率的提高，促进工农业生产的普遍发展和人民生活的普遍富裕，并有利于在社会主义阶段为共产主义准备物质条件。

我们党和毛泽东同志对按劳分配原则的积极作用，历来就很重视。过去，革命根据地的政府机关、部队、学校和公营企业未曾实行按劳分配的工资制，那是由于当时经济困难、战斗紧张，应该采用军事化的供给制，它在当时团结了官兵和军民，有巨大的革命作用。不过就在那时，党和政府也在可能范围内注意物质鼓励。例如，1945 年毛泽东同志在对劳动英雄和模范工作者作报告时，除了指责“不愿建立家务（引者注，即不愿从事机关部队的自给生产）的二流子习气，是可耻的”以外，就曾提出“还应规定按质分等的个人分红制度，使直接从事生产的人员能够分得红利，借以刺激生产的发展”。[①] 全国解放以后，特别是国民经济恢复时期胜利结束以后，全国机关、部队、学校、企业就普遍停止那时的老供给制，实行新工资制。这一方面是由于经济好转、情况改变，不宜于再保留原来的供给制；另一方面也是为了发挥社会主义按劳分配原则的积极作用。为了贯彻这个分配原则，全国各地曾根据中央的指示，数次修订劳动定额，改革工厂、行政机关和事业单位的工资制度。大家知道，旧中国的工资制度充满着半殖民地和半封建性，是极不合理的。我们且不论通货膨胀、物价飞涨、工资毫无保障，也不论工头把持、陋规重重，即以各产业部门的工资比例来说，那也是十分畸形的。例如，当时煤炭采掘工人的工资反而低于一般纺织工人；机械制造工人的工资亦有类似情形。这反映当时帝国主义和买办资产阶级对我国过剩劳动力的残酷剥削，以及重工业根本不能得到发展的事实。解放后经过数次工资改革，上述种种不合理现象都被消灭，代之而起的是新的社会主义工资制度。

我国在实行按劳分配制度的过程中，以及全国掀起人民公社化运动以来，由于有党中央和毛泽东同志的领导，由于把马克思列宁主义原理和中国革命实际密切结合起来，曾经积累起许多宝贵的经验。下面仅就个人平时的学习和体会，提出其中的四个重要经验。不妥之处，尚希同志们批评指正。

一 强调政治挂帅，肯定按劳分配原则，把思想政治教育和物质保证结合起来

我们知道，按劳分配原则是有以下两重性的：第一，它有很大的进步性，因为如前所述，它对寄生阶级和懒惰分子有强大的革命改造作用，对劳动人民的生活则是很好的保障，从而能够促进社会

① 《必须学会做经济工作》，《毛泽东选集》第三卷，人民出版社 1953 年版，第 1018 页。

生产迅速发展。第二，它也含有某种“不平等性”，我们通常称之为“资产阶级法权”的残余。这是因为在按劳分配制度之下，虽然每个人付出同别人相等的一份社会劳动，就能够领取一份相等的社会产品，但是每个人的情况是不同的：有的强些，有的弱些；有的结了婚，有的没有结婚；有的子女多些，有的子女少些；以及其他，等等。因此，在同样的劳动下，在平等享受社会消费品的条件下，某一个人在实际上比另一个人领得多一些，这个人就会比别的个人富裕一些。这种富裕一些和较不富裕一些的差别或“不平等”，在共产主义者看来，虽然是一个“缺点”，但是它在社会主义阶段是不可避免的。因为，社会主义社会虽然消灭了私有制和剥削，但是在很长时期内，还不能消灭旧社会遗留下来的城乡差别、工农差别、体力劳动和脑力劳动的差别（虽然已经消灭了它们原来所具有的阶级对抗性）；社会生产力还不能达到很高的水平，社会产品还不能极大丰富；人民的共产主义觉悟还不很高。因此，一般说，就还不能实行共产主义的按需分配原则，只能实行社会主义的按劳分配原则。如果过早地改行共产主义的按需分配原则，一面会因物资不足而难以为继；一面会使一部分落后的人因为既然按需分配了，他们就享现成而不去积极劳动，另一部分人也将因为别人如此而不愿再去积极劳动、其结果就会影响社会生产，妨碍社会的发展。所以，按劳分配原则比起按需分配原则来，虽然有以上那种不平等的缺点或“资产阶级法权”的残余，但是在社会主义阶段，我们还不能把它抛掉，而过早地去实行共产主义的按需分配原则。

根据我国十余年来的经验，全面地分清按劳分配原则的两重性，特别是它的“资产阶级法权”的性质问题，是正确贯彻按劳分配原则的重要关键。首先我们要分清：按劳分配原则所以还是“资产阶级法权”或有这种法权的残余，是因为它以各人的劳动为分配社会个人消费基金的标准，这样就不能不保持各人的劳动界限和各人收入多寡（不平等）的差别。这种“资产阶级法权”或其残余，与反映资本家凭资本剥削工人和工人因丧失生产资料而备受资本家剥削的那种不平等关系的资产阶级法权，完全是两回事。同时，还要认清前面所说的在社会主义阶段必须承认按劳分配这一“资产阶级法权”的理由和意义。以上是问题的一个方面。其次，我们也必须注意到：从按劳分配可能产生一种单纯追求物质利益的不良倾向，也就是列宁所说的那种“斤斤计较，不愿比别人多做半小时工作，不愿比别人少得一点报酬的”① 资产阶级法权的狭隘观点，以致重新堕落到资本主义的臭水坑里去。这当中的联系是这样：按劳分配原则是以生产资料和劳动力都归社会公有为基础，有利于消除自私自利的资本主义习气，这是基本的方面；另外，由于在社会个人消费基金的分配环节上，仍然以各人所做的劳动量为标准，它虽然不会像小私有者的商品经济那样日日夜夜地产生出资本主义，但是如果不加强思想政治工作，它也会成为滋生资本主义思想的一种温床。由于我们在党中央和毛泽东同志的领导下，对按劳分配原则有全面认识，我们就有一个基础，懂得如何正确地利用这个原则为社会主义建设服务。前面已经说过，全国解放以后，我们首先就在全民所有制经济中积极推行新的工资制度；在实现农业合作化的过程中，我们又把按劳分配制度逐渐推广到集体所有制经济中去，肯定按劳分配原则在整个社会主义阶段的积极作用。与此同时，党中央和毛泽东同志又指示我们必须把思想政治教育工作放在首位，使人民有艰苦奋斗的精神，有共产主义的远大理想，在工作和劳动中，发扬共产主义风格，把方便送给别人，把困难留给自己，不斤斤计较眼前的报酬。虽然我们在现阶段不直接实行共产主义的按需分配制度，而仍然坚持实行社会主义的按劳分配制度。这种革命精神和远见，对战胜困难、加速社会主义建设的胜利，是有巨大作用的。所以，我国在坚决实行按劳分配制度的过程中，一直注意政治挂帅，在不断加强对劳动人民进行共产主义教育的同时，还根据不同时期的具体情况，采取各种相应的措施。具体说，例如

① 《列宁全集》第二十五卷，人民出版社1958年版，第455页。

在恢复时期，在当时经济困难的情况下，我们提倡刻苦精神和互助精神，不机械地死照着各人的劳动数量和质量的比例，更不去搞不恰当的“高标准”工资制；又如以后随着生产的发展，我们一面使工资总基金逐年有所增加，一面又强调个人利益服从国家利益、局部利益服从整体利益、眼前利益服从长远利益的思想政治教育，保证国家有足够的建设基金。同时，还不断注意防止高级干部、高级知识分子在生活上的特殊化倾向，并注意对按劳分配制度作适时、适量的调整（详后）。由于有了这样的思想政治领导和具体措施，把思想政治教育和物质保证密切结合起来，按劳分配原则就得到正确的贯彻，更加成为推动生产发展的有力杠杆，同时就避免了片面强调物质利益和因此所引出的副作用。

二 正确处理积累和消费的比例关系，把眼前利益和长远利益结合起来

按劳分配并非把每年劳动所创造出来的收入（通称国民收入）全部分配给劳动人民去消费，而是先扣除了“社会基金”再作分配。这个“社会基金”是为着多种需要扣除的，其中最主要的部分是供扩大生产使用的积累基金（以下为简化说明，就以它为代表），这是为工农谋长远的利益。目前我国对国营经济，是以税收和利润（后者占绝大部分）的形式把上述积累基金集中起来，其中一小部分留给国营企业自用；对农村人民公社则以农业税以及部分工农产品的差价的形式来集中——除了国家集中的这部分以外，公社也留一部分收入作为积累基金。所以，在国家对工人和公社对社员进行按劳分配之前，有一个先决问题，那就是积累基金和消费基金按什么比例分配。这个比例如果安排不当，就会使工农双方的劳动所得不够合理。对这个比例问题，我国根据党中央和毛泽东同志的指示，历来是按照勤俭建国、勤俭持家的方针，以及眼前利益和长远利益相结合的原则来处理。例如历年来，国家对工人，一面

是随着生产的增长而增加工资，一面又适当地掌握增长的幅度，以保证国家有足够的建设资金。又如国家对合作社（1958 年前）和公社，一面坚持农业税的征收和部分工农产品的差价，一面又对农业税采取几年稳定不变的政策，并相继调整某些工农产品的价格，以免影响合作社、公社的内部积累和社员应有的消费基金，使工农双方的劳动所得符合按劳分配原则。又如就农村人民公社内部而言，目前由于公社的生产水平还不高，就强调“少扣多分”的原则（少积累一些、多分配一些），并保证在生产增长的前提下，百分之九十以上的社员都增加收入，其余的也不减少收入，以促进和巩固他们的劳动积极性。这样，我们就针对各种具体情况，把眼前利益和长远利益、局部利益和整体利益、个人利益和国家利益正确地结合起来，使各方面的积累和消费的比例关系都得到基本合理的安排，为全面贯彻按劳分配原则奠定良好的基础。

毛泽东同志曾经指示我们说，“在全民所有制经济和集体所有制经济里面，在这两种社会主义经济形式之间，积累和消费的分配问题是一个复杂的问题，也不容易一下子解决得完全合理”①。特别是解决了现有的矛盾以后，又会出现新的问题，需要人们去不断解决。目前，我们必须根据毛泽东同志的这个指示，大兴调查研究之风，把工农产品的比价、农村人民公社内部的分配以及工农之间的劳动所得的合理比例等问题了解得更加清楚——如果有不够合适的地方，就及时和有步骤地加以调整，使按劳分配原则得到更正确的贯彻，以促进工农业生产的全面发展，并在这个基础上，达到工农生活普遍富裕的目的。

三　针对实际，把反对平均主义和防止工资等级悬殊结合起来

在封建社会和资本主义社会，农民小资产阶级由于不满地主、

① 《关于正确处理人民内部矛盾的问题》，人民出版社 1957 年版，第 12 页。

资本家的剥削和他们的豪奢生活，有平分社会财富的平均主义思想。这种思想自始就是一种幻想，到以后被用来对抗马克思主义的革命学说时，它便成为一种反动思想。毛泽东同志早在《关于纠正党内的错误思想》一文中，就曾结合我国实际，指出“绝对平均主义不但在资本主义没有消灭的时期，只是农民小资产者的一种幻想；就是在社会主义时期，物质的分配也要按照‘各尽所能按劳取酬’的原则和工作的需要，决无所谓绝对的平均”[①]。以后在《在晋绥干部会议上的讲话》一文中，毛泽东同志又结合新的实际，指出“必须容许一部分中农保有比较一般贫农所得土地的平均水平为高的土地量。我们赞助农民平分土地的要求，是为了便于发动广大的农民群众迅速地消灭封建地主阶级的土地所有制度，并非提倡绝对的平均主义。谁要是提倡绝对的平均主义，那就是错误的”。[②] 所以，全国解放以来，我们就先后在机关、部队、学校和国营企业中实行有一定差别的等级工资制；在农业合作社和后来的农村人民公社中，则做到以社员的工分为标准来分配收入，承认他们之间的差别，承认各社、各生产大队、各生产队的集体收入之间的差别，反对平均主义的做法。承认这些差别，是与现阶段的客观生产状况和广大群众的思想觉悟状况相适应的，因而能够促进生产，为将来消灭这些差别创造条件。承认差别就是为了便于去消灭差别。在人民公社化运动中，曾有少数同志不了解含有上述差别的按劳分配制度是现阶段所必需，它在现阶段是合理的，以及承认上述差别正是便于达到消灭这个差别的目的的道理，他们在处理公社的分配问题上曾有某些平均主义的倾向。对这种错误思想和做法，党中央和毛泽东同志也及时加以纠正。

另一方面，我们党在坚决贯彻按劳分配原则，承认其中的必要的等级差别的同时，也注意防止工资收入悬殊的偏向。例如，对国

---

① 《毛泽东选集》第一卷，人民出版社 1952 年版，第 93 页。

② 《毛泽东选集》第四卷，人民出版社 1960 年版，第 1312 页。

家的高级干部和高级知识分子，按劳动和按工作需要，把他们的工资标准定得高一些，这是合理的和应该的，但是不能过高，不能特殊化和脱离群众。所以近五六年来随着生产的发展，国家只增加一般职工的工资标准，而少增加或暂不增加以上人员的工资标准，使他们之间的工资差距缩小一些。再如对于农村人民公社，一方面贯彻按工分发工资的分配原则，承认劳动力强弱、熟练程度高低，以及各生产大队、各生产队集体收入水平不同等差别；另一方面也注意采取适当措施，如利用国家贷款和公社的公积金，对收入条件较差的生产大队多给一些援助，等等，以逐渐缩小穷队和富队之间的过大的差别，而不是用平均分配的办法将穷富队拉平以消灭这种差别。由于我们遵循党中央和毛泽东同志的指示，在反对平均主义的同时，又这样防止了工资等级悬殊的问题，以及正采取着使穷队逐渐赶上富队的正确措施，这样我们就可以更好地贯彻按劳分配原则。

四 创造性地把马克思列宁主义的不断革命论和革命发展阶段论结合起来

马克思列宁主义的这个革命理论的总根据，是世界上任何事物都具有辩证地发展的规律性。毛泽东同志在《矛盾论》中曾突出地谈到这个规律性，他说："无论什么事物的运动都采取两种状态，相对地静止的状态和显著地变动的状态。两种状态的运动都是由事物内部包含的两个矛盾着的因素互相斗争所引起的。"接着他就说明前者为事物的量变，后者为事物的质变，"事物总是不断地由第一种状态转化为第二种状态"。① 除此以外，毛泽东同志还极其深刻地指出："事物发展过程的根本矛盾及为此根本矛盾所规定的过程的本质，非到过程完结之日，是不会消灭的；……但是根本

① 《毛泽东选集》第一卷，人民出版社 1952 年版，第 320—321 页。

矛盾在长过程中的各个发展阶段上采取了逐渐激化的形式。并且，被根本矛盾所规定或影响的许多大小矛盾中，有些是激化了，有些是暂时地或局部地解决了，或者缓和了，又有些是发生了，因此，过程就显出阶段性来。”① 从毛泽东同志的这些论述中，我们可以体会到：(一) 一个事物虽然是处在不断地变化中，但是当还是量变的时候，它是有相对的稳定性的，这就是一个事物之所以能够成为一个事物并必须存在一个时期的根据。这是人们不能超越的。(二) 每个事物毕竟又是不稳固的，因为第一，它是处在时时刻刻的量变之中（只是有些时候的量变小到为人们所不能察觉）；第二，在根本质变之前，它还往往经历一些较一般量变为深刻的局部性的质变或小质变，这是一个事物在其存在的总过程（或总阶段）中又显出相对不同的小阶段性的根据。这也是人们不能否认的。把以上总原理应用到社会革命问题上来，那就是马克思列宁主义的不断革命论和革命发展阶段论，这两者必须密切结合。这个革命理论，既适用于一个社会革命的总过程，也适用于一个社会革命过程的某一个方面。例如对于社会主义阶段的按劳分配原则，就正是这样。

前面已经论证过，按劳分配原则是整个社会主义阶段分配社会个人消费基金所必须遵循的，是不能超越的。因此，在今后一段长时期内，我们必须坚持贯彻按劳分配原则。但是，这并不是说，它在整个社会主义阶段是丝毫不变的。前面已经说过，它之所以必须长期存在，最主要是因为社会生产还不丰富和人们的思想觉悟还不高，但是这两条在整个社会主义阶段并非完全不变。因此，我们在整个社会主义阶段对按劳分配原则就应该是一面基本不动，一面又随着以上主要条件的变化，逐渐对它有所调整，作相应的量变和局部的小质变。否则，从社会主义的按劳分配到共产主义的按需分配的过渡就将成为一个不可理解的神秘过程。所以，在我国，当人民

---

① 《毛泽东选集》第一卷，人民出版社 1952 年版，第 302 页。

公社化运动展开以后，举例说，我们就在农村人民公社中采用了小部分供给制和大部分工资制相结合的分配制度。前者，按公社生产水平的不同；又有部分粮食供给制、粮食供给制和全伙食供给制的区别。这种供给制不同于过去革命根据地的老供给制，因为它是全体农村居民的分配制度之一，以较发展的农业生产为基础，不是军事化的临时措施。这种供给制当然还不是共产主义的按需分配制度，但是由于按人口供给，它就具有一些共产主义按需分配的萌芽性质。这种供给制所以具有优越性，就在于它含有先进的互助精神，保证了丧失劳动力的人和儿童的生活，得到广大贫农成分和下中农成分的社员以及妇女社员的拥护，使他们更能安心生产。这种新供给制之所以先在农村人民公社出现，是因为过去的农业生产合作社对缺乏劳动力和生活又有困难的鳏寡孤独和老弱残废的社员，已经实行“五保”——保吃、保穿、保烧（燃料）、保教（儿童和少年）、保葬，公社化以后，一般就适应需要和可能，把这部分社会保险的形式提高为上述的部分供给制。这是事物的自然发展，并非人们凭空臆想出来的。以上事例说明，我们在整个社会主义阶段，必须肯定按劳分配原则，同时也应该有不断革命精神，根据某时某地的具体情况对它进行适时、适量的调整。

不过，在农村人民公社化运动初期，某些地方有少数同志因经验不足或认识模糊，曾经设想实行比伙食供给制还更广的供给制（如包括穿衣等在内），即想以供给制为主、工资制为辅，这实际就是否定按劳分配原则。这种设想超越了我国农村目前的生产力状况和农民的思想状况，如果加以实行，那就会变成平均主义的做法，挫伤广大农民的劳动积极性，破坏农村生产力，不利于社会主义建设。对这种错误思想，党中央和毛泽东同志曾及时领导我们去纠正，指出社员的工资所得部分，在若干年内必须比供给所得部分增加得更快。一般说，后者在目前至多以不超过生产大队分给社员的全部消费基金的百分之三十为宜。

以上是我们党在毛泽东同志的领导下，把马克思列宁主义的不断革命论和革命发展阶段论，创造性地应用于按劳分配问题的一个范例。把不断革命论和革命发展阶段论密切结合起来，是我国正确贯彻执行按劳分配制度的一个重要经验，它和以上三个经验一样，是十分可贵的，它们都是我们在很长时期内必须重视和遵循的。

我国实行按劳分配制度的以上四条重要经验，生动地集中地表明一个问题，就是："要真正地认识事物，就必须把握、研究它的一切方面，一切联系和'中介'。我们决不可能完全地做到这一点，但是，全面性的要求可以使我们防止错误和防止僵化。"① 毛泽东同志非常重视列宁的这句话，并把它认真地应用于指导中国革命的实践中。② 我们有时把毛泽东同志所纯熟运用的这种全面观察问题和处理问题的辩证方法，通俗地称为"两点论"，其特点是：针对某时某地的实际，既不偏不废，又重点鲜明，使人一听就有方向，就有办法，就有信心。我们认为，这种卓越的辩证的"两点论"思想，是毛泽东思想中的一条重要的根本思想，它好像一根红线一样，也贯穿在指导我国正确执行按劳分配制度的实践中，使我们防止了错误，防止了僵化。我们深深认识到：必须努力学习马克思列宁主义理论、学习毛泽东思想、学习党的方针政策，加强调查研究，密切结合当前的实际，才能避免各种片面性，把工作做得更好。

（1961 年 4 月 6 日）

---

① 《列宁全集》第三十二卷，人民出版社 1958 年版，第 83—84 页。
② 《毛泽东选集》第一卷，人民出版社 1952 年版，第 300—301 页。

关于有计划(按比例)发展规律的几点研究

一 何谓有计划(按比例)发展规律?(按比例发展规律的三个形态)

有计划（按比例）发展规律，是我们现在时常讲到并在实践中时常应用的经济规律之一，对它本身似乎无须再加以阐述，其实不尽然。因为从我国的出版物中，还不时可以看到人们对这个规律有不同的认识，且有争论。例如，“有计划（按比例）发展规律”和“按比例发展规律”，是一个规律还是两个规律？如果是两个规律，那么它们之间又是怎样的关系？此外，对“有计划（按比例）发展规律”命名中的“有计划”一词，也还有不同解释，这更表明人们对这个规律还有不同认识。针对我国出版物中的这些现象，我认为对这个规律还有进一步研究的必要，而且应该从按比例发展规律研究起。

马克思、恩格斯长期研究资本主义经济的实际以及资本主义以前的各种经济的残余（包括已经消灭的原始社会末期的经济史料）以后，得出了以下结论：人向自然界要吃的和穿的东西——进行劳动生产的时候，从来不是单独活动的，而是结成一定社会联系进行活动的。在原始时期，社会的范围虽然很狭小，但是总是为数若干的人群组织。在我们的祖先经历了长期的生产劳动以后，结成群体的生产就不是完全混一的了，而多少有了分工，例如男耕女织之类。当时分工的主要内容是劳动力的分配，同时也有一些生产资料的分配的内容，如狩猎地和耕地的区分，种子和幼畜的保留，弓矢、渔网的置备，等等。这种分工，是随着社会生产力的发展而逐渐发展的，到资本主义社会和社会主义社会，它们就发展成为非常庞大、非常复杂的社会分工体系了。在私有制度下，社会生产虽然被分裂为许多私有体的孤立的不直接相联系的生产，但是它们并非绝对地分裂，它们仍然是在一个社会内保持着间接的联系。否则，就谈不上有社会分工和社会生产了。社会的分工生产，不论是在公有制度下还是私有制度下，不仅总有联系（直接或间接），而且不能不有一定的比例关系。例如，人口越多，需要的口粮也就越多，它们之间有一定的比例关系；又如社会上要有制锅的生产，那就必须同时有炼铁的生产，后者又必须同时有掘煤的生产，它俩之间也有一定的比例关系。否则，社会的分工生产就不能延续和发展。所以，1868 年马克思在给库格曼的一封信中，曾经这样总结说：

每个儿童都知道，与各种不同需要相适合的各种生产物的量，必须有不同的和分量上规定了的社会总劳动量。这也是自明的：社会劳动必须依一定比例分割。这种必要性，不会由社会生产的一定形态被废止，却只会因此改变它的现象形态。一般说来，自然法则是不能废止的。能够在历史上不同的各种状态下变化的，只是那种法则依以发生作用的形态。①

马克思这段话告诉我们：社会所分工生产的“与各种不同需要相适合的各种生产物”是有一定的量的规定的，因而社会劳动总量（当然包括代表物化劳动的生产资料在内）就“必须依一定的比例分割”，这是一个不以人们的意志为转移的自然规律，它存在于一切社会形态的生产中，是废止不了的。在不同的社会制度下，所变化的只是这个规律起作用的形态。马克思这里所说的“作用形态”不是一个无关重要的表面现象问题，它实际就是该规律在客观上如何具体存在或作为怎样的具体的现实过程的问题。

---

① 《资本论》第一卷，人民出版社 1953 年版，第 998 页。

我认为，以上就是马克思对社会生产必须按比例发展这个一般规律的论述。

对上述“社会劳动必须依一定比例分割的自然法则”在不同社会制度下又如何具体地改变其表现形态或过程的问题，我认为可以从马克思的其他著作中分别找到现成的答复。这可以分述如下：

（一）在原始公有制度下

在《资本论》第 1 卷（人民出版社 1953 年版）第 430—432 页，马克思根据他所得的史料，曾详细讲道：“太古的狭小的印度共同体，一部分，还继续存在到现在。这种社会的基础，是土地共有，农业与手工业的直接结合，固定的分工。这种分工，在新共同体的成立上，还是当作一定的计划和设计来实施的。……这种共同体，在印度，是各地方有不同的形态。在最简单的形态上，共同体是共同耕作土地，它的生产物则在社会诸成员间分配。同时，每一个家族都纺纱织布，以此等等为家庭副业。”接着，马克思还详细介绍了该共同体有以下分工：一个身兼审判官、警察官、收税官三职的“要人”；一个记账员；一个边界巡查；一个运水员；一个婆罗门僧；一个教师；一个铁匠；一个木匠；一个陶土工；一个理发匠；一个洗衣匠；一个银匠；有些地方还有一个诗人，他有时由银匠或教师代替。这些人由共同体维持生活。接着，马克思又说：“人口增加了，就在未经开垦的土地上，照样成立一个新的共同体。共同体的机构，指示了一种计划的分工，……共同体的分工所依以调节的法则，在这里，是拿自然法则一样的不可抵抗的权力来发生作用；……”（以上重点是引者加的）

经过马克思分析的这个史料表明：社会劳动按一定比例分割的自然法则（按比例发展规律），在原始社会就早已存在和起作用。否则，原始社会是不能生存和发展的。它当时的具体作用形态或过程，与后来私有制度下的固然不同（详后），与我们今日社会主义制度下的也不同。它当时的作用形态或过程的特征，是如马克思所说的“当作一定计划和设计来实施”。这里，我们应该特别注意分清一个问题，就是：原始共同体分工生产的计划性，不能与社会主义社会分工生产的计划性混为一谈，这正与不能把原始共产主义和现代的科学共产主义同等看待一样。因为那时的计划性具有原始的蒙昧性和素朴性，它之所以可能，是因为当时的生产范围狭小、分工简单，特别因为当时的生产是数千年固定不变或很少变化的生产。所以，我们一方面必须承认按比例发展规律早在那时就已登上历史舞台，另一方面不能把它与社会主义制度下的有计划（按比例）发展规律混淆起来。

（二）在资本主义制度下

在私有制的社会中，例如在其最高形态的资本主义社会中，社会劳动按一定比例分割的自然法则——按比例发展规律，又通过怎样的具体形态或过程来表现呢？关于这个问题，马克思在致库格曼的那封信中（见前），是这样说的："一个社会状态，如在其内，社会劳动的联系，是当作个人劳动生产物的私人交换来实行，劳动的比例分配依照来实行的形态，就是这个生产物的交换价值。"①这不是说，在私有制度下，交换价值规律②就是按比例发展规律。这是两个规律：一个是生产分工方面的规律，另一个是交换方面的规律。马克思的这句话是说：在私有制度下，商品生产者或所有者不可能直接知道社会生产的比例，他们为着追求最大的利润，整日处在盲目的竞争之中——在这种互相竞卖竞买的过程中，他们发现某些商品的交换价值（它统一在货币上即为价格）上涨了和某些商品的交换价值下跌了，从而知道哪些商品求过于供，该增产，哪些商品供过于求，不得不被迫地减产或停产。这就是按比例发展规律在私有制度下的具体表现形态或过程。对这个问题，马克思在《资本论》第 1 卷（人民出版社 1953 年版）第 429 页有更详细的说明。他说："在手工制造业内，比例数或比例性的铁则，使一定

① 《资本论》第一卷，人民出版社 1953 年版，第 998 页。

② 交换价值规律的内容是：商品的交换价值是受商品的价值决定的，它常常围绕着价值而上下活动。

数的工人，归属于一定的机能；在社会内，商品生产者和他们的生产资料，是如何在不同诸社会劳动部门之间分配，却是让偶然性，随意性，去发挥它们的杂乱的作用。”但是社会的生产和分工，客观上总是不能不受上述比例性的规则制约的，所以马克思接着又进一步说，“各生产范围保持平衡的不断的趋势，只是当作这个平衡不断破弃的反应来实行”，亦即“当作一种可以在市场价格的晴雨表一样的变动中知觉到，并且把商品生产者们的无规律的随意行动控制着的自然必然性”来表现，这就是说，处在私有制度下和盲目竞争中的商品生产者不能事先知道这个比例性和按比例生产，而只能事后依靠市场价格的波动，知道某种商品过剩或不足而调节它们的生产比例，实现社会的按比例生产。所以，马克思在那段文章中，曾经这样对比地说，“工场内部的分工，有一种先定的计划的规律；这种规律，就社会内部的分工说，却只是后发的”。把以上所说的概括起来，就是：在资本主义制度下，社会生产的按比例发展规律，是辩证地具体化为竞争和生产无政府状态的规律，即前者是通过后者来实现的。这样盲目地实现比例分工的曲折过程，当然要使这种私有制度下的社会生产遭受损失和破坏，但是总的说，它还是向前发展的。否则，历史上就不会有比原始社会、封建社会更发展的资本主义社会生产了。所以，社会生产的按比例发展规律，不论是在什么社会制度下，不论人们自觉或不自觉，总是在客观上存在着并起作用，只是作用的形态或过程有所不同而已。

因此，我认为，把按比例发展规律只看作公有制制度或社会主义制度所特有的规律的观点，是很值得商榷的。我现在举一篇文章为例来说明：为什么有人会抱着以上观点。1959 年 8 月 1 日的上海《新闻日报》刊载了一篇题为《关于有计划按比例发展规律的几个理论问题》的文章，该文第一节提出“按比例发展是不是社会主义特有的规律”的问题，其答复是：“国民经济按一定比例地发展，虽然是任何社会再生产过程的内在要求，但是这并不等于说任何社会再生产都能够经常地按照一定比例地向前发展。……在社会主义社会以前的各社会形态下，国民经济按比例发展的要求，只能说既实现，又没有实现。生产的自发性和自流性，它不可能使国民经济经常地保持一定比例地发展。因此，我们不能说，在社会主义社会以前的各社会形态下，存在着按比例发展的规律。”这篇文章表明，作者否定按比例发展规律是一切社会所共有的规律，是由于有以下两种混淆：第一，当人们说私有制社会的生产也是按比例发展的，他就错误地以为这是说该社会的生产是在人们的自觉之下，按着比例发展。其实，这是两回事。因为在人们的自觉之下或不在人们的自觉之下，这是这个一般规律发生作用的不同形态或过程的问题，不是这个一般规律本身客观上存在或不存在的问题。第二，当人们说私有制社会的生产是按比例发展的，他就错误地以为这是说该社会的生产是经常符合比例和一往直前地在发展。其实，前一个说法并不含有后一个说法的意思。我们通常说资本主义生产也保持着比例，即也贯彻着按比例进行的规律，这无非是像马克思所说那样，“各生产范围保持平衡的不断的趋势，只是当作这个平衡不断破弃的反应来实行”。换言之，就是说它是依靠通过市场的盲目竞争，看价格的波动，来不断调节生产的不足或过剩，有时还要靠经济危机的破坏来实现平衡。资本主义经济就是循着这样曲折的道路取得平衡而发展的。

我们知道，在资本主义制度下，一切经济规律都表现为自发的平均趋势或过程，例如有名的价值规律就是如此。这个规律所揭示的是：在资本主义制度下，商品的交换比例（价格）是受商品的价值量（所费的社会平均必要劳动量）决定的，即必须遵照这个价值量来交换。但是在资本主义日常的经济生活中，第一，人们（商品生产者或所有者）并不自觉到这一点。第二，价格是经常与价值不相符的（好比资本主义的生产是经常不按比例的），可是价格总是在价值的上下波动，自发地受价值调节，而呈现出与价值相一致的趋势（好比资本主义一、二部类的生产总是在时而不足、时而过剩之中保持着一定的比例一样）。因此，我认为，如果像前文作者用来论证按比例发展规律不存在于私有制社会的逻辑（所谓是否在人们的自觉之下经常地符合于规律）是正确的话，那么在资本主义制度下，就不仅没有社会生产按比例发展的规律，而且也将没有价值规律和其他一切经济规律。事情当然不会这样。所以，我认为，前文的观点是很值得商榷的。

（三）在社会主义制度下

以上是说按比例发展这个一般规律在原始公有制度下和在资本主义制度下如何具体表现的问题。下面再讲它在社会主义制度下的具体表现形态和过程。关于这个问题，恩格斯在《反杜林论》第三编第二节中，曾经对照着资本主义的竞争和生产无政府状态的规律，作了精辟的说明。在我看来，那很明显是斯大林后来论述有计划（按比例）发展规律的重要依据之一。恩格斯在那里先讲到在资本主义社会内，生产者丧失了控制自己本身的社会关系的权力。每个人用其偶然所有的生产资料，并为满足自己特殊的交换需要，为自己而生产。谁也不知道他所生产的那种产品会有多少出现于市场上，不知道它能够找到多少数量的消费者；……在社会化的生产中，统治着无政府状态。接着，恩格斯讲到在资本主义制度下，社会的生产与资本主义的占有之间的矛盾，除了表现为无产阶级与资产阶级之间的对抗之外，还表现为个别工厂中生产的组织性与全社会中生产的无政府状态之间的对立。这就是马克思所说的，在工厂内部，分工比例是先定的和有计划的；在社会内部，分工比例是通过市场的波动和危机来实现的，它表现为事后的和无计划的，即表现为私有的生产者盲目地互相竞争和生产的无政府状态。接着，恩格斯曾在几处预言道：

> 在托拉斯中，自由竞争转化为垄断，而资本主义社会的无计划的生产，向着行将到来的社会主义社会的有计划的生产投降。
>
> “一旦社会领有了生产资料，那么商品生产以及与之一起

> 的生产品对于生产者的统治就将被消除。社会生产内部的无政府状态，就将为有计划的自觉的组织所代替了。
>
> 当我们开始按照最后已被认识的近代生产力的本性去处置它的时候，生产的社会的无政府状态，就要为生产的社会的有计划的调节所代替，这种生产，是以满足全社会以及社会每一成员的需要为目的的。①

恩格斯的这些论述明白地告诉我们：在资本主义社会中，生产所以不能有计划（按比例）发展，而只能在盲目的竞争之中实现比例，原因在于私有制，在于有“社会的生产和资本主义的占有之间的矛盾”，它使被分割的生产者不可能认识“近代生产力的本性”，无法了解和掌握社会生产的全貌。因此，他们就根本不可能有计划（按比例）生产。在社会主义制度下，有计划（按比例）发展规律所以能够取竞争和生产无政府状态的规律而代之，原因在于消灭了私有制，建立起社会主义公有制，社会生产者已经不被分割，而是结成一体和有直接的社会联系，他们开始有可能“按照最后已被认识的近代生产力的本性去处置它”。这表明有计划（按比例）发展的客观可能性。再者，社会主义生产是大规模的社会化生产，国民经济各部门一环扣着一环，它们是密切不可分的，必须在社会（国家）的统一组织、统一安排之下进行，这表明有计划（按比例）发展的客观必要性。这样，在社会主义制度下，社会生产就必然是在人们的自觉之下，经常地按比例发展，这就是国民经济有计划（按比例）发展的规律。它是社会主义经济能够成为计划经济，比资本主义经济具有无限优越性的根据之一。

这里还必须进一步分清两个问题：（一）所谓在社会主义制度下，人们能够自觉地按比例进行生产，这是对在资本主义制度下，人们根本无法事先知道整个社会生产的比例并在统一组织之下进行

① 着重点为引者加。

生产的盲目状态而言的。至于就社会主义社会本身而言，人们对整个社会生产客观上的各种比例的认识（自觉性），则是相对的和逐步深入的，不可能是绝对的和一下子就完全认识清楚的。（二）所谓在社会主义制度下，社会生产能够经常地按比例发展，这也是对在资本主义制度下，社会生产不是经常平衡，而是经常不平衡并有周期性危机的状态而言的。因此，当我们从事物的不断变化和既成的经济比例总要为新事物所打破的另一角度来分析问题，说社会主义经济保持平衡或按比例发展只是相对的和暂时的，它要不断出现不平衡（由按比例转为不成比例）则是绝对的和经常的，从而要不断地加以调整，使它达到新的平衡——这与前面所说的社会主义经济能够经常地按比例发展，当然是不相矛盾的。对以上两个问题的不同方面，我们必须分别清楚。这样，我们就既能看到社会主义计划经济的优越性，同时又知道必须随时注意调查研究，以便及时根据客观上的变化，来不断调整计划，使整个社会生产经常按比例发展。

根据以上所述，我可以把自己的认识初步概括如下：（一）按比例发展规律是人类社会生产的共同规律——一般规律。因为有社会生产、有分工，它们之间就不能不保持一定的比例关系（不管它们是怎样保持）。否则，就没有分工、没有社会生产。（二）“一般”的东西不是形而上地虚悬在莫须有的空中，它总是辩证地内在于“特殊”之中。“按比例发展”这个一般规律亦与这个哲学总原理相符：它在原始共同体中，具体化为蒙昧的、素朴的、类似我们今天的有计划（按比例）发展规律；在资本主义私有制度下，它辩证地具体化为竞争和生产无政府状态的规律（亦可以把它称为不自觉的按比例发展规律）；在社会主义制度下，它真正地具体化为有计划（按比例）发展规律。所以，我认为可以说“有计划（按比例）发展规律”是按比例发展这个一般规律的第三阶段——“否定之否定”。具体说，就是：它一方面是作为这个一般规律在资本主义制度下的特殊表现的“竞争和生产无政府状态的规律”

的否定；另一方面，它又不是简单地回复到前面所说的原始共同体的那种蒙昧的、素朴的计划性上去，它是社会主义国民经济真正自觉地经常地按比例发展这一客观过程的反映。

二　关于“有计划(按比例)发展规律”的若干疑难问题

(一) 对这个规律的命名的疑难

社会主义国民经济“有计划（按比例）发展”规律的命名，是斯大林在《苏联社会主义经济问题》一书中定义出来的。人们在学习研究中对这个规律的命名曾有一些疑难，主要对“有计划”一词有不同理解。这不仅是一个名词问题，而且是涉及这个规律究竟是何内容的问题。有一种意见认为：“应该提国民经济各部门按比例发展规律。因为这样提更能体现这个规律的客观性，计划总是人为制定的，是主观的东西。如果把这个规律提做国民经济有计划按比例发展的规律，是不是说这个规律既反映客观过程又反映主观过程①呢？所以这种提法是不确切的。”我认为，这种怀疑是根据怀疑者自己对“有计划”一词所作的一种字面解释，而不是根据斯大林和他的前辈经典作家对“有计划”一词的传统用法。

为阐明这个问题，我再引证列宁的最为明确的论述。列宁在《俄国资本主义的发展》一书中曾经讲道：“社会生产各部分之间（在价值上和实物形式上）的比例；是社会资本再生产理论的必要前提，而事实上只是通过多次经常的被动而形成的平均数，——在资本主义社会中，由于为自己所不知道的市场而工作的个别生产者的孤立性，这种比例经常遭到破坏。”② 可是当时有一位资产阶级学者斯克沃尔佐夫，却批判列宁“撇开资本主义社会的重大特点不提，因而把它变为有计划的生产”。因此，列宁就写下了一段与

① 这句引语的本意是：既把规律作为不以人们的意志的转移的客观过程，又把它作为由人们的意志来决定的纯粹主观的过程。

② 《列宁全集》第三卷，人民出版社版1959年版，第44—45页。

我们现在极有关系的反驳文章，他说：

> “批判家”的这种新的手法就是把另一种思想偷偷地强加给我，似乎我认为资本主义能保证经常的平衡。经常的、自觉地保持的平衡，实际上就是计划性，然而这并不是“仅仅从经常发生的许多波动中确立的平均量”的平衡……当论敌在某一页和某一节里说资本主义必须经过危机来建立经常被破坏的平衡，批判家（引者注：指斯克沃尔佐夫）却引证这一页和这一节，硬说这个论敌把资本主义变成了有计划的生产，试问，对于这样的批判家，我们有什么话可说呢？①

我认为，这场争论和列宁的这段文章，已经明白地告诉我们：（1）在资本主义社会中，各部分生产的平衡（比例），不是经常的、自觉地保持的，而是盲目地“从经常发生的许多波动中确立的平均量”，因此绝不是有计划的生产或有计划的发展。（2）相反，“经常的、自觉地保持的平衡”，才算是“计划性”。换言之，经常地、自觉地保持平衡的生产，才算是有计划的生产。这样的有计划生产，列宁在这段话中没有指出它要在怎样的社会条件下才能实现，但在别处，他曾一再指明：那只有在社会主义制度下。（3）根据以上两点，我们当然可以推论出：所谓“有计划（按比例）发展规律”或“有计划发展规律”这一规律命名中的“有计划”一词的含义，就是列宁所说的“经常的、自觉地保持平衡（比例）”的意思。所以，称社会主义国民经济“有计划（按比例）”发展也好，单称社会主义国民经济“有计划”发展也好；那都是揭示：该种经济有这样的客观必然性，它是经常地、自觉地保持着平衡（按比例）的发展。这与资本主义国民经济的无计划发展——盲目地依靠市场的波动和危机来建立经常被破坏的平衡和迂

① 《列宁全集》第三卷，人民出版社版1959年版，第566页。

回曲折地向前发展的情形正相反。

由此可知，斯大林所说的“有计划发展规律”，无疑是根据马克思、恩格斯和列宁的以上论述，其本意，我再重说一遍，就是：由于社会主义经济是建立在生产资料公有制基础之上的，由于它的各部分生产者处在直接的社会联系之中，并能“开始按照最后已被认识的近代生产力的本性”来处置这些生产力，因此，这种经济就具有这样的必然性，即在“经常的、自觉地保持的平衡”的状态之中向前发展。此即所谓“有计划发展规律”或“有计划（按比例）发展规律”。所以，我们绝对不能像上面那样“望文生义”，把斯大林所揭示的“有计划”发展规律或“有计划（按比例）”发展规律，理解为“有人为制定的计划，”和“社会主义经济总是按人们规定怎样的计划比例便怎样发展”的意思。如果“有计划（按比例）发展规律”命名中的“有计划”一词真是这样的含义，那么，这个规律就不仅是所谓“既是反映客观过程又是反映主观过程”的规律，而是道道地地的“人造”的规律或唯意志论了。但是，如前所述，斯大林根据马克思、恩格斯和列宁在上述场合使用“有计划”一词，是丝毫也不带有这样错误的含义。这里，我认为有一个纠缠着一部分人的思维的“结”是必须解开的。这个“结”就是：当我们说，在社会主义制度下，人们能够自觉地按比例生产，这确是指人们能够通过国家计划的不断调整来实现按比例生产（这是怎样一个过程，我在前节第3项之末已经作了解释）。同时，所谓有计划（按比例）发展规律，也就是指人们在社会主义制度下的这一自觉的经济运动过程而言的。但是，这不会使这个规律就成为“既是反映客观过程又是反映主观过程”的什么二元论式的混什物。因为第一，经济规律没有不是反映人们本身的社会经济活动的规律，它不像反映自然物的必然运动过程的自然规律；第二，所谓人们能自觉地通过国家计划的不断调整来经常实现生产的比例性，这只是说：人们已经能够认识社会生产的客观比例性，国家计划之所以能够起调整生产的巨大作用，就在于它正确地反映了上述的客观比例性。因此，这绝不是说：在社会主义制度下，人们有这样神妙的自由，他们可以主观上爱按什么计划比例生产，客观上就会按什么比例实现。我认为，只要分清楚以上各方面的问题和纠缠，我们就不会因为“有计划（按比例）发展规律”的命名，而把这个规律误疑为“既是反映客观过程又是反映主观过程”的某种怪物了。

其次，对斯大林所表述的“有计划（按比例）发展规律，”还有一种疑难认为：“现在政治经济学的研究和讲授中把国民经济有计划发展规律称做国民经济有计划（按比例）发展的规律。……把‘按比例’三个字放在括号里面，作为‘有计划’的同义语，是不十分确切的。”这种疑难论者主张：“在我们想说明社会主义经济发展是有计划的，不妨简单地称这个规律为国民经济有计划发展规律。如果还想特别说明社会主义经济是按比例地发展这个特点时，不妨把‘有计划’‘按比例’两者联系起来称这个规律为国民经济有计划、按比例发展规律，而不把‘按比例’放在括号里面。”[①] 斯大林所命名的上述规律之所以如此被推敲，原因在于：论者把斯大林用来表述以上规律的“有计划”和“按比例”这两个词理解成为两件事。因为据论者说，“国民经济有计划发展的含义是指：在社会主义制度下，国民经济的发展必然是有计划的。它的根本思想是说明在社会主义经济发展中计划的作用。而国民经济按比例地发展的含义是指：在社会主义制度下，国民经济各部门和再生产各个方面，在经济发展过程中基本上可以保持适当的比例关系，基本上保持平衡，因而在经济发展的过程中可以避免危机，避免生产的破坏”。[②]

我认为以上这些说法也是值得商榷的。因为：第一，论者所解释的“按比例”发展，所谓“基本上保持平衡”和“可以避免危

① 仲津：《政治经济学社会主义部分探索》，学习杂志社 1958 年版，第 38—39 页。
② 同上书，第 38 页。

机”等，实际上就是列宁所说的“计划性”或“有计划”的平衡，即“经常的、自觉地保持的平衡”（见前）。第二，论者对“有计划”发展所作的解释，我觉得一方面还不能清楚地把它从上述的“按比例”发展区分开来；另一方面，又似乎把“有计划”与规定比例的国家计划以及这个“计划的作用”搅拌起来。因此，我认为，这种两分法是有问题的，从而论者所不赞成的“有计划（按比例）发展”的表述，以及把这个表述的另一写法“有计划、按比例发展”看作两个不同含义的发展的合写，以及把“有计划发展”当作其中的一面来分别看待，等等，在我看来，就都缺乏应有的论据。

在《苏联社会主义经济问题》一书中，斯大林对以上三个表述，是视为同一和经常互用的（见第 6 页，第 36 页，中译本 1957 年版）。我在前面已经解释过，根据马克思、恩格斯、列宁（特别是列宁那段话），所谓社会生产经常地、自觉地保持平衡的发展，这就是“计划性”或“有计划”，所以斯大林经常只说社会主义国民经济“有计划”发展。斯大林有时在“有计划”之后用括号加上“按比例”的附语，则是为了复叠地标明其含义或主要含义，以防误解。对复叠性的附语（同义语），外文也可以用逗号（我国目前常用顿号，外文无此标点）来分开和并列表述。因此，斯大林有时就将“有计划（按比例）发展”写作“有计划、按比例发展”。这不能作为两个规律的合写来理解，因为在斯大林的原文中，其中“规律”一词并非复数式。所以，我认为这三个表述是同义的，都使得。如果一定要三者择一，我认为应该选用“有计划（按比例）”这一表述，因为它比“有计划”的表述清楚些，又不会像“有计划、按比例”的表述可能被一些人误解为两个规律的合写。此外，国内出版物中，还有把“有计划（按比例）发展规律”称为“按比例发展规律”的。采用这种简化表述的同志，或者以为按比例发展规律就是社会主义所特有的有计划（按比例）发展规律；或者以为在前面添上“有计划”的字样，就会使这个规律成为既是反映客观过程又是反映主观过程的规律。但是这两个理由，我认为都是不对的（见前）。因此，我认为在表述上作此修改，也是不对的和不必要的。

以上各种疑难都具有一定的实质意义，为了探明有计划（按比例）发展规律的内容，是需要把它们弄清楚的。我提出与这些疑难相反的意见，只是作为同志们的一种参考。

（二）对这个规律的内容的疑难（必须进一步学习社会主义经济的各种具体比例规律）

以上是对有计划（按比例）发展规律的命名方面的若干疑难。此外，还有一种疑难，认为斯大林所揭示的有计划（按比例）发展规律很重要，也讲得对，但是不能帮助解决计划工作中的具体问题。换言之，就是嫌这个规律的内容太抽象或太空洞。我认为这种说法也是不对"口径"的。因为社会主义的经济关系、过程是十分复杂的，规律也很多，本来不可能有哪一条政治经济学上的规律可以管住一切、说明一切。同时，理论也只能揭示事物的一般轮廓和方向，如何具体，仍然要靠我们自己结合实际去应用。社会主义国民经济有计划（按比例）发展规律只是这有关方面的总的规律。好像我们参观展览馆，这只是一个综合馆，非常概括，如同索引一般。参观人走进综合馆，看了一下不再前进，说这个馆虽然不错，但是太简单，不具体。这就不能怪综合馆不解决问题，而只能怪他自己不再进一步去参观其他许多分馆。有计划（按比例）发展规律是一个总纲，除总纲外，还有社会主义经济的许多具体的比例规律，这些都需要我们进一步去学习。

那么，我们应该如何进一步学习呢？我认为最主要有两点。

第一点：必须首先进一步向实际学习，以及学习党的路线、方针、政策。了解实际经济生活中有哪些经常出现的问题，对这些问题怎样安排就对，怎样安排就错，这可以帮助我们去摸到一些具体的比例规律。我国十二年建设提出了一些新的问题和经验，党在毛泽东同志领导下制定了社会主义建设总路线，其中一个很重要的内容叫“五个并举”。这“五个并举”就生动地反映出社会主义经济建设中的具体比例关系，如工农并举、轻重并举、土洋并举、大中小并举，都是比例关系。它们充实了社会主义国民经济有计划（按比例）发展规律的内容。所以，我们必须进一步向实际学习，以及学习党的路线、方针、政策。这是很重要的一条。

第二点：必须进一步学习马克思的经济理论，特别是他的再生产理论。对这个问题，斯大林在《苏联社会主义经济问题》一书中曾着重提到（见中译本第72页）。马克思在《资本论》中所提出的再生产理论，现在还是一个无限的宝藏。有人说，马克思的《资本论》是分析资本主义经济的，对社会主义讲得很少。我认为，这句话发生了不好的作用，影响人们去努力挖掘《资本论》所预言的社会主义经济理论，特别是影响人们从社会主义的角度来学习和研究《资本论》。其实，《资本论》对社会主义经济也有不少直接的科学预言和启示，是我们研究和分析社会主义经济的极为重要的线索。同时，《资本论》所揭示的关于资本主义经济的许多规律，有一部分根据社会主义经济的特点作相应的修改以后，就成为社会主义经济规律的内容。另外一个问题：现在人们还往往只宣传《资本论》第一卷和第三卷一部分的内容，对第二卷宣传得很少（最多不过是它的第三篇）。而这第二卷从头到尾都是讲再生产理论，对我们今天的计划工作和进一步把握有计划（按比例）发展规律有莫大的用处。例如，对资本主义社会的生产第一部类和第二部类之间的比例关系，现在讲的人往往只讲第一部类的“v + m”等于第二部类的“c”这一条。这当然是最重要的比例关系，但是单单这一条是远远不够的。其实，马克思在《资本论》中曾经讲了许多再生产和流通的理论以及各种比例关系，内容很丰富，而且直接与社会主义经济有关。例如，在《资本论》第2卷（人民出版社版）第569—686页；马克思就讲到了固定生产资料的逐年“磨损和更新（补偿）”之间的各种比例关系，这个比例关系不搞好，问题很大。在磨损过程中年年有产品出来，因而平时往往看不出补偿的平衡问题。我们必须知道：到固定生产资料“年老”要报废的时候，如果没有准备好更新的设备和材料，就会使生产中断。在资本主义社会中，固定生产资料（固定资本）的磨损和补偿经常不成比例，它是危机周期性的物质条件之一。社会主义社会不会有危机，但是对固定生产资料的磨损和补偿的比例关系如果不自觉地安排好，一旦发生问题，那就会有严重的影响。以煤炭生产为例，就是：在不断突击增产煤炭时，必须及时按比例安排掘进工程的更新，采运设备的更新，等等，方能保证煤炭的不断增产；如果不然，就会接不上气而陷于被动。马克思在《资本论》第 2 卷（人民出版社版）第 586 页，还特地讲到在社会主义制度下，必须有一定的储备物资，作为控制器或调节器，来平衡磨损和更新的比例关系。这些理论对社会主义建设来说，都是极重要的。所以，为了有完备的知识来应用有计划（按比例）发展规律，我们还必须进一步学习马克思的再生产理论。在这方面，《资本论》第二卷是不容忽视的。

以上是我个人最近学习研究有计划（按比例）发展规律的一部分意见和感想，不妥之处，希望同志们批评指正！

（原载《经济研究》1961 年第 4 期）

关于计划经济、市场经济及其他*

我的发言主题是：在社会主义制度下“计划经济和市场经济相结合”这个提法是否科学？

在这次会前和会议中间，都有经济工作者和经济理论工作者提出“计划经济和市场经济相结合”这样的提法是否科学的问题。由于对“计划经济”和“市场经济”这两个概念，现在人们还有不同的使用法，我认为，在谈主题前，有必要先说明我是按什么样的含义，来使用以上两个概念的。

关于“计划经济”的含义

大家知道，社会主义经济和资本主义经济有以下异同。社会主义经济和资本主义经济都有大规模的复杂的社会分工，都是现代社会化大生产，除生产关系、分配关系之外，都有必不可少的交换环节和交换关系，交换的比例客观上都受耗费在（物化在）产品中的社会平均必要劳动量制约。（对该物化劳动量，现在的习惯是不分它在什么社会关系中形成的，都一律称它为价值。我认为这样的统称方法是不合适的或不周全的，但是这里可以不去涉及这个问题。我以下也都称它为价值。）这是以上两种经济共同的地方。两种经济不同的地方是：一个以公有制（包括集体所有制）为基础，

---

* 本文是根据我 1979 年 4 月 28 日在无锡市举行的社会主义经济中价值规律问题讨论会上的发言整理而成，作了一些删节。

一个以私有制为基础。以公有制为基础的社会主义经济（生产、分配、交换），基本上是可以由社会根据客观条件，来统一地、有组织地（有计划地）来协同进行。以私有制为基础的资本主义经济（生产、分配、交换），是不可能像上述那样有计划地协同进行的，而必然是处在无政府状态之中。根据上述情况，我国报刊及日常口语中，常称社会主义经济为“计划经济”。我以下所说的“计划经济”，就是如上的含义。

我这次从别的同志提供的材料中，知道南斯拉夫经济学家一般是不用“计划经济”来称呼社会主义经济的。据我理解，其原因大概有二：一是“计划经济”这个词，按他们那里的习惯，可能嫌它会被误解为凭人们主观安排（计划）的经济；二是（这大概是主要原因）把“计划经济”看作像苏联那样“由上而下”安排下来的“国家垄断经济”的同义语，所以特别不去用它。我上面所说的“计划经济”，是指社会主义经济本身（包括生产、分配、交换）所客观具有的，可以由社会来统一组织的可能性和必然性这一意义而言。至于人们如何去组织、去计划，如苏联斯大林时期的由上（国家）而下，南斯拉夫 20 世纪 50 年代以来的由下（社会基层企业）而上，等等，我是把它看作进一层的另一具体问题。

现在人们把凡用来交换的产品，都称作商品，以及把凡耗费在产品内的平均必要劳动量对产品的交换比例起着决定作用的规律，都称为价值规律。对这样的统称，我也认为是不合适或不周全的，但是这里也可以不去涉及这个问题。我以下也这样统称它们。由于这样的统称，同志们在感到有必要作区分时，就把在资本主义所有制基础上的上述规律称为资本主义价值规律，把社会主义公有制基础上的上述规律，称为社会主义价值规律（也有人分别称它们为“第一、第二价值规律”）。跟这一样，商品（交换）经济也就被区分为两类，即资本主义商品经济和社会主义商品经济。如果把社会主义经济的客观计划性的特征表述在内，又可以称社会主义经济为有计划的商品经济，以及称社会主义价值规律是赋有计划性的，不是自发性的。

什么叫市场经济?

有同志说，马列主义经典著作中从来没有用过市场经济这个提法，从经典著作中找不到现成的答案。我认为，这话说得太宽太绝了。我读书留下的印象，是经典作家不止一次地分析过什么是“市场经济”。有同志在讨论会上明确举出经典作家是讲过的，并摘出列宁写的一段文章。列宁在《土地问题和争取自由的斗争》一文中说：“只要还存在着市场经济，只要还保持着货币权力和资本力量，世界上任何法律也无力消灭不平等和剥削。只有实行巨大的社会化的计划经济制度，同时把所有土地、工厂、工具的所有权转交给工人阶级，才可能消灭一切剥削。因此，无产阶级社会主义（马克思主义）要揭露小市民社会主义所抱的在资本主义制度下可能实行小经济‘平均制’以及甚至可能保存小经济的一切毫无根据的希望。”①

可见，经典作家是明确用过“市场经济”的概念，并分析过它的。从上面的引文，可以清楚看出：市场经济就是指商品（交换）经济，是通称。因为市场是人们交换商品的场所，市场经济就是人们会集到一个场所（如摆地摊的马路旁，聚集许多货物供人购买的店铺里）进行交换和买卖商品的经济。“市场经济”比“商品经济”这个“学名”好懂。

从列宁的上一段文章中，可以理解出：市场经济（ = 商品经济）是会使小商品生产者破产的，因为那里有大、中、小资本（资金）不等的私有生产者的你死我活的自由竞争，大鱼吃小鱼，两极分化。这是大家都知道的，我不多说了。

至于市场经济（ = 商品经济）这个范畴，是否只能用于列宁

---

① 《列宁全集》第十卷，人民出版社1958年版，第407页。着重点是引者加的。

上面所分析的私有交换经济，这是国内外经济学界有争论的问题。这里，我趁这次学术讨论会的机会，简单地插说几句话。前面已经提到，我是不赞成把社会主义公有交换经济亦统称为商品经济或市场经济的。同时我也明确不认为未来共产主义社会将消灭和需要去消灭生产单位互相遵循等劳交换原则，去交换他们的产品这一极为重要的和绝对不能去掉的关系。自 1964 年起，我尤其抱这样的观点。记得卓炯同志有过公平和形象的说法。他判分说：对待商品经济，我是国内的“窄派”，但是我丝毫不是主张要消灭社会主义经济中的各种交换关系；我是坚持社会主义交换关系是可能有计划地自觉地遵循等劳交换的原则来进行的。同时卓炯同志也曾指出：如按主张要有等劳交换的经济关系来划分，骆耕漠又比于光远同志是更明确的“宽派”，因为于光远同志过去对共产主义经济仍然必须保持生产者互相交换产品的关系，在论点上多少还是有点犹豫的。另外，卓炯同志还同时讲到：孙冶方同志对商品交换抱窄派观点，对价值规律抱极宽的观点，是一头窄、一头宽的“中派”。以上对商品经济及其价值规律的各种观点，涉及对有关经典著作和对我国社会主义经济的交换环节的实际的本质如何理解，是很复杂，也是比较深的理论问题，是一时是非难定的。我插进来讲以上的话，是因为过去社会上和经济学界有人以为：所谓我的“窄派”观点，是主张消灭我国现行各种交换，或者虽要保留这些交换而不主张尊重客观上的等劳交换规律，以及要消灭人民币，或者把人民币变为不能来回使用的像粮票、布票一类的凭证。其实，我从未作过这类分析。现在借此机会打个招呼，希望同志们知道我对以上问题的口径。

前面已经说过，我在用语上愿求同存异：亦称我国全民各企业间以及工农间的交换为商品交换、商品经济、市场经济。我以下是把“市场经济”和商品经济作为同义语使用。为免混淆，即把商品经济分为资本主义商品经济和社会主义商品经济，因此，对进行交换“市场”，自然也要相应地一分为二，即前者为自由竞争的市场，在那里，人们可以自由买卖、哄抬价格、投机倒把，等等，也就叫做资本主义市场；后者，社会主义市场，基本上是有计划、有组织的，是不容许上述那一套尔虞我诈和以邻为壑的行为的。我同意会上有的同志对“市场”这一概念的划分。他说：“市场（引者注：按指统称的市场而言）是个抽象的概念，应该明确是什么市场。历史上有小商品生产的市场、资本主义市场。在我国有计划市场、半计划市场、完全（?）自由的市场。”我认为，从这句话，可以看出，他不是把“市场”只理解为“自由市场”，所以，也包括社会主义的有计划、有组织的市场。同时，他还按我国经济公有化程度的不同和生产社会化程度的不同，把我国现阶段的市场分为三类。这里，我有这样一个意见：就是我国目前又重新适当提倡的“集市贸易”，也不是完全自由化的市场，它多少还在社会主义计划经济的指导和控制之下，而同私有制社会里的自由市场仍有差别，不能称它为“完全自由的市场”。会上还有同志说：“对计划和市场这个问题，实际部门和不少领导同志都理解为计划经济和自由贸易。”又说，“我们应当从政治经济学的角度来理解市场的概念。”我是赞成这一点的。不过这是一个理论难题。我们现在只要互相了解彼此的口径就行，不要出现“关公和秦琼在同台打仗”的事就行。这个同志的发言，表明一个情况，即在“实际部门和不少领导同志的理解中”，商品经济这个概念，已不限于用在资本主义商品经济上，而“市场”和“市场经济”的概念，则还大多被理解在资本主义“自由市场”和“自由贸易”这个含义上。这是因为“商品经济”是一个较抽象的“学名”，容易被沿用来统称社会主义的有组织、有计划的公有交换经济，至于“市场经济”则是对文雅称号的“商品经济”的通俗形象化的称呼，而且人们现在一听见，还是容易连锁地勾出自己头脑里的类似旧上海南京路大拍卖商场和旧上海南市城隍庙里的摊、铺招揽生意的情景。所以，就像南斯拉夫有的经济学家，在和我国出访的经济学家代表团谈话时，也觉得要特别强调声明，他们“南斯拉夫的市场是没有自发势力的市场”，即是“意味着在计划控制下的商品交换……”这也就是指社会主义计划经济中进行有组织交换的计划市场，而非自发的自由市场。我认为，南斯拉夫经济学家特地向我们访问代表团这样强调声明，大概是他们没有忘记50年代改行“市场经济和社会计划”相结合的体制的开始一段时期内，曾有“自发势力更深入经济”和“开始两极分化”的问题，要我们的访问代表团予以注意。

以上是我对求同存异而统称的“市场”和“市场经济”一分为二的理解。

“计划经济和市场经济相结合”这个提法是否科学?

在讲清楚我这个发言中所用的计划经济和市场经济这两个概念的含义以后，我来谈谈我对以上问题的一些看法。有的曾出访的同志说，南斯拉夫没有“计划经济和市场经济相结合”的提法，他们只有“市场经济与社会计划相结合”的提法。南斯拉夫不用“计划经济和市场经济相结合”的提法，就是因为前面说过的，“计划经济”这个概念，在他们那里是一般地被理解为自上而下的、国家集权的、官僚计划下的经济，所以，他们自然不会用以上提法。

对南斯拉夫的后一个提法，我顺便提一点看法。其中，后项“社会计划”是指从基层企业和联合基层企业由下而上逐级协调平衡的计划而言的，属上层建筑；而前项“市场经济”即为南斯拉夫所主张的，受社会主义市场调节的那种经济体系，属经济基础。就是：既要有他们的“市场经济”，也要有他们的“社会计划”，使前者在后者的指导下运行。（据说，南斯拉夫经济学界对这个提法，至今仍有争论，因不知其详情，这里无从评述。）至于我国报纸上“计划经济和市场经济相结合”的提法，以及南的上述提法，两者的结合内容不同。这是要分清的。在我们的用语中，计划经济，可以被体现在由上而下为主的“国家计划”，也可以体现在由下而上的“社会计划”。按计划体制形式说，虽有差别，但是前者不一定就是“国家官僚主义计划”，这还要看国家政权是否体现人民民主，是否为人民服务。

下面，我按自己上面所划分的“计划经济”和“市场经济”的口径，来谈谈我对“计划经济与市场经济相结合”的提法是否站得住、是否科学的问题的意见。分三点说：

第一点：如果说这个提法中所说的“计划经济”是指社会主义计划经济本身（我认为大家都是这样理解的），其中市场经济，如果是指自发的，不由社会统一组织的自由贸易（自由市场经济），那就等于把两个水火不相容的经济体系混合在一起了，那就是极错误的提法。但是，以上提法，不是这个思想，因为那是指在社会（国家）指导和控制下的社会主义市场经济而言的。有的同志有以下意见，“计划经济和市场经济相结合这个提法，易于令人误解社会主义经济不是完整的有机统一体，而是由计划经济和市场经济两个互相对立的部分组成的”，因此，他建议报纸上“不用这种含混不清、易于令人误解的提法”。我认为这个建议是好的。不过他仅从“市场经济”这个概念，在一般人的心目中，还仍然是传统地指自由市场、自由贸易的这一角度去评论以上提法。但是，我认为，上述提法的问题还不止此。那就是因为下述第二点。

第二点：即使“市场经济”这个概念，也同“商品经济”概念一样，已为人们所知道，它有所谓社会主义市场、资本主义市场的区别，即既可以是指资本主义的自由市场经济，又可以是指社会主义的有组织的市场经济，以及上述提法中的“市场经济”是指社会主义计划经济体系下的社会主义市场经济，也有不合逻辑、不科学的毛病。因为社会主义“计划经济”本身，如前所述，不仅内在地包括生产关系（狭义）和分配关系，而且也必然内在地包括交换市场关系。所以，说社会主义“计划经济”要同社会主义“市场经济”相结合这一提法，就同以下提法一样不合理，即如同说“人的身体要同它的血液循环系统相结合”。

有的同志说，似乎是因为我国有什么人主张社会主义计划经济是所谓不需要有交换的自然经济，或者虽然认为要有交换，但是，是无须经济核算，无须遵循等劳交换原则（无须遵循“商品价值规律”）的决定作用的自然经济，从而要强调指出“社会主义计划经济必须同市场经济相结合”的道理。姑且不论我国有无上述“社会主义自然经济论”者，上述“计划经济和市场经济相结合”的提法和论点，显然不是针对上面的“假想的论点”提出来的。

第三点：对“计划经济和市场经济相结合”这个提法，或者有同志会从下述“市场经济”的含义去理解。我国国民经济，有计划市场、半计划市场和完全（?）自由的市场之分。在我国，全民所有制经济所掌握的计划市场是主要和大量的，但也还有像有的同志告诉我的，有的省去冬以来，逐步开展对完成统购派购任务以后的农产品和三类农副产品，实行议价购销的办法，这就是从属于上述计划市场的“半”计划市场。除了上述计划市场、“半”计划市场外，还有更自由一些的农村集市贸易。前面说过，集市贸易的性质与资本主义自由市场并不相同，它也是在上述两种市场控制和影响之下的。上述“半”计划市场和集市贸易，会有相应的资本主义自发倾向，但是只要有强大的社会主义全民所有制经济，对它们发生经济的控制作用，就不会破坏而会有利于社会主义计划经济的发展。如果所谓“计划经济与市场经济相结合”的提法，其中的市场经济是指半计划市场和集市贸易，那么就有一定的可取之处，不过也欠科学。同时，目前上述提法的出现，也显然不是从上述角度出发。

所以，总起来说，我认为，对“计划经济和市场经济相结合”这个提法，提出前面三点看法，大概是合适的。

（原载《经济研究》1961 年第 11 期）

列宁关于十月革命后四种交换关系的分析

本文用文献史料，介绍了列宁关于十月革命后四种交换关系的分析。文章认为：把俄共和列宁在战时共产主义时期所领导实施的余粮收集制和国家垄断制看作极端自然化经济，把列宁总结余粮收集制时所说的犯了“直接过渡到共产主义”的错误视为犯了“实物无偿分配制”的错误，这些是以讹传讹，直至今日。文章指出：列宁根据苏维埃经济的新发展所做出的“社会主义产品交换论”，是马克思主义政治经济学的重要理论宝藏，对我国现阶段和今后长时期都有现实指导意义。本文还认为斯大林在他晚年的名著《苏联社会主义经济问题》中，一方面对社会主义经济理论有新的科学论述，另一方面却对列宁所说的国家资本主义商品交换关系和社会主义产品交换关系有所混淆和修改，并对恩格斯的社会主义公有制将消灭商品生产关系的预言加了两个不合适的限制。

社会主义商品货币问题，是政治经济学社会主义部分的一个重要基础理论问题，从十月革命、20 世纪 20 年代起，一直有争论，至今也还没有争论清楚。我在学习中，有这样的体会：仔细对照阅读马克思、恩格斯、列宁按历史演变过程，论述商品经济如何发生、发展和消亡的著作（特别是有具体事例的地方），并结合我国近 30 年的城乡经济往来的演变加以思索，即使不能一竿到底地就把以上问题弄清楚，但是，总较易于摸到一些实际的分歧和实际的东西，有助于解决以上争论。我在学习列宁关于十月革命胜利后的四种城乡交换关系的具体分析，以及列宁生前对社会主义社会又将展开怎样的城乡交换关系的一些科学论断之后，曾特别有以上体会。所以，本文就着重据实介绍列宁对十月革命后城乡间的四种不同性质的交换关系的分析。这个主题，偏于苏联50多年前的历史问题，好像同我国现在关系不大。但是，列宁当年所讲的，不只是他本国1918—1924年的经济问题，而是把那个时期以后的一个很长的历史阶段（社会主义以及向共产主义过渡）的生产交换关系问题也都讲到了，并有国际意义，同我们今天息息相关。

同时，还要附带谈谈斯大林怎样修改了列宁的论点等有关问题。

一

十月革命后，列宁根据马克思的商品理论和当时（从十月革命胜利到列宁逝世为止的7年多时间）苏维埃俄罗斯的国内经济实际，对城乡间的四种不同性质的交换关系作了分析，这是马克思主义政治经济学上的重要理论宝藏。我认为，这些至今尚未全面介绍出来，也有被误解的地方，以致以讹传讹，直到今天。把这种没有得到全面介绍的东西介绍出来，把被误解的东西端正过来，对认识我国今天要发展什么样的交换关系，我们所处的经济阶段是什么样的阶段，将是很有必要和很有帮助的。列宁关于十月革命后四种交换关系的分析，对我们很有用，可以借鉴。

列宁所说的四种交换关系是：（一）1918—1920年，战时共产主义时期“国家垄断制”的交换关系；（二）在三年内战结束后改行了新经济政策①的初期（1921年10月前），在城乡交换方面，是恢复实行“国家资本主义商品交换”关系，（三）到1921年10月后，又改行“国家调节商品买卖和货币流通”的交换关系；（四）

① 新经济政策“是对我们先前的经济政策（引者注，即对战时共产主义政策）而言的。可是实质上，它比我们先前的政策有更多的旧的东西”即又重新实行全俄中央执行委员会1198年4月所通过的“国家资本主义政策，后者是因爆发内战而被打断的。参阅《列宁全集》第三十五卷，《新经济政策和政治教育局的任务》，第42页。

城乡间的第四种交换关系，叫做“社会主义产品交换关系”。这种交换，现在几乎没有人介绍，或者没有全面介绍，或者，我认为，是不符合列宁原意的介绍。这第四种交换关系，同前面三种交换关系，以及同一般的商品交换和商品买卖都不同，是对立的。

（一）战时共产主义时期“国家垄断制”的交换关系

对战时共产主义时期实行的“国家垄断制”交换关系，列宁在 1921 年春曾有一个总结，指出：我们“犯了错误，决定直接过渡到共产主义的生产和分配”[①]。一直到现在，人们一般都把它误解为犯了要废除任何交换、搞实物分配的“自然经济”错误。具体一点讲，他们以为战时共产主义时期是废除任何城乡交换关系；他们按照字面理解，以为列宁所说的直接向共产主义过渡的错误，就是直接向共产主义高级阶段的按需分配过渡（只不过标准很低），因此，就无须采取等量劳动相交换的原则和方式来分配。其实，上面这种理解是错误的。

这里我先说明：在列宁的初期著作里，或者在马克思的著作里，“共产主义”这个词有三个用法。有些地方，“共产主义”是指共产主义的低级阶段，有些地方，“共产主义”是指高级阶段；有些地方是概括地指以上两者。不像我们现在一讲到共产主义，就是指高级阶段，对低级阶段则用“社会主义”。因为那时有形形色色的“社会主义”为了同它们划清界限，马克思、列宁一般不采用“社会主义”这个词，而用“共产主义”这个词，有时就用“共产主义”低级阶段来表示我们现在所称的社会主义。列宁上面所说的“直接向共产主义过渡的错误”，实际是指以下错误：从当时苏维埃俄罗斯小农经济占优势和公私五种经济并存的前提，立即过渡到社会主义公有制；在城乡工农产品的交换关系方面，立即废除一切私商活动，只由苏维埃国家的供销机构来经营城乡交换。这就是列宁所指的“国家垄断制”的城乡交换关系。

---

① 《列宁全集》第三十三卷，人民出版社 1957 年版，第 43 页。

对列宁所讲的直接向共产主义过渡的错误，为什么会发生上面那些误解，并且以讹传讹直至今天呢？这还是由于对列宁的有关论述不理解。我这里举列宁的两段文章来加以说明。

一段是列宁在提到上面的错误之后接下去写的：

> 因为在1918年，随着捷克斯洛伐克人的暴动和一直延续到1920年的国内战争的爆发，向我们袭来了真正的军事危险。……由于这些以及许多其他情况而犯了错误：决定直接过渡到共产主义的生产和分配。当时我们认定，农民按照余粮收集制会交出我们所需数量的粮食，而我们把这些粮食分配给各个工厂，我们就可以实行共产主义的生产和分配了。①

这段文字，骤然一看，很容易得出以下理解：所谓苏维埃国家按照“余粮收集制”收集余粮，好像就是把农民的余粮“无偿”地收集来，然后“无偿”地分配给工厂的工人、城市居民去消费，于是，有人以为列宁所说的“直接过渡到共产主义”的错误，就是废除一切交换，实行按需分配（不过标准很低）的错误。

另一段文章见《俄共（布）党纲草案》，是1919年战时共产主义时期正继续实行“余粮征集制”和“国家垄断制”的时候写的：

“在分配方面，苏维埃政权现时的任务，是坚定不移地继续在全国范围内，用有计划有组织的产品分配来代替贸易。目的是把全体居民组织到生产——消费公社中，这种公社能把整个分配机构严格地集中起来，最迅速、最有计划、最节省、用最少的劳动来分配一切必需品。合作社就是达到这一目的的过渡手段。”②（重点是引者加的）

---

① 《列宁全集》第三十三卷，人民出版社1957年版，第43页。

② 《列宁全案》第二十九卷，人民出版社1956年版，第91—92页。

骤然一看，一般容易得出以下理解：把其中的“产品分配”理解为实物分配，无须交换，无须等劳补偿；因列宁明确讲了“用产品分配来代替贸易”，而贸易这个概念，现在一般是被理解为不分公私的任何交换，所以就以为“用产品分配来代替贸易”，就是不要任何交换了。其实，列宁所说的“代替贸易”，其中“贸易”（有的译作“商业”）一词，只是传统地指“私人自由贸易”而言；列宁在别处所说的“不经过市场”或不经过商业，也只是指“不经过私人自由市场”而言，它们都没有因此就不需要采取公营供销机构和有偿交换的方式来分配产品的意思。这只要把列宁上文的后半段文章仔细看一下就可明白。因为后半段文章中所说的“消费公社”（这是由城市、乡村居民群众组织起来的，它不受能否交纳股金的限制）和合作社（这是沙皇时代留下来的旧合作社组织，参加者是比较富裕的、能交纳一定股金的城乡部分居民，俄共当时准备将它改造为“消费公社”）——这两种机构所担任的有计划、有组织、普及城乡各地的、最节省劳动的……产品分配工作，是采取有偿的交换方式来进行的，绝非无偿的实物分配。这在前面的引文的前几页上，列宁也清楚地写明了的，他说，俄国无产阶级专政的基本任务之一，是“用一系列逐步而积极的措施彻底消灭私人贸易，组织统一的经济整体（苏维埃共和国应该成为这样一个整体）中的各生产公社和消费公社之间的正确的和有计划的产品交换”。[①] 十月革命后，布哈林在《过渡时期的经济》一书中，曾提到“当生产过程的不合理性消失的时候，而当自觉的社会调节者出来代替自发势力的时候，商品就变成了产品（引者注：列宁加的重点）而失去自己的商品性质”。[②] 列宁一面评论布哈林的这个论点——“对！”一面又指出其中“商品变成了产品”这个说法——“不恰切”，认为应该说成例如变成“一种不经过市场而

① 《列宁全集》第二十九卷，人民出版社 1956 年版，第 83—84 页。

② 参阅列宁《对布哈林〈过渡时期的经济〉一书的评论》，人民出版社 1958 年版，第 50 页。单行本。

供社会消费的产品”①。列宁这里所说的“不经过市场而供社会消费”一语，也就是指不经过私商而通过消费公社和合作社来出售给城乡居民群众去消费而言。

下面，我再介绍列宁的三段文章。这三段文章更具体表明：他所说的用来“代替贸易”的产品分配，绝非不采取上述交换方式，绝非无偿的实物分配方式。

第一段文章是列宁《关于组织征粮队的电报》，指示如何去胜利地完成收集余粮的任务：

“应该记住，第一，粮食垄断制是与布匹及其他最主要的消费品的垄断制同时实行的，第二，要求废除粮食垄断制是反革命阶层的政治步骤，他们力图打破革命无产阶级手中的国家调整价格的制度，因为这种制度是从资本主义商品交换逐渐过渡到社会主义产品交换的最重要的手段之一。”②（重点是引者加的）

这个电报清楚地表明：第一，战时共产主义时期的“国家垄断制”，是指对城乡间的粮食、布匹，以及其他主要消费品的买卖归国家垄断，是要讲价格的，而价格是由国家统一调整规定的。有价格，就要有像货币的东西，要讲价格、讲货币，就是要交换、要买卖；第二，战时共产主义“国家垄断制”，是暂时的城乡交换制度，是从旧的资本主义商品交换制度到将来的社会主义产品交换制度的过渡手段。所以，列宁在这里不仅指出了战时共产主义时期国家垄断制的城乡交换关系，而且还指出它是前后两种不同交换关系的过渡手段。

第二段文章是列宁于1918年6月在“莫斯科工会和工厂委员会第四次代表会议”上的报告中的一段话：

“粮食专卖的含意，就是一切余粮都归国家所有；……这项工作怎样来完成呢？必须由国家规定价格，必须把每一普特余粮找出

---

① 参阅列宁《对布哈林〈过渡时期的经济〉一书的评论》，人民出版社1958年版，第50页。单行本。

② 《列宁全集》第二十七卷，人民出版社1958年版，第427页。

来（引者注：因为富农窖藏余粮）和运出来。”①

这里，列宁讲到了粮食专卖（“国家垄断制”），讲到了价格，以及必须由国家来规定价格，等等。

第三段文章，就更详细了，这是列宁在1918年7月“全俄工农兵和红军代表苏维埃第五次大会”上的报告中的一段话：

“我们给粮食人民委员部拨了10亿卢布的款子，……我们苏维埃的工人和农民们正在学习这项工作，（鼓掌）因此布匹收购工作和拨款工作都在进行。我们在人民委员会里曾千百次地研究了这样的问题：通过谁来收购布匹，怎样实行监督，怎样使布匹尽快推销出去呢？……要知道是我们把布匹按50%的价格，也就是按半价卖给农民的，试问有谁能按这个价格把布匹卖给贫苦农民呢？我们将通过粮食、布匹和工具这条道路走向社会主义，粮食、布匹和工具不能落到投机分子手里，而首先得给贫农。这就是社会主义。（鼓掌）……我们已经到了这样的地步：使得从粮食分配和用布匹交换粮食的具体措施中得到好处的是贫农，而不是有钱的投机分子。”②

综合以上三段文章，完全可以证明：战时共产主义时期的“国家垄断制”和“余粮收集制”，并不是把粮食、布匹和其他主要消费品无偿地拿来，又无偿地分配出去，不采取交换的方式；而是在国家控制下，不准私商参加，只由消费公社和合作社这种销售机构采取交换的方式来进行分配，这种分配有卢布作媒介，受等量劳动交换等量劳动的规律所制约。但是，这与1918年上半年以前的城乡交换关系不同，那时还允许私商有一定的活动余地，农民有点余粮，可以拿到市场上去卖，也就是还允许有私人交换。战时共产主义时期为了克服当时的经济困难所实行的，则是“余粮收集制”和“国家垄断制”，就是对粮食、布匹、工具等实行不准私商

---

① 《列宁全集》第二十七卷，人民出版社1958年版，第438页。

② 同上书，第496—497页。

介入的专买专卖。由此可见，列宁所说的战时共产主义时期实行余粮收集制（国家垄断制）犯了直接向共产主义（社会主义）过渡的错误，这并不是说犯了废除城乡间的一切交换、搞实物分配的自然经济错误。那么错在哪里呢？即错在当时还存在公私五种经济成分，小农在居民中占优势，经济落后，社会主义大工业还没有恢复起来的情况下，就没收所有中小工厂、禁止私商活动，把城乡间工农业产品的交换都由国家来垄断进行；当时还多少以为这样就可以直接过渡到社会主义。这是不符合当时社会生产力的状况和性质的。这就是列宁后来在总结时所说的犯了直接向共产主义过渡的错误的实际内容。我国解放后在向社会主义过渡的时期，也实行过若干工农业产品的国家专买专卖，或叫统购统销，但第一是部分的，第二当时没有禁止中、小私商，所以没有犯直接向社会主义过渡的错误。

但是，直到现在，苏联学术界还在以讹传讹地曲解着这段历史，以致对我国学术界也有相当大的影响。下面我举两个例子，一个是苏联的，另一个是国内的，都是70年代的材料：

（1）苏联1971年出版的《社会主义政治经济学》，在苏联是有很大影响的，这本书的主编是苏联《经济报》的主编、苏联共产党中央党校教研室负责人鲁缅扬采夫。这本书在《新经济政策》一节中，有这样一段话：

> ……解决这些任务（指国家工业化、农业社会主义改造和进行文化革命），不能用“战时共产主义”的方法，各种成分的经济不可能在经济秩序极端自然化的条件上正常发展。而要求有计划地利用商品货币关系。……

这表明他把战时共产主义时期的经济说成是没有商品货币关系的“极端自然化”经济，在他的心目中，这一时期的经济政策，就是不要商品货币的自然经济政策。在苏联的其他教科书中，一些作者在讲到这一段历史时，常是这样说的。

（2）我们国内有一篇介绍《苏联学术界关于社会主义制度下价值规律的作用的观点的演变》的文章，其中第一部分是摘引苏联学术界在战时共产主义时期的几段文章的观点，编者概括他们的观点是，“认为社会主义（引者注：它指包括战时共产主义这段过渡时期）是自然经济，它不需要货币，产品将直接用劳动小时来计算；价值范畴对过渡时期是不适用的，要采取措施准备消灭货币”。下面我转引其中两段文章来看看。

一段是从波格丹诺夫写的《经济学简明教材》中摘来的：

“新社会（指社会主义社会）的基础不是交换，而是自然自足经济。生产与消费之间没有买卖市场，只有意识的、系统的、有组织的分配。”①

这一段引文是符合编者所概括的那种观点的。

另一段是从1919年俄共通过的纲领中摘引来的，而这个纲领是按列宁写的纲领草案制定的：

“在分配方面，苏维埃政权现时的任务是坚定不移地继续用有计划地、在全国范围内组织起来的产品分配来取代商业。”②

我在前面已经论证过，列宁和这条纲领中所讲的“用产品分配来代替商业（贸易）”，并非是无偿的实物分配，并非不要通过公营的供销机构（包括过渡性的“合作社”）来出售，所以，绝非“自然经济”。编者把这一段纲领摘引来证明苏维埃俄罗斯战时共产主义时期城乡间的经济关系是“自然经济”关系，这就大错特错了。这表明，像苏联学术界鲁缅扬采夫等对战时共产主义时期的经济关系所作的自然经济的错误解释，对我国学术界至今还有很大影响。

以上是介绍十月革命后战时共产主义时期“余粮收集制”和

① 见中译本《经济学大纲》，大江书店1927年版，第543页。

② 《俄共（布）党纲》，1919年，《苏共代表大会、代表会议、中央全会决议汇编》（中文版），第1分册，人民出版社1964年版，第546、547页。

“国家垄断制”这一交换关系的实际内容。这种交换关系，正如列宁所说，在当时是为战争所迫，是一种特殊的过渡政策，它使年轻的苏维埃俄罗斯胜利地度过了三年内战中的经济困难。但是，当时曾以为这么一来，就可以趁势消灭一切私商而直接过渡到社会主义，这是错误的和行不通的。所以战争一结束，粮食和工业品的严重缺乏，就成了当时面临的主要困难，工农业生产迫切需要恢复。因此，列宁于1921年春领导全党全国实行新经济政策。新经济政策的核心是改“余粮收集制”为“粮食税制”，开放有限度的私人贸易自由。先是“退”到列宁所说的“国家资本主义商品交换关系”，简称“商品交换”。半年后（1921年10月），列宁又指出，必须往后再退一些，推行“国家调节商品买卖和货币流通”的交换关系。这一段历史，使一些同志对战时共产主义时期“以产品分配代替贸易”的提法，更产生误解，以为那是“无交换、无货币的自然经济”（这已经在前面澄清了），而且还误解第一次“后退”到的“商品交换”是“半自然经济的物物交换”，似乎到1921年秋季以后，才恢复以货币为媒介的“商品买卖”。为澄清这些误解，我再进一步介绍列宁对十月革命后这第二、第三两种交换关系的分析。

（二）新经济政策初期（1921年10月前）的“国家资本主义商品交换关系”

（三）1921年10月后的“国家调节商品买卖和货币流通”的交换关系

1921年春，改行新经济政策，从战时共产主义时期的“国家垄断制”退到“国家资本主义商品交换制”。国家资本主义商品交换的基础是以粮食税制代替余食收集制。因此，要了解上述“国家资本主义商品交换制”的特性以及它同国家垄断制交换关系的区别，必须先说明新经济政策时期实行粮食税制带来的大变化。

列宁在《新经济政策和政治教育局的任务》的报告中说：

> 新经济政策就是以粮食税代替余粮收集制，就是在很大程度上转到恢复资本主义。……同外国资本家订立的租借合同……和私人资本家的租借，都是直接恢复资本主义，都是同新经济政策的基础有关的。因为废除余粮收集制，就是准许农民自由出卖缴纳粮食税以后剩余的农产品，而粮食税只收去他们产品中的一小部分。……因此在这种自由贸易的土壤上，资本主义不会不成长起来。
>
> 列宁又指出："这是经济学……最基本的经济常识，而在我国，除此以外，还有每一个跑单帮的教给我们的最基本的经济常识，……从战略上看，根本问题在于谁能更快地利用新形势。全部问题在于农民跟谁走：跟无产阶级走呢，还是跟资本家走。"①

实行粮食税就是按耕地面积的多少交一定量的粮食作为农业税，就像我国的公粮制度。农民交纳国家规定的农业税之后，其余的粮食（还有其他农产品）归他们自己，并可以出售这部分粮食。当时的农民还是小农，还是私有生产者，还没有组织起来。所以，粮食上市，从农民方面讲，就会有自发性，会发生市场的波动和富农投机倒把。列宁在很多地方都讲到实行"商品交换"和粮食税是同自由贸易、资本主义的恢复分不开的，这是政治经济学的一个简单的常识。另外，拿什么东西去同农民交换粮食、烟草、棉花等农产品呢？最理想的，就是用社会主义大工业生产的生产资料和消费品。但是，当时大工厂缺乏原料和燃料，停工的停工，关闭的关闭，开工的连一半都不到，拿不出那么多的工业品同农民交换，而只能拿出很少一部分。怎么办？列宁提出国家资本主义的办法。就是用把没收下来的工厂租让给外国人（"租让制"），或把工厂租借给本国的资本家（"租借制"），给他们一些好处，以利恢复生产。

① 《列宁全集》第三十三卷，人民出版社 1957 年版，第 45—46 页。

这些工厂生产出来的工业品，基本上要批发给国家的供销机构和合作社。所以，这个时期实行的国家资本主义商品交换，就是指各种国家资本主义企业生产出来的工业产品，加上一小部分社会主义大工业产品，同农民的农产品相交换。这种国家资本主义，是在苏维埃国家控制下的、有限制的资本主义。关于这一点，列宁在1921年10月回顾时，有过明确的说明：

> 今年春天我们说过，我们不怕回到国家资本主义，我们的任务就是要把商品交换①这一形式确定下来。自1921年春天以来，我们制定了一连串的法令和决议，写了大批的文章，进行了一切宣传工作和立法工作，这一切都是适应商品交换的发展的。商品交换这个概念包括一些什么内容呢？商品交换这个概念所预定的建设计划（如果可以这样说的话）是怎样的呢？它预定在全国范围内，或多或少地按照社会主义方式用工业品换取农产品，并通过这种商品交换来恢复作为社会主义结构唯一基础的大工业。②

这段话说明，新经济政策把过去国家垄断制的城乡交换关系改变为商品交换。这个商品交换是国家资本主义商品交换，就是前面说的把在战时共产主义时期没收的一部分资本主义企业租借给国内的资本家或租让给外国资本家，它的产品由苏维埃国家批发下来，然后用这些产品通过合作社同农民的农产品相交换。从生产上看，主要是国家资本主义的生产品，不是社会主义的工业生产品。另外在农村委托私人收购一些土特产品。因为当时合作社没有那么大的力量，所以又委托私人收购，就是允许私人参与交换活动。还有代销，就是把一些工业品和手工业品，利用合作商店，让他们到农村

---

① 引者注：有同志对列宁这里所说的这个“商品交换”加了一个注解，我认为是一种误解，详后。

② 《列宁全集》第三十三卷，人民出版社1957年版，第73页。

出售。我们分析城乡交换关系，要注意交换的两头的社会经济性质，谁同谁交换，它的生产的基础是什么，这是决定一切的。由于在上述时期的城乡交换中，社会主义大工业的产品是少数，多数是各种形式的国家资本主义生产，还有地方的小手工业作坊，它们恢复得快。这样的城乡交换，对原先的“国家垄断制交换”来说，是“退一步”。当时俄共党内有些人认为，这是倒退了，是复辟资本主义了。列宁再三讲，我们不怕资本主义，这是退一步，进两步。列宁想通过这种国家资本主义方法，逐步把社会主义大工业恢复和发展起来，使社会主义大工业产品在交换中占主导地位。

实行这种国家资本主义商品交换制，资本家、私商、富农在生产和交换领域中，就有一定的自由活动。为了迂回地战胜资本主义自由贸易势力，列宁当时就提出“学会经商”的口号。列宁说：

> 苏维埃“国家必须学会经商，使工业能够满足农民的需要，使农民能够通过商业来满足自己的需要”。①

为了具体辩明列宁当时所说的“商品交换”是“国家资本主义商品交换”，我着重介绍一下 1921 年 5 月 21 日，列宁在《劳动国防委员会给地方苏维埃机关的指令》中，对当时的“商品交换”问题，作了许多详细的指示。在《指令》的“第一类问题”“1. 同农民的商品交换”项下，列宁提出了一系列需要了解和解决的问题：

> 商品交换的准备工作怎样？……合作社做了哪些工作？为此设立了多少个合作商店？……“自由”市场的价格怎样？……
>
> 作为商品交换对象的盐和煤油的情况怎样？纺织品的情况

① 《列宁全集》第三十三卷，人民出版社 1957 年版，第 53 页。

> 怎样？……最需要的是什么？农民最感缺乏的是什么？地方小手工业生产能提供什么？发展地方工业能取得些什么？
>
> 私营商业在商品交换中的作用怎样？……私商人数和他们在主要产品上的交易额怎样？特别在粮食方面的交易额怎样？

在《指令》的“第一类问题”“2. 国家与资本家的关系”项下，列宁写着：

> 是否有资本家和企业主申请租借某些企业、作坊或店铺？对这类事情是否有精确的统计和分析？贸易总额是怎样确定的？……
>
> 有没有要求代销的？拿一定手续费代国家收集和采购产品的情况怎样？代销和代配售的情况怎样？……
>
> “手工业的情况怎样？……”①

我们在全国解放后的三年恢复时期和第一个五年计划期间，对上述国家资本主义做法（除租让和租借外），都充分利用了。所以我们一读上面的《指令》，就知道：新经济政策开始实施时，列宁所领导改行的“商品交换”是有特别含义的，是“国家资本主义商品交换”。它允许私商有一定的自由活动，是经过市场的，国家要从事批发商业，同时也有私商夹在其中（代购代销）。在《指令》中，列宁特别问道：“私营商业在商品交换中的作用怎样？”“私商人数和他们在主要产品上的交易额怎样？特别在粮食方面的交易额怎样？”“‘自由’市场的价格怎样？”“有没有要求代销的？”“是否有资本家和企业主申请租借某些企业、作坊或店铺？”等等。列宁当时所说的如此这般的“商品交换”，又怎么会是直接的实物交换呢？

---

① 见《列宁全集》第三十二卷，人民出版社1958年版，第374—376页。

1921年10月以后，列宁发现这第二种交换关系（国家资本主义商品交换关系）行不通，就立即根据客观实际情况改行第三种交换关系——“国家调节商品买卖和货币流通”的政策。列宁在前面的报告中谈到“不怕回到国家资本主义”“把商品交换形式确定下来”以后说：

> 结果怎样呢？结果，现在你们从实践中以及从我国一切报刊上都可以清楚地看到，商品交换失败了。所谓失败了，就是说它已经变成了商品买卖。如果我们不想把脑袋藏在翅膀下边，不想故意看不到自己的失败，不怕正视危险，我们就应当认识到这一点。我们必须认识到，我们所作的退却是不够的，必须再退却，再向后退，从国家资本主义转到国家调节商业和货币流通。商品交换没有丝毫结果，私人市场比我们强大，通常的买卖、贸易代替了商品交换。
>
> 你们要努力适应这种情况，否则买卖的自发势力，即货币流通的自发势力会把你们扼死的！

列宁还说：

> 商品交换制度现在已经不符合实际情况，实际情况给予我们的不是商品交换而是货币流通、现金交易，这是不是对的呢？这也是毫无疑问的，事实证明了这一点。这也是对说我捏造错误的斯土柯夫和索凌同志的答复。你们看，这就是我们确实犯了错误的明显事实，并不是什么捏造的错误。①

这是列宁所讲的俄共在十月革命以后所犯的第二次错误，一经发现，就立即公开纠正。第一次错误是被迫的，因为打仗，为克服

① 《列宁全集》第三十三卷，人民出版社1957年版，第73、79页。

战时经济困难不得不实行战时共产主义政策，以为可以趁势立即消灭私商，一下子直接过渡到社会主义。这第二次错误，是由于在新经济政策开始时对形势估计不足造成的，以为从“国家垄断制”退回到“国家资本主义”就行了，以为对资本家和私商容许有“国家资本主义”式的贸易自由就行了。其实，“国家资本主义商品交换”的做法，由于资本家、私商、富农的抵制，自由贸易的势力比苏维埃国家资本主义的商品交换（包括社会主义大工业产品和小农的农产品的交换）的势力还要大，后者收效甚微，失败了。怎么办？列宁说，要再后退一些，但不是允许资本主义自由泛滥。国家资本主义行不通了，现在要再放宽一点，但不能放弃国家调节，就是苏维埃国家对私人工商业的活动，要加一定的控制和影响。例如施加一定的行政管理，同时，社会主义大工业和城乡各地的合作社网也要积极活动，从经济上来限制私商，搞反投机倒把斗争。所以，列宁在 1921 年 10 月以后的许多报告中，非常强调学会做生意。列宁说：

> 我认为，学会了解商业关系和经商是我们的责任。……我们必须退却，一直到商业问题成为党的实际问题……为什么要采用商业原则呢？是由于周围的环境、目前的条件。所以必须这样作，是为了使大工业迅速恢复并且尽快地同农业结合起来，以便实行正确的产品交换。①

共产党员要学会做生意这个口号，在 1921 年新经济政策开始施行时，已经提出（因为那时已经开始同私商打交道），不是 1921 年秋后实行“国家调节商品买卖”时才提出。在实行“国家资本主义商品交换”时，私商已经有一定的活动地盘；在实行“国家调节商品买卖”后，私商活动的范围更大了，他们可以直接同农

① 《列宁全集》第三十三卷，人民出版社 1957 年版，第 82 页。

民做买卖了。以前一般还要受经过国家和合作社的手的约束，现在可以直接下乡，收原料、收手工业产品，再卖出去。私商要百般投机倒把，共产党员就得学会“做生意的玩意儿”，学会搞反投机倒把。

我们在解放初期，同资本家做过这样一个典型的反投机倒把斗争。当时津、沪等大城市的资本家游资，趁着新中国不能很快平息旧中国通货膨胀的余波，在市场上兴风作浪，囤积居奇，掀起四次物价大波动。国营经济在中财委统一指挥下，在物价第四次大波动前，调集了相当大量的纱布等物资，在游资于头几个回合出笼抢购纱布时，按兵不动，少抛一点纱布应付市场，让物价顺投机规律上涨，投机者看到要上涨，便倾巢而出，我方最后趁高峰时大量抛出纱布，随即抽紧银根，逼得利用游资玩火者低价吐出纱布，饱尝我方反投机倒把的惩罚。以后游资就收敛多了，市场物价就开始转向平稳。这就叫做同狼（不法私商）一起要学“狼叫”，搞“做生意的玩意儿”，是新中国解放初期“调节商品买卖和货币流通”的一个例子。

1921 年秋后，苏维埃俄罗斯的国营经济力量，比我国上海解放初期差，一时还不可能像上述那样“调节”市场阵营，但是，列宁所说的“学会经商”和“国家调节商品买卖和货币流通”，自然也包括类似上面的种种内容。

列宁所说的“国家调节商品买卖和货币流通”这种城乡交换关系，后来是使城乡经济活跃起来了。当然私人的势力也有所增长，但列宁说不要怕，因为这样做，便于恢复社会主义大工业，大工业恢复起来以后，就可以把局面改变，逐步过渡到列宁所说的第四种交换关系——“社会主义产品交换关系”。

回顾以上历史，对我们很有教育意义。当年俄共在列宁领导下，对工作错误，一经发现，就立即检查和改正。先是内战一胜利结束，列宁就领导全党改余粮收集制为粮食税制，改“国家垄断制”交换关系为“国家资本主义商品交换”关系。纠正原先想趁势立即消灭“商业和市场”（按列宁的用语，这只是指“私人买卖活动”）的错误。在改行国家资本主义措施以后不久，发现它还不适合小农占优势的城乡生产力状况和性质，列宁又指出犯了第二次错误，明确指出还要后退到“国家调节商品买卖和货币流通”。以后社会主义大工业渐渐恢复起来，列宁又敏锐地指出，退却到此为止并组织力量反攻。我们在1958年“大跃进”时热情过头，头脑膨胀，搞“高指标”，搞“大社”。以后提出“三级所有，队为基础”和“三年调整”，也是及时纠偏。当时对这段历史的经验教训也有所总结，如果也像列宁那样向党内外做全面的思想总结，就可以使上上下下受到更多的教育。

列宁在1921年改行新经济政策（粮食税制）以后的一些报告、文件、文章中，有时对他所说的“国家资本主义商品交换”，常简称为“商品交换”，但是那明显不是指通常的商品交换。另外，他也常常将他所说的“国家调节商品买卖”简称为“商品买卖”，但是那也明显不是指通常的商品买卖。可是常常有同志不看前后文或不用心思索，而只盯住那简称的“商品交换”和“商品买卖”八个大字，望文生义地按普通辞典上的辞义去理解，以为到1921年10月以后实行“商品买卖和货币流通”时，才有货币介在其中。于是1921年上半年从战时共产主义时期的“余粮收集制”和“国家垄断制”所转到的“商品交换”，就又被误解为无货币、无商业介入的“物物交换”。其实，列宁在那些报告、文件、文章中所讲到的“商品交换”，是特定的“国家资本主义商品交换”的简称，那也是经过买进卖出的，并非直接物物交换。对这一点，我在前面已经用列宁亲自写的《劳动国防委员会给地方苏维埃机关的指令》这个非常重要的文件论证清楚了。列宁所说的“国家资本主义商品交换”，同他所说的“国家调节的商品买卖”，都一样是通过一定的市场和以货币为中介，表面形式是一样的。它们的差别只在于：“国家资本主义商品交换”虽然允许资本家和私商有一定的贸易自由，但自由的范围很受限制，例如私人资本和农民的直接见面受到很大限制。“国家调节商品买卖和货币流通”的交换关系，比前者有大一些和多一些的贸易自由。这第二、第三两种交换关系，同第一种交换关系的差别，是私商尚能相当存在和不容私商存在的差别；第二和第三两种交换关系的差别，则是容许私商自由程度上的差别。再者，这后两种交换关系对通常的真正的商品性交换来说，都是已经起了部分质变的“半”商品经济关系。

顺便指出一下：中国财经出版社 1978 年 8 月出版的国务院财贸小组理论组编辑的《马恩列斯有关社会主义制度下商品生产的部分论述》中，有一个《编者注》，是注解《列宁全集》第三十三卷第 73 页论从“国家资本主义商品交换”退到“国家调节商品买卖”那一段文章（引文见前）中所说的“商品交换”这一概念的含义，我认为，那是误解了列宁的原意。该注如下：

> 列宁在这里和下面几处讲到的“商品交换”，是指不经过市场、不经过商业而进行的工业品与个体农民的农产品的直接交换。这和我们通常所说的“商品交换”的含义有所不同。

这个注，我认为有以下两个问题：

（1）说列宁上文所说的“商品交换”，是指“不经过市场（商业）”的“直接交换”，这就是把它误解为“物物交换”，这是明显不对的。理由见前。

（2）该注说列宁上文中的“商品交换”，“和我们通常所说的商品交换的含义有所不同”，那是顺着该注前面的观点下来，指它同通常“经过市场”的商品交换有所不同，而不是指列宁上文所说的“商品交换”，是指特定的“国家资本主义商品交换”而言，因而同通常所说的商品交换有所不同。我认为，如果要加注的话，这一侧面的真正差别倒是应当强调注明的，虽然列宁在上文前后已经表明了这一点。

（四）社会主义产品交换关系

这是本文要介绍的重点，因为这种交换制同我国当前的关系最大，是我国现阶段和今后很长时期内的交换关系。当然，前面讲的第二种和第三种交换，同我们现在也有些关系。列宁对社会主义产品交换制，有时称它是“正常的社会主义产品交换制”或“最理想的社会主义产品交换制”也有一些地方只叫它“产品交换制”。“社会主义产品交换”是非商品性交换，是列宁所创立的专门概念。列宁的上述说法，有它的背景。列宁称它为正常的、最理想的社会主义产品交换，那是相对于战时共产主义时期的社会主义国家垄断制交换关系和国家资本主义商品交换关系而言。对这第四种交换制，列宁生前只看到它的萌芽，只看到有这种成分，它没有成为决定性的东西。列宁认为，这种产品交换制经过一定时期以后将代替前面第二、第三种交换。列宁预见到这种交换的发展过程，具体地规定了时间表，对实现这种交换制充满信心。可是，列宁的产品交换制理论一直到现在还没有被充分介绍，甚至被不少人曲解。后来斯大林对这个问题又有所修改。这些都有待澄清。

对产品交换制，我下面分四点来介绍：

（1）列宁所说的“社会主义产品交换制”是指非商品性交换。

“社会主义产品交换制”简称“产品交换制”，是列宁概括的一个新概念。就是说，他利用这个概念来反映一个新的客观实际，新的城乡交换关系，是专用名称。用列宁的话讲，它是非商品性的交换。它的性质同商品交换有一系列不相同的地方。列宁所定立的“产品交换”这个范畴，在不少人的头脑里是缺乏的，很多文章往往把这个“产品交换”和列宁在前面讲的“商品交换”混淆起来，也被看作简单的物物交换。

列宁是怎样论“产品交换制”的呢？列宁在十月革命后的许多著作里，指出，“社会主义产品交换制，是苏维埃经济发展的方向，是过渡的目标”。他讲“国家垄断制”的交换关系时，就提到过产品交换制；他讲“国家资本主义商品交换”和“国家调节商品买卖”时，也提到它。所以，跟前三者当然是不相同的。

列宁说，战时共产主义时期的粮食垄断制（交换），“是从资本主义商品交换逐渐过渡到社会主义产品交换的最重要的手段之一”。[①] 这种设想，后来没有行通。

在实行第二种“商品交换制”时，列宁说：粮食税（国家资本主义商品交换），“是从极度贫困、经济破坏和战争所迫使采取的特殊、战时共产主义，进到正常的社会主义产品交换制的一种过渡形式”。[②]

列宁在讲必须从“国家资本主义商品交换”再退到“国家调节商品买卖”时指出，这“是为了使大工业迅速恢复并且尽快地同农民结合起来，以便实行正确的产品交换”。[③]

上述列宁的三句话说明两个问题：第一，它说明第一、第二、第三种交换都是从资本主义到社会主义这一过渡时期（按苏联历史讲，就是从十月革命到30年代中期，按我国来讲，则相当于1949—1957年）的过渡的交换关系。为什么有这种关系？这是由那些时期的历史的和生产力的状况决定的。这些是过渡时期的交换形式，不是社会主义交换形式，但是它们有或多或少的社会主义因素。第二，这些话说明它们的目标都是向“社会主义产品交换”过渡。因此，从以上论述，我们可以看出列宁所说的四种交换关系的相互联系，也可以看出“社会主义产品交换”是列宁定立的新范畴。

这里有一个问题，列宁为什么要这样抠字眼，不把社会主义产品交换制叫做社会主义“商品”交换制呢？列宁用词是很严谨的。客观上什么样，他就用什么样的概念把它反映出来。概念是反映客观实际的理性抽象，科学概念必须同客观实际完全相符合。不要把不同性质的新东西，仍然用一个旧概念去反映和混淆。斯大林提

---

① 《列宁全集》第二十七卷，人民出版社1958年版，第427页。
② 《列宁全集》第三十二卷，人民出版社1958年版，第333页。
③ 《列宁全集》第三十三卷，人民出版社1957年版，第82页。

出：在苏联，对有些社会主义经济的新实际，仍然用旧概念去反映，现在应该到了用适合新情况的新概念，去反映新实际的时候了。我非常赞成斯大林的这个创意，因为科学表述应当精细严密和前后一贯。在资本主义社会，私人办工厂的老本（生产资料），我们叫它为“资本”，资本是剥削工人的手段。我们对社会主义工厂的老本，已用一个新的概念称它为“资金”，不叫资本，因为它不是用来剥削工人的。这就更有助于人们去区分它们。列宁不是把凡互相交换的产品，都称为商品。他把交换分为私有制的交换和公有制的交换，他称前者为商品交换；称后者为非商品性的产品交换，同时他又把十月革命后出现过的从前者到后者之间的过渡性交换，严密地细分为三种（见前）。我再用列宁下面两段话证明这个问题。这两段话均见上面引过的《劳动国防委员会给地方苏维埃机关的指令》，列宁说：

> 现在我们用来实际衡量全国范围内经济建设成就的标准主要有两个：第一，……；第二，——这一点特别重要——农产品与工业品的商品交换和产品交换的成绩怎样，即城乡交流的成绩怎样。[①]（重点是引者加的）

其中的“商品交换”就是指“国家主义商品交换”；其中的“产品交换”就是指“社会主义产品交换”，它们是当时城乡交流的两个组成成分。当时前者为主要成分，后者为数少，居次要地位，其差别是：前者靠国家资本主义工业产品去交换，后者靠尚在开始恢复的社会主义大工业产品去交换。列宁还讲道：

> ……其次，商品交换是衡量工农业间相互关系是否正常的标准，是建立比较正确的货币制度的基础。现在所有经济委员

① 《列宁全集》第三十二卷，人民出版社1958年版，第369页。

> 会和所有经济建设机关，都必须特别重视商品交换问题（包括产品交换在内，因为用来交换农民粮食的国家产品，即社会主义工厂的产品，已不是政治经济学上的商品，决不单纯是商品，已不是商品，已不称其为商品）。[①]（重点是引者加的）

我着重说明一下括号里的话。列宁指出："国家资本主义商品交换"是当时城乡交换的主要形式，要全国各地注意它。同时，他又指示全国各地也要注意"社会主义产品交换"，不能忽视它，虽然它当时占城乡交流的比重还小。由此可见，"商品交换"和"产品交换"不是一码事，不然，就不需要在讲了"商品交换"之后又讲"产品交换"了。这里讲的"产品交换"关系，是"社会主义产品交换"关系的简称。那么，为什么要换一个概念，称它为"产品交换"呢？这同我们对具有不同经济性质的私营工厂的生产资料和社会主义公营工厂的生产资料分别称为"资本"和"资金"一样，也是因为社会主义大工业产品和小农产品的交换的经济性质和规律，不同于私人产品间的交换关系，即因为同农民的农副产品相交换的社会主义大工业产品，如列宁所说，"已经不是政治经济学上的商品，决不单纯是商品，已不是商品，已不称其为商品"。因此，按科学概念的严密性说，就不能把"社会主义产品交换"也称为"商品交换"；否则，其混淆也就类同于把社会主义工厂的"资金"统称为剥削工人的"资本"。

（2）列宁专立"产品交换"这个新概念以及把社会主义大工业产品和农民的农产品的交换称为"社会主义产品交换"的根据何在？

这个问题很复杂，涉及政治经济学上许多基础理论问题，有些还有待于用当前的社会主义经济的实际的具体分析来论证，是当前经济学界争论最多的理论问题，本文只能按自己的初步学习略说几

---

① 见《列宁全集》（第三十二卷）人民出版社1958年版，第374页。

句。列宁所说的城乡间的社会主义产品交换关系和资本主义商品交换关系（或商品交换关系一般）的区别，第一是在于一个是建立在私有制基础之上，包含着对抗性矛盾；一个是建立在社会主义公有制或社会主义大工业为主导的基础之上，有矛盾而不是对抗性矛盾。这一点是大家没有争论的。第二，由于基础不同，资本主义商品交换是不可能由社会和国家来全面统一计划，即不可能有全社会的计划性，它只能在一个资本主义企业内部、一个垄断资本集团内部可能有计划。社会主义产品交换关系基本上是可以全面有计划，但这不是说它的任何侧面、任何环节都能一下子安排好，而是说它不会像私有制经济那样自私自利、各行其是、互相对抗，根本不能由社会来统一安排。因此，一是交换过程自发地统制着人（物统制着人），一是人自觉地统制着交换过程（人统制着物）。对这第二点本性上的区别，目前也是基本上无争论的。从列宁关于前面四种（如果把十月革命前的旧资本主义社会的商品交换算在内，则为五种）交换的分析中，可以看出，这第二点区别是列宁划分商品交换和非商品性的产品交换的一个标志。

更细致、更深入地说，以上两类交换还有同前两点区别密切联系着的运动过程和表现形态上的其他区别。例如，耗费在产品生产上的社会平均必要劳动量都制约着以上交换的比例，但是一个表现为所谓“价值”和“价值规律”；一个就不表现为“价值”和“价值规律”，而直接地、如实地表现为以等量劳动交换等量劳动的规律（我简称它为“等劳交换规律”）。又例如，在商品交换关系中，作为交换的统一比例尺度和凭证的，是“某第三产品”（金、货币）及其内含的劳动量的符号（纸币）；在社会主义产品交换关系中，作为交换比例尺度和凭证的，仅在表面上看去仍为货币的纸符号，实际上则已转化为一定量社会劳动的直接符号（马克思称它为劳动凭证或劳动券；在社会主义阶段，它表现为像恩格斯所说的“隐蔽的劳动券”)[①]。不过这进一层的区别现在或者尚未为人们所触及，或者处在少数人的摸索和争论之中。对这一方面的区别问题，我现在只是提出一下，借以表明社会主义经济的交换过程和私有制经济的交换过程，其本质区别之点是很多的，决不只是前面所说的有计划和无计划那一点。如果挖掘得越深，我想，人们就有可能会越来越知道：列宁当年为什么要把社会主义大工业产品同小农的农产品的交换，就开始划为非商品性的社会主义产品交换成分。

(3) 社会主义产品交换制在什么条件和到什么时候才能实现?

列宁生前没有看到社会主义产品交换制的实现，但他做出了规划，排出了一个具体的时间表。列宁认为，不是很快就能实现，必须经过一个相当长的艰苦奋斗过程，但是，也不是遥远的将来。前面说过，作为整个城乡交换的一个成分，列宁所说的“社会主义产品交换”，在实施新经济政策初期就有了，但是要使这种交换来顶替列宁所说的第二、第三两种交换，成为整个城乡交换的主导者，则必须有这样的条件，即社会主义大工业能拿出充足的工业品来同农民的农产品相交换。1921 年，列宁说：

> ……从社会主义大工厂的生产中拿出小农所需要的全部产品来向小农交换粮食和原料……这是一个最理想的最“正确的”政策，这种政策我们已开始实行了。但这全部工业品我们是不能拿出，还远不能拿出，而且不会很快拿出的，至少在全国电气化第一阶段工程完结之前是不能拿出的。[②]

那么，什么时候能完成电气化第一期工程呢?列宁预计电气化第一期工程需“在十年内完成”，或者“大约在十年内完成”[③]。这

① 参阅《哥达纲领批判》第 12—13 页。
② 《列宁全集》第三十二卷，人民出版社 1958 年版，第 335 页。
③ 同上书，第 129、447 页。

表明：实现“产品交换制”，要有社会主义社会的物质基础——社会主义大工业，这不是短时期能达到的；同时也不是要到实现社会主义单一全民公有制的时候，更不是要到由“按劳分配”向“按需分配”过渡的时候。具体说，列宁当时认为奋斗十年，至多二十年，就可以在城乡间实现“社会主义产品交换制”关系。历史表明，列宁的预计是正确的，到30年代中期，苏联城乡间就实现了“社会主义产品交换制”。不过，斯大林后来把它改称为“没有资本家参加的特种商品生产和交换”，并把“社会主义产品交换制”推到集体所有制经济也变为社会主义全民所有制经济之后的未来时间表上去。斯大林对列宁的这个修改，我到本文第二部分再作介绍和评论。

（4）列宁关于“社会主义产品交换制”的两条原理，对于我国现阶段和今后一个长时期的重要指导意义

第一条，列宁讲：

“……正常的社会主义产品交换制，又是从由于小农在居民中占优势而具备一些特点的社会主义，进到共产主义的一种过渡形式[①]。”

从这里可以看出，列宁认为社会主义大工业和集体农业之间的“社会主义产品交换”关系，将存在很长时期。它将存在于从社会主义延伸到向共产主义过渡的时期。为什么它存在的时期这样长？因为它的根子是“小农在居民中占优势而具备一些特点”，其中包括：例如小农集体化，要经教育和尊重其自愿原则；“集体”向“全民”的过渡也是如此，不能搞“平调”和刮“共产风”。以上两种改造（特别是后者），都要有社会主义大工业的发展又发展，拿出经济力量来援助。而老底是小农占优势的经济，其生产力原是很低的，文化、技术是很落后的，这些是搞社会主义大工业现代化的一个大困难因素，等等。所以，社会主义大工业和集体农业

① 《列宁全集》第三十二卷，人民出版社1958年版，第33页。

（包括自留地、家庭副业、手工业）之间的社会主义产品交换关系，必将存在一个长时期。如果急于将它变为“全民”的工业和“全民”的农业的产品交换关系，必将带来“拔苗助长”的危害。

列宁关于“社会主义产品交换制”的第二条原理是：

“如果经过10—20年的电气化，小农的个人主义和他们在地方流转中的自由贸易就一点也不可怕了。如果没有电气化，回到资本主义反正是不可避免的。”①

这一条反映出列宁预见到：经过十年二十年实现了电气化后，城乡交换关系虽然总的已经转化为社会主义产品交换关系，但是，那时还会保留一些小农在地方流转中的自由贸易成分，这也是由原来“小农在居民中占优势所具有的一些特点”决定的。那时，这保留下来的集市贸易，因为处在强大的社会主义大工业的调节下，是“一点也不可怕了”，而有助于弥补社会经济生活中的多种微孔性的不足。列宁所说的城乡之间的“社会主义产品交换制”（包括它将长期附有的地方的集市贸易），就是我国1957年以来（内有三年困难时期和去年以来的调整）所实行的城乡交换关系，只是表述不同，我国报刊和日常用语称它为“不是资本主义”的社会主义“商品”交换。

以上两条原理，对我国现阶段和今后一个长时期，都有很重要的指导意义。对列宁的第二条原理所指示的，我认为可以用“大计划、小自由相结合”来表达，即坚持大范围的有计划“产品交换”与小范围的“自由贸易”并存，后者包括集市贸易、“议购”、“货栈”、合作商店等形式，国家通过供销合作社加以调节，以活跃城乡交流。1957年后，我国各地对“小自由”限制过多过早，有错误。至于林彪、“四人帮”把社会主义“商品”交换（用列宁的话说，即“社会主义产品交换”）当作产生资本主义的土壤，那完全是颠倒黑白，荒谬透顶。列宁说过，“小生产是经常地、每日

---

① 《列宁全集》第三十二卷，人民出版社1958年版，第313页。

每时地、自发地和大批地产生着资本主义和资产阶级的”①，这是列宁于1920年4月写的，那时小农还没有组织起来，社会主义大工业被破坏得拿不出多少东西同农民交换，来影响他们。在这种情况下，他们自然有成为资本主义附庸的危险。列宁的这个论断，对我国现阶段不发达的社会主义经济来说，虽然没有完全过时（因为我国城乡间还将有一定的资本主义残余自发势力和投机倒把分子），但是像“四人帮”那样不分时代背景，把列宁的上述论断不加任何限制地套到我国六七十年代来，那又岂非别有用心的篡改呢？列宁关于“社会主义产品交换制”的以上两条原理，也是我们彻底清除“四人帮”谬论流毒的理论武器。

以上是介绍列宁对十月革命后城乡间的四种不同经济性质的交换的分析。至于全民所有制经济内部各生产单位之间关于互相分工生产的生产资料的交换，列宁虽然没有正面直接讲过，但也不是没有涉及。关于这个问题，这里附带介绍一下。

列宁对全民所有制经济内部有无交换的答复，是同马克思一致的。马克思明确讲过，社会主义第Ⅰ部类所生产的生产资料，将会同样不断地为再生产的目的，在这个部类的不同生产场所之间，“发生一种不断的来回的运动”②。列宁对布哈林有一句评语，指出共产主义社会也必然有第Ⅰ、Ⅱ部类的各种交换。列宁在《对布哈林〈过渡时期的经济〉一书的评论》中写道：“甚至在纯粹的共产主义社会里不也是有Ⅰv＋m和Ⅱc的关系吗？还有积累呢？”③马、列的这两段话说明共产主义社会高低两个阶段，在公有的大工业内部仍然有交换。具体一点讲，全民所有制内部各企业之间是有交换的，如不同生产单位之间有交换；生活资料供应企业（如我国的百货公司、供销合作社等）和生产单位之间也有交换。按现

① 《列宁全集》第三十一卷，人民出版社1958年版，第6页。

② 《资本论》第二卷，人民出版社1964年版，第464页。

③ 列宁：《对布哈林〈过渡时期的经济〉一书的评论》，人民出版社1958年版，第3页。

在的用语，就是国营厂、商之间的交换。这些交换的性质自然也是非商品性的社会主义产品交换制关系，并且一定要受等劳交换规律的制约。

对以上问题，斯大林一方面说，“全民”和“集体”间的交换（包括卖给城乡居民的生活资料）是特种的商品生产和商品交换；但是另一方面他又说“全民”内部各生产单位间的生产资料交换，不是商品生产和商品交换。这个论点是自相矛盾的。其实，上述两种交换都一样是非商品性的“产品交换”，按现在大多数人的用语，则都一样是所谓“社会主义商品交换”。我在1963年以前，赞成斯大林的说法，尽量找理由替他圆解，后来越圆解越感到矛盾重重，说不通，因为实际上社会主义经济并不是有两个平行的不同的交换规律同时起总的支配作用。所以从1964年起，我放弃跟着斯大林的“二元论”走。现在，大多数人都不赞成斯大林的以上论点，认为“全民”的生产资料产品也一样是商品，也一样是“特种商品生产和特种商品交换”。我则认为：“全民”内部各个相对独立的企业间的一切交换，一样是非商品性的“社会主义产品交换”，理由同于列宁把一方为“全民”的工业品和另一方为“集体”（包括小农）的农产品之间的交换定为非商品性的社会主义产品交换。

从上面，还可以推导地指出，将来到了共产主义也永远有“等劳交换产品”的经济关系，否则就没有共产主义。十月革命前，波格丹诺夫认为，到了社会主义，就是自然经济，不需要交换了（引文见前）。这当然是错误的。现在，还有很多人认为，从社会主义向共产主义过渡的时期，如果两种公有制并存，就需要交换（按他们的“凡用来作交换的产品就是商品”的口径，也就是要有“商品”）；在变成单一的公有制以后，就不需要有交换和“商品”了。我认为，这也是错误的。再者，到了共产主义还要不要保留和遵循等劳交换产品的关系呢？难道到了共产主义就不需要核算生产成本和补偿生产成本吗？那时，虽然不用按劳分配和奖金鼓励，但是，生活资料要多少和要花费多少劳动，生产资料要多少和要花费多少劳动，这些是必须综合平衡的。所以列宁特地向布哈林指出：第Ⅰ部类和第Ⅱ部类等关系到纯粹共产主义也还是要研究得十分清楚的重大经济问题。因此，我们必须分清，不仅两种公有制变为单一的社会主义全民所有制以后，而且直到进入共产主义高级阶段以后，社会公有的各生产单位之间，以及社会公有的各供应单位和各生产单位之间，都永远有等劳交换产品的关系。那个时候，交换将更复杂，要做得更细致、更有组织、更有计划、更可以直接贯彻等劳交换规律。我们这一代人应该辨明：社会主义和资本主义的区别，共产主义和社会主义的区别，都不是有无交换的区别，都不是遵循等劳交换规律与否的区别。它们都一样有等劳交换产品的必然关系，其区别在于：社会主义经济、共产主义经济中的交换关系，同私有经济中的交换关系，有根本不同的性质、根本不同的交换形态（如等劳交换规律表现或不表现为价值规律，等等），至于社会主义交换关系和共产主义交换关系，则只是在劳动的直接社会化的程度上有一定的差别，不像它们两者间资本主义的交换关系有根本区别。

二

斯大林是一位杰出的马克思主义者和伟大的无产阶级革命家。列宁逝世后，他是国际共产主义运动的旗手，他教育了一代人。斯大林这方面的功绩是大家都知道的，这里不准备多说。他晚年写的《苏联社会主义经济问题》一书，也有很多积极的、好的观点，对马列主义政治经济学做出了新的贡献。他在书中曾讲到，在社会主义社会里，有些经济存在是按“旧质的逐渐衰亡和新质的逐渐积累”的过程演变的，例如“银行是这样”，“货币也是这样”。这个思想对我们研究政治经济学社会主义部分来说，有重要的指导意义；我在探索人民币的本质和本位问题时，就受到极大的启发。这些，我也不多说。这里，主要分析他这本书中对列宁有关前述四种交换关系的论点所作的修改和混淆；同时也分析一下他对恩格斯的一个有关论点，加了两个不合适的限制。这些给马克思主义政治经济学（商品价值理论方面）带来了一些混乱，我们必须下功夫把它弄清楚。

（一）把列宁当年所说的“社会主义产品交换”同列宁所说的“国家资本主义商品交换”和“国家调节的商品流通”混为一谈

在《苏联社会主义经济问题》一书中，斯大林说：

“现时（引者注：指 1952 年），除了经过商品的联系，除了通过买卖的交换以外，与城市的其他经济联系，都是集体农庄所不接受的。因此，商品生产和商品流通，目前在我国，也像大约三十年以前当列宁宣布必须以全力扩展商品流通时一样，仍是必要的东西。”①

我前面已经说过，苏联从 30 年代中期起，至斯大林写以上文章的 1952 年，城乡交换的实际是：一头为社会主义大工业产品，一头为集体农民的农产品，这种交换关系已经占支配地位。另外，带有个体经济（私有经济）性质的集市贸易只占百分之几的比重。因此，对整个城乡交换起定性作用的，是前者，而不是后者。对这样性质的城乡交换关系，列宁把它称为非商品性的“社会主义产品交换”关系，斯大林则称它为“没有资本家参加的特种商品经济”。这里我们可以暂时不去细究：按马克思主义商品价值的科学理论说，到底是列宁的说法正确，还是斯大林的说法正确？这里，我认为，有一点是十分清楚的，就是：斯大林为了论证“商品生产和商品流通”（指他所说的“没有资本家参加”的“特种商品经济”）在苏联进入社会主义社会之后的继续必要性而引证了列宁，说它“像大约三十年以前（指 1921 年）列宁宣布必须以全力扩展商品流通时一样，仍是必要的东西”——我认为这是完全引证错

---

① 《苏联社会主义经济问题》，人民出版社 1958 年版，第 12 页。

了。因为列宁在三十年前认为必须大力发展的“商品交换”或“商品流通”，是“国家资本主义商品交换”和“国家调节下的商品买卖和货币流通”，其中资本主义势力还占相当大的比重，当时还得容许资本家和富农有一定的经商自由。当时如此退让，是为了退一步，进两步，恢复和壮大社会主义大工业，以便十年或二十年后把它们消灭，过渡到以社会主义大工业产品和农民的产品相交换为特征的新的“社会主义产品交换关系”。所以，斯大林用列宁于1921年所说的“国家资本主义商品交换”及其必要性，来论证他于1952年所说的“特种商品交换”及其必要性，我认为，是有马鹿不分的错误的。

（二）修改了列宁所说的“社会主义产品交换制”的实现条件

斯大林也有非商品性的“社会主义产品交换制”的观点，但是，他认为要到农民的集体所有制经济上升为社会主义全民所有制经济之后才能办到。他说：

“当然，在出现了有权支配全国一切消费品的一个无所不包的生产部门，来代替两种基本生产部门即国营部门和集体农庄部门之后，商品流通及其‘货币经济’就会作为国民经济的不必要的因素而消失了。……”①

前面说过，列宁是把资本主义（包括前资本主义私有制社会）的商品交换关系列为一头，把社会主义社会的非商品性的产品交换关系列为另一头，十月革命后出现的那三种城乡交换（“国家垄断制”的、“国家资本主义”的和“国家调节下的商品流通”），都是在这种或那种情势下从前者到后者的过渡手段。同时，列宁确认，只要社会主义大工业全面恢复和发展起来，建立起社会主义社会的经济基础，能够拿出充足的社会主义大工业产品，来同农民（包括小农和集体农民）的农产品相交换（从另一方面说，即能够将“资本家、富农、私商的经济活动消灭掉”），在具备这样的条

① 《苏联社会主义经济问题》，人民出版社1958年版，第12页。

件时，社会主义产品交换制就实现了，以后是它自身再继续向前发展的问题。但是，斯大林前文中的论点却不是这样：由于他主张和坚持“集体”和“全民”两种公有制的存在是现阶段社会主义经济还是商品经济的论点，他就不以社会主义大工业产品足以同农民的农产品相交换，从而能将资本家排除出城乡交换渠道，为实现社会主义产品交换制的界限，而以“集体农庄生产部门”也上升为“国营生产部门”，为实现社会主义产品交换制的条件。这同列宁的论点是不一致的，即修改了列宁的论点。①

其实，斯大林所说的社会主义集体所有制经济上升为社会主义全民所有制经济，是标示由不发达的社会主义社会经济演化为发达的社会主义社会经济，是社会主义社会经济内部的一个质变（虽然是一个很重要、很艰巨的质变）。对城乡交换关系来说，它不是使什么、什么的商品交换关系变为社会主义产品交换关系，而是使业已基本形成而尚不发达的社会主义产品交换关系，发展为发达的社会主义产品交换关系。对于这一点，列宁在他于 1921 年所提出的那个“社会主义产品交换制，又是从由于小农在居民中占优势而具备一些特点的社会主义（引者注，即不发达的社会主义），进到共产主义的一个过渡形式”的纲领性公式中，已经早已说清楚了。

（三）对恩格斯的一个科学预言加了两个不合适的限制

斯大林对恩格斯的一个科学预言所加的两个限制，是为了说明他自己的上述“产品交换论”而提出的，我认为有不合适的地方。

在《反杜林论》中，恩格斯说过（马克思在《资本论》中还更详细地说过）：“一旦社会占有了生产资料，商品生产就将被消

① 在讨论我国现阶段社会主义经济是否为商品经济问题时，有这样一种说法，它认为：马克思、恩格斯当年预言社会主义将消灭商品经济关系，是由于他们那时受历史条件的限制，预见不到将有建立在上述两种公有制基础上的社会主义社会。我认为，这种说法是轻率的和错误的。请参阅拙著《马克思、恩格斯关于两种公有制的社会主义社会的科学预见》，载《学术月刊》1980 年第 1 期。

除，而产品对生产者的统治也将随之消除。”[①] 这不是预言那时可消灭一切交换，而只是说那时可消灭物统治着人的商品性交换。斯大林对恩格斯的这个预言，加了两个限制，即要“社会占有一切生产资料转归全民所有，才可以消灭商品经济”。（附注：早在1927年，斯大林就有这种观点，请参阅《斯大林全集》第10卷第93—95页答外国工人代表团的《第三个问题》。）另外，他讲到，在19世纪，英国已经是资本主义大农业，如果无产阶级取得政权，才能这样；不过他又作了一个保留——那就是撇开英国的“对外贸易”问题而论，认为只有研究了这个问题之后，才能最终解决……商品生产的命运问题。

我认为，这样解释恩格斯的预言，也有问题。因为一国的社会经济的性质问题（特别是不附庸于外国的社会主义国家），基本上取决于它本国的生产力性质和水平，以及以本国所有制为核心的经济结构。再者，如果一国的经济结构有几种经济成分（包括旧经济残余成分），则将由那种在全社会的生产和交换中占主导部分和主导方面的经济成分来决定。对这个道理，马克思作过明确的概括。他说：

……在一切社会形态里，都有某种生产决定一切其他生产底地位和影响，因而这种生产底关系也决定一切其他生产关系底地位和影响。它是一种普照之光，在这光里，一切其他事物都黯然失色了，并且依照它们底特殊性而改变色调。它是一种特殊的以太，它决定一切在它里面占有地位的东西底比重。[②]

这是一条放之四海而皆准的原理，对分析社会主义社会的经济关系和性质来说，自然也是适用的。列宁看到，十月革命后，同小农的农产品相交换的社会主义大工业产品本身，已处在不是商品性交换的地位上，到它能代替私人工业产品去满足农民交换的需要，

① 《马克思恩格斯选集》第三卷，人民出版社1972年版，第323页。

② 马克思：《政治经济学批判大纲》第1分册，人民出版社1975年版，《导言》第32页。

那么整个城乡交换的性质，就由它来决定，成为非商品性的社会主义产品交换关系。在现阶段（不发达）的社会主义社会的经济结构中，社会主义大工业是主导的方面，农民集体经济是从属的方面；而一小部分附属于集体和城市居民家庭的个体经济（如自留地、家庭副业），还有它的自私性和自发性，我们必须一一分别看到。但是，总的说，从基本上说，决定城乡交换的性质和规律的，是占主导地位的社会主义全民所有的大工业生产。

当列宁所预期的社会主义大工业产品，足以同小农生产的农产品相交换，结成巩固的经济联盟，战胜资本家和私商，那就基本上形成城乡间新的有计划、有组织、“人统制着物”的非商品性的社会主义产品交换制度。这时以至以后一个相当长的时期内，虽然有低级的集体所有制并存，并有部分集市贸易夹在其中，但是无碍前者的总的决定性作用。所以，我认为，斯大林对恩格斯的预言的以上两条限制，从方法论上来看，可能有“外因论”“纯粹论”的形而上学缺陷，缺少辩证法。

（原载《中国社会科学》1980 年第 1 期）

马克思恩格斯关于两种公有制社会主义社会的科学预见

大家都知道，马克思、恩格斯在《资本论》《反杜林论》《哥达纲领批判》等名著中，曾反复讲到，在消灭了私有制和实现了社会主义公有制之后，社会的商品生产关系及其价值规律和货币就随着退出历史舞台，“物统制着人”的状态也随之消灭。例如，在《哥达纲领批判》中，马克思说，“在一个集体的、以共同占有生产资料为基础的社会里，生产者并不交换自己的产品，耗费在产品生产上的劳动，在这里也不表现为这些产品的价值，不表现为它们所具有的某种物的属性”。又说，这时作为社会按劳分配和以等量劳动交换等量劳动的尺度和凭证的，是一张代表多少社会劳动的“证书”①（马克思又称它为劳动券，指出“它不是货币”②）。这些论述都是确断：在社会主义公有制经济关系中，商品、价值、货币这一套经济范畴所反映的客观实际关系，已不再存在。

同时，大家也都知道，斯大林1952年在《苏联社会主义经济问题》一书中，曾提出以下论点：由于不是单一的社会主义全民公有制经济，而还存在着“全民公有制”和“集体公有制”的差别，苏联的社会主义经济还是一种被他称作“没有资本家参加的特种商品经济”。斯大林的这个论点，至今仍然有很大的影响。

因此，近二十多年来，国内外有许多经济学论著，在讨论社会

① 参阅《哥达纲领批判》，人民出版社1971年版，第12页。

② 参阅《资本论》第二卷，人民出版社1975年版，第379页。

主义商品货币问题时，几乎都认为：马克思、恩格斯的上述预言，要到建成单一的社会主义全民所有制经济之后（有的为留更多余地，认为要到实现按需分配的共产主义经济制度的时候），才能成为实际。这几乎也是目前的一种定论。此外，还有一些论著认为：马克思、恩格斯当年在《哥达纲领批判》《反杜林论》等名著中之所以预断社会主义将消灭商品生产和价值规律，是由于他们当时为一时的历史条件所限，缺乏以下预见，即看不到未来的社会主义经济，将首先是“集体所有制”和“全民所有制”两种公有制长期并存的不发达的社会主义经济，这也几乎被当今论坛默认为真是那样。这里，我撇开上述不发达的社会主义经济是否为商品货币经济的问题，而只阐明一点，就是：马克思、恩格斯在写以上论著时，是完整地预见到：作为未来共产主义低级阶段的社会主义社会本身，它开始时有可能是单一的公有制形式，也有可能是两种公有制并存的形式。下面我先用恩格斯写的《法德农民问题》和《德国农民战争》的《第二版序言》来证明。

《法德农民问题》一文，是恩格斯专门用来阐述无产阶级在农民问题上的立场和基本原则，其中讲到：

无产阶级政党取得国家政权以后，在小农占优势的国家（如法国、德国西部），“绝不会用暴力去剥夺小农（不论有无报偿，都是一样），像我们将不得不如此对待大土地占有者那样。我们对于小农的任务，首先是把他们的私人生产和私人占有变为合作社的生产和占有，但不是采用暴力，而是通过示范和为此提供社会帮助。当然，到那时候，我们将有足够的手段，使小农懂得他们本来现在就应该明了的好处。

差不多二十年以前，丹麦的社会党人……就已提出了类似的计划。一个村庄或教区的农民——在丹麦有许多大的个体农户——应当把自己的土地结合为一个大田庄，共同出力耕种，并按入股土地、预付资金和所出劳力的比例分配收入。在丹麦，小土地所有制只起次要作用。可是，如果我们将这一思想运用于小块土地经营方面，我们就会发现：在把各小块土地结合起来并且在全部结合起来的土地上进行大规模经营的条件下，一部分过去使用的劳动力就会变为多余的；劳动的这种节省也就是大规模经营的主要优点之一。要给这些劳动力找到工作，可以用两种方法：或是从邻近的大田庄中另拨出一些田地给农民合作社支配，或是给这些农民以资金和可能性去从事副业，尽可能并且主要是为了他们自己的消费。在这两种情况下，他们的经济地位都会有所改善，并且这同时会保证总的社会领导机构有必要的威信逐渐把农民合作社转变为更高级的形式，使整个合作社及其各别社员的权利和义务跟整个社会其他部分的权利和义务处于平等的地位。至于怎样具体地在每一个别场合下实现这一点，那将决定于这一场合的情况，以及我们夺得政权时的情况。可能我们那时将有能力给这些合作社提供更多的便利：由国家银行接受它们的一切抵押债务并将利率大大减低；从社会资金中抽拨贷款来建立大规模生产（贷款不一定或者不只是限于金钱，而且可以是必需的产品：机器、人工肥料等等）及其他各种便利。”①

上面这段引文表明：

（1）恩格斯不仅预见到小农占优势的资本主义国家，在无产阶级取得政权后，将是先出现集体所有制和全民所有制并存的社会主义经济；而且还相当具体地指出：对小农的社会主义改造，应该由低级社逐步发展到高级社（先是按入社的土地、资金分配和按劳分配并行，然后，逐渐把它转变为更高级的形式）。

（2）恩格斯还指出：小农生产合作化后，由于大规模经营，将会使劳动生产率提高，从而会多出劳动力。无产阶级国家应从两方面帮助他们解决过剩劳动力：一是从“邻近的大田庄”（国有的）拨出一些田地调剂他们，二是帮助它们搞各种副业生产。恩

① 《马克思恩格斯选集》第四卷，人民出版社 1972 年版，第 310—311 页。重点是引者加的。

格斯指明农副结合是集体共同富裕的办法。农业社兼搞副业，绝非修正主义、资本主义。那是林彪、“四人帮”的谬论。

（3）恩格斯认为，无产阶级国家对小农合作社，除由国家银行低利贷放现金帮助外，还应贷给农业所必需的产品，除化肥外，还包括机器。恩格斯提倡按实际具体情况灵活处理。斯大林不准卖机器给集体农庄，是对马克思、恩格斯、列宁的一个错误的修改。

（4）引文中说：“整个合作社及其各别社员的权利和义务跟整个社会其他部分（即无产阶级国家的国营企业）的权利和义务处于平等的地位”。这自然体现为互相平等分工合作、按照等劳原则互相交换产品的关系。

所以，恩格斯当年的这段论述，不仅预见到未来的社会主义社会，在小农占居民多数的国家里，将有两种公有制并存，而且也已指明它们之间的有关生活资料和生产资料产品的等劳交换过程。

《法德农民问题》一文，是恩格斯于 1894 年写的，文中的思想和主张自然是马克思、恩格斯早就具有的。譬如文中提到“二十年以前（1874），丹麦的社会党已提出类似的计划和纲领，这自然是他们当时就熟知和肯定的。恩格斯到 1894 年才特地写以上文章，指出必须帮助小农走上土地合作社公有化道路，是因为当时德法党内有人对农民土地问题抛出了背叛马克思主义的机会主义纲领，需要及时加以批判”。①

下面我们再来看看恩格斯于 1870 年写的《德国农民战争》的《第二版序言》。这个序言对 19 世纪 50 年代以来德国社会各阶级的经济地位和政治前途作了详细的分析（其阶段性相当于毛泽东同志 1926 年对中国社会各阶级的分析），其中对农民和农业工人作了如下分析：

小农——大农属于资产阶级——有不同类型：

---

① 参阅《马克思恩格斯选集》第四卷，人民出版社 1972 年版，第 565 页，注释第 261 条。

其中有些是封建的农民，他们还必须为自己的主人服劳役。既然资产阶级已经放过了把他们从农奴依附地位解放出来……的机会，所以也就不难令他们相信：他们只有依靠工人阶级才能求得解放。

其中有些是佃农。……地租已增加得如此之高，以致在得到中等收成时，农民也只能勉强维持本人和自己家庭的生活，而在收成不好时，他们就几乎要饿死，……除了工人，他们还能指望谁来拯救自己呢？

还有一些农民是在自己的小块土地上进行经营。他们在大多数情况下都是靠抵押借款来维持，因而他们就像佃农依附土地所有者那样依附高利贷者。……他们绝对不能对资产阶级寄托什么希望，因为正是资产者、高利贷资本家在榨取他们的脂膏。但是，他们大部分都牢牢抱住自己的财产不放……尽管如此，还是应当说服他们，要他们相信只有在服从人民意志的政府把一切抵押债务变成对国家的债务，并从而减低利息之后，他们才能从高利贷者压迫下获得解放。而这是只有工人阶级才能做到的。

凡是中等地产和大地产占统治地位的地方，农业工人是农村中人数最多的阶级。德国整个北部和东部地区的情况就是如此，……只有当首先把作为他们主要劳动对象的土地从大农民和更大的封建主私人占有中夺取过来，而变作由农业工人的合作团体集体耕种的社会财产时，他们才能摆脱可怕的贫困。……唤起这个阶级并吸引它参加运动，是德国工人运动首要的最迫切的任务。一旦农业工人群众学会理解自己的切身利益，在德国就不可能再有任何封建的、官僚的或资产阶级的反动政府存在了。①

这个《序言》表明，对贫佃农、小农（自耕农）和农业工人，无产阶级应分别采取不同政策去教育和团结他们，以便共同斗争谋解放。对小农，应去说服他们懂得，想牢牢保住小块土地，是办不

① 《马克思恩格斯选集》第二卷，人民出版社1972年版，第294—295页。

到的，实际是替高利贷者耕种，但是，无产阶级取得政权后，不能强制他们放弃小块土地经营，而应该以国家银行的低利贷款等措施，向他们证明工人阶级是真正帮助他们和能够解放他们的。在他们自觉到土地合作经营的好处和必要时，再去进而帮助他们这样做。这自然也是上面的阶级关系分析中实际包含着的内容。

最后，我再介绍一下马克思的一段评语。1874—1875 年年初，马克思在《巴枯宁〈国家制度和无政府状态〉一书摘要》中，有一段评语如下：

"……凡是农民作为土地私有者大批存在的地方，凡是像在西欧大陆各国那样农民甚至多少还占居多数的地方，凡是农民没有消失，没有像在英国那样为雇农所代替的地方，就会发生下列情况：或者农民会阻碍和断送一切工人革命，就像法国到现在所发生的那样，或者无产阶级……将以政府的身份采取措施，直接改善农民的状况，从而把他们吸引到革命方面来；这些措施，一开始就应当促进土地私有制向集体所有制的过渡，让农民自己通过经济的道路来实现这种过渡；但是不能采取得罪农民的措施，例如宣布废除继承权或废除农民所有权……"①

马克思的这段文章，非常扼要、非常明确地指出：无产阶级在掌握政权后，对广大农民群众只能、同时也必须用农业合作化的办法把他们引向社会主义。另外，恩格斯在《法德农民问题》一文中对这个问题又作了更加详细的论述（见前）。所以，马克思、恩格斯于 1875 年写《哥达纲领批判》和《反杜林论》时，完整地预见到从资本主义开始过渡到社会主义公有制的时候将有多种具体形式——例如，在那时英、法两国（假设无产阶级已取得政权）将会有所不同，即在法国，将先经过小农的合作社（集体）公有制形式，在英国则可以由资本主义大农业直接过渡到全民公有的社会

① 《马克思恩格斯全集》第十八卷，人民出版社 1964 年版，第 694—695 页，重点是引者加的。

主义大农业。这就清楚地证明：所谓“马克思、恩格斯当年受历史限制，预见不到将有两种公有制形式的社会主义社会”的说法，是一种想当然的说法，是非常轻率和错误的说法。我们后来人应该如实地、公正地说：马克思、恩格斯是早就预见到的，而且是他们很容易逻辑地推导出来的论断。十月革命后已在列宁的领导下成为实际行动的纲领。至于马克思、恩格斯（还有列宁）预言社会主义公有制经济建立起来以后，商品、货币经济就退出历史舞台，这是否也包括他们所预见到的“集体”和“全民”两种公有制并存的社会主义经济在内，那是可以和必须再进一步探讨的问题。应该指出，列宁对上述问题是有过结论的，他指出：社会主义大工业产品和农民（包括尚未合作化的小农在内）的农产品之间的交换关系，已经不是商品性的交换关系（见《列宁全集》第32卷第374页，及其他许多论述）。这是至今没有得到应有的介绍或有争论的问题，是政治经济学中一个比较专门的基础理论问题，但不是本文的主题。这里，我把它作为一个科研课题，建议经济学界同人来共同研究。我认为，这决不会是节外生枝，而将会越来越成为新时期的一项重要科研任务。

（原载《学术月刊》1980年第1期）

关于我国计划经济的形成及其发展的曲折过程的分析

——《关于社会主义计划经济的几个应分清的问题》之二

在资本主义社会里，工厂内部的生产是有计划按比例进行的，但是由于他们处在资本主义私人占有制的对抗性矛盾之中，全社会的分工生产是不能有计划按比例进行的，它必然是一片无政府状态。① 一旦社会占有生产资料，消除了社会化生产和资本主义占有之间的矛盾，这在社会生产内部的无政府状态，就可以为“有计划的自觉的组织所代替”②。这一点，如果就单一的社会主义全民公有制经济来说，我国论坛是有一致认识的；至于像我国现阶段还是由多种经济成分组成的不发达的社会主义经济，它是否也是有计划按比例发展的计划经济，则还有一些不同的认识，以致有人怀疑我国现阶段的社会主义经济有这样的优越性。下面我们且按新中国30年来的经济历史事实，来考察一下这个问题。

一 我国多种经济成分基础上的计划经济的形成及其特点

大家知道，新中国成立后，首先是把国民党官僚买办资本工商企业和帝国主义侵华的外资工商企业接管下来，改造为全民所有制

---

① 对这方面的问题，我在《资本主义国家的计划经济和市场预测》（载《物资管理》1980年第1期）一文中，曾根据马克思、恩格斯所揭示的原理和迄今为止的资本主义经济实际。作过分析。可供参考。

② 《马克思恩格斯选集》第三卷，人民出版社1972年版，第323页。

经济。接着又进行土地改革，消灭封建剥削经济。这是新民主主义革命的继续和完成。后经对资本主义工商业和农业、手工业的社会主义改造，形势起了全面性的变化。根据有关统计资料列表说明如下（见下表）。

我国 1949—1957 年多种经济成分力量对比的变化 （%）

各种经济成分比重	1949 年	1952 年	1957 年
	（1950 年）		
参加农业互动合作组织的户数占总农户数	10.7	40.0	97.5
其中：高级社	—	0.1	96.2
低级社	—	—	1.3
互助组	107	39.9	—
合作化过程中手工业总产值比重			
合作社手工业	—	3.5	95.2
个体手工业	—	96.5	4.8
社会主义改造过程中资本主义工业总产值比重			
公社合营	3.1	11.5	95.2
加工订货、包销、收购	11.5	49.6	0.2
自产自销	85.4	38.9	0.2
工业总产值中各经济成分比重			
国营	26.3	41.5	53.8
公私合营	1.6	4.0	26.3
合作社营	0.4	3.2	19.3
私营工业	48.7	30.7	0.1
个体手工业	23.0	20.6	0.8
社会商品零售总额中各经济成分比重	（1950 年）		
国营经济	6.9	16.2	37.2
供销合作社经济	4.7	18.2	24.9
国家资本主义及合作化经济	0.1	0.4	31.9
私营经济	88.3	65.2	6.0

现在，我们按30年来的经验，回头来看当年对农业和手工业的社会主义改造，其中也有些问题。例如，原计划要三个五年时间来完成，后来忽然提前十年就完成了。这就因一时运动顺利而带来了急于求成的差错。又加后来的“一大二公”的人民公社运动，偏误就更扩大起来。虽经一度纠偏，但是缺乏彻底的思想总结，又为林彪、“四人帮”在十年动乱中，再度大刮“共产风”“穷过渡风”提供间隙，危害匪浅。因此，为肃清林彪、“四人帮”极“左”路线的流毒，全党就在有关方面，采取一些新的措施。[①] 虽然现在回头来看，当时有以上问题，但是，“一五计划”期间的合作化运动，基本上还是成功的。由于当时的经济变革基本上符合生产力的性质，它就促进了城乡生产和交换的顺利发展。例如工农业总产值，如以1949年为100，1952年增至146.8；1957年增至297.9，即比1949年增长约两倍，比1952年增长一倍多。1957年的城乡商品零售总额为521.5亿元，比1952年增长60%，那时的票证限制比现在少，供应定额标准比现在多。随着社会主义公有制经济占绝对优势，就为我国社会主义计划经济奠定了基础。现将这个问题展开说明一下。

人们在经济上如何干，能否有计划进行生产和交换，不是取决于他们主观上想如何干，而是取决于他们对生产资料（包括自然资源）处在怎样的占有关系上，换言之，即取决于适合生产力性质的生产资料和劳动力这两个生产要素如何结合的关系，这关系制约着人们如何生产、交换、分配产品的关系。人们的经济意志（想如何干）是这些经济关系在人们头脑里的反映；各种经济法（包括财产法）是上述经济关系及其意志反映的集中表现，是这方面社会上层建筑的尖端部分。所以，政治经济学研究社会经济关系及其规律，首先要把握住生产资料所有关系，同时，不能形而上学

---

① 这方面的问题，我在《新观察》1980年第2期的笔谈中，作了一些分析，这里不多论述。

地停留在这核心点上，而必须具体展开到生产关系（狭义）、交换关系和分配关系的分析中去。经济成分的划分，就是指以所有制为中心标志的划分；说有多种经济成分存在，即指有多种所有制关系交织在一起而言。这里同本文有关的一个重要问题是：如果有多种经济成分交织在一起，那么我们在分析时又该如何对待它们呢？由于它们在力量对比上不可能是均等的关系，我们就得注意分析：它们谁的力量大，谁占支配地位，以及由它所支配的社会经济总趋势。对这个原理，马克思有一个明确的论断，他说："……在一切社会形态里，都有某种生产决定一切其他生产底地位和影响，因而这种生产底关系也决定一切其他生产关系底地位和影响。它是一种普照之光，在这光里，一切其他事物都黯然失色了，并且依照它们底特殊性而改变色调。"[①] 这是一条普遍原理。我国在头三年恢复时期，有以下五种经济成分：（一）社会主义全民所有制经济；（二）无产阶级的国家资本主义经济（公私合营，加工、订货等）；（三）刚萌芽的小农和手工业合作化经济；（四）小农和手工业者的私有经济；（五）民族资本主义经济。[②] 这五种经济成分，各有自己的本性，第一、第五两种是各执一端，好比"拔河"的两方的主干。按我们这里要考察的问题说，社会主义全民所有制经济的各企业单位之间，虽然有局部利益的矛盾，但不是对抗性矛盾，它们只有有计划、有组织地分工协作，才能不断发展和战胜资本主义，才能以最少的劳动耗费取得最大的财富（使用价值），最好地保证它们各自的局部利益。因此，这第一种经济成分必然要求清除资本主义制度下的那种弱肉强食、以邻为壑的竞争和生产无政府状态。民族资本主义经济虽然有别于官僚买办资本，但它总赋有资本的本性。它的信条是：哪里对它有利就往哪里钻，只有到它自己钻不通和碰得头破血流时，才会被迫地按一下什么比例。国家资本主

① 马克思：《政治经济学批判大纲》第一分册，《导言》，人民出版社 1975 年版，第 32 页。

② 这里是撇开当时西藏待改造和改造中的封建，农奴经济成分不论，下同。

义经济已经是社会主义改造的开始，它是无产阶级国家控制下的有限度的资本主义，基本上已被拉在社会主义全民所有制经济方面。小农和手工业生产是非社会化的个体生产，是私有经济，有资本主义自发势力倾向；同时它是劳动人民的私有经济，有依附社会主义大工商业和走社会主义道路的要求（特别是在土改中分得土地的贫下中农），以免遭受两极分化的苦难。他们是处在第一、第五两极之间的因素。它一旦在无产阶级国家的指引和帮助下组成合作社，就会跟社会主义走下去。

在恢复时期，上述五种不同本性的经济成分的力量对比形势是：第一种成分（包括第二种成分）虽然在全国工业产值中已由占 28. 3% 进到占 34. 8% ，再加上工农联盟的政治力量，已经是逐渐占优势的力量，但是第五种经济成分的比重还是大一些，特别是占全国人口 80% 以上的小农经济还没有组织起来，它是生产力落后涣散和倾向资本主义的自发势力。所以，总的说，当时还不能把旧中国的生产无政府状况克服下去。例如，由社会游资投机倒把所掀起的全国四次物价大波动（虽然当时有通货膨胀的可乘之机），到 1950 年 3 月才开始平息（彻底解决是到 1952 年夏季第二次调整工商业的时候）；资本家大兴“五毒”，到开展“五反”运动后才被清除。这些风波表明当时还难以搞统一的计划经济。

新中国的社会主义计划经济，是在 1953—1957 年间的“一化三改”过程中形成的，而且取得良好的成果。这主要是由于一方面比较审慎地量力而行，大致按比例地搞社会主义基本建设，另一方面又基本上完成了“三改”任务，把小农和手工业生产绝大部分组织在集体所有制的合作社里（这在经济上是靠社会主义全民所有制经济的指引和帮助，是靠社会主义大工业能拿出相应的工业产品同农产品相交换），资本主义工商业也绝大部分改为公私合营。这样，社会主义全民所有制经济成分，就成为全社会经济的主导成分，在清除了资本主义商品生产和小商品生产的无政府状态的基础上，发出“普照之光”的作用，使农业和手工业合作社经济

（另外还附有部分个体经济）也基本上纳入计划经济的轨道。以上历史事实表明：社会主义的统一计划经济关系，不是只有到单一的社会主义公有制阶段才能成立，而是在还存在着多种经济成分时，只要其中的社会主义大工商业经济成分已对其他经济成分占据优势和取得支配地位，就可以基本上实行计划经济制度。

在“一五计划”期间，新中国得以在多种经济成分的基础上，建立起统一的计划经济体系，自然是按照各种经济成分本身的利害关系和要求，经过社会主义和资本主义两条道路的斗争来实现的。这样的社会主义计划经济，一方面是统一的，即没有哪一个国民经济部门是除外的，另一方面又不是单纯的而是有不同程度的杂质（自发势力）夹在里面起不稳定的作用，这只有到发达的单一的社会主义全民所有制阶段，才会挑除净。这是我国现阶段社会主义计划经济的总特点。如果不辩证地把握住以上两个侧面，我们就会为一时的某些复杂现象所迷惑。例如新中国三十年的计划经济实践中，曾经出现不少重大曲折和差错，应该总结经验教训。但是总的实践仍然表明：那总是我国社会主义计划经济前进道路上所发生的暂时的、局部的挫折（虽然有的很严重，有深远的历史根源），总是新中国的社会主义制度本身所能纠正和克服的，并非我国国民经济也同资本主义国家的国民经济差不多，是不能统一计划的。

二　对新中国计划经济三十年的一个回顾

我们说，资本主义经济，是一种盲目的、无政府状态的经济，不能由资本家和资产阶级国家代表社会来统一计划，这绝不是说，资本家和资产阶级国家对社会（市场）供求等情况不能有所预测，不能对国民经济作出一些干预。我们不应这样肤浅地看待资本主义经济。我们说，资本主义经济不能由资产阶级国家代表社会来统一计划，这是因为那里存在着资本主义占有制和社会化生产之间的矛盾，这矛盾使各个资本家或各个垄断资本集团都陷在生存竞争之中，互相只图自己踩在别人的肩膀上发大财，绝不能真正坐在一起商定协调前进的步伐。他们即使有可能把市场变化预测得相当清楚，但是不能据以统一指挥卖方各家如何行动，买方各家如何行动，以及他们双方又如何配合行动；而往往是促使他们神经更加紧张，钩心斗角更加厉害，各奔自己的前程，从而最后总是靠危机的爆发来强制地使社会供求暂时平衡一下。我们说，一旦社会占有了生产资料（包括社会主义全民所有制只占据多种经济成分的主导地位这一状况在内），就可以使全社会的生产走上有计划按比例发展的轨道，也就是因为它消除掉社会化生产和资本主义占有这样的根本矛盾。但是，这绝不是说，无产阶级国家就可以自然而然地或一条直线似的实现国民经济有计划按比例地发展。应该看到，这当中还会有各种各样的曲折。不过，这种曲折或比例失调，不同于资本主义经济的无政府状态和危机。它是可以在社会主义制度下克服的，并且能够把国民经济有计划按比例发展的规律日益完善地实现出来。对这个问题，斯大林做过正确的分析，他说：

"不能把我们的年度计划和五年计划跟国民经济有计划按比例发展的规律混为一谈。国民经济有计划按比例发展的规律，……是在生产资料公有化的基础上产生的……使我们的计划机关有可能去正确地计划社会生产，但是，不能把可能性同现实混为一谈。这是两种不同的东西。要把这种可能变为现实，就必须研究这个经济规律，必须掌握它，必须学会熟练地运用它，必须制定出能完全反映这个规律的要求的计划。不能说，我们的年度计划和五年计划完全反映了这个经济规律的要求。"① 斯大林这段文章表明两点：

（一）社会主义公有制代替资本主义私有制之后，无产阶级国家虽然有可能使国民经济有计划按比例发展；但是要使可能变成现实，必须使计划能反映有计划按比例发展规律的要求。这决不是轻易就能达到的。对国民经济有计划按比例发展的规律，光是反复背

① 斯大林：《苏联社会主义经济问题》，人民出版社 1961 年版，第 5—6 页。

诵几十遍几百遍，那是无济于事的。为了掌握它和熟练地应用它，我们必须首先结合本国历史和当前的实际情况，具体弄通实现这个规律的根据和条件，同时还要弄通斯大林所说的“有计划按比例”的各种具体比例内容，这除了应把握住其中有哪些重要比例关系（如供需的比例、消费和积累的比例等）之外，还应该越来越熟悉更多、更完备的比例关系（一直具体到物资消耗定额、劳动定额、资金定额等）。计划工作不注意去系统了解上述各项经济比例和经济数据，以为这是琐碎小事，就会制定不出可行的科学计划，就会使“国民经济有计划按比例发展”成为一句空话。

（二）苏联以往制定出的年度计划和五年计划，曾经有不能完全反映国民经济有计划按比例发展规律的要求的地方。同样，我国1953年以来制定出的长短期计划也有这种情况。这是否像有些人所疑虑的那样，我国在现阶段社会化生产程度不高的情况下，似乎还不能实行统一的计划经济制度呢？这要按我国1953年以来的计划实践中的那些差错是由于什么而产生，它们属于什么性质来解答。

大家知道，我国1953—1957年开始实行第一个五年计划，虽然缺乏经验，但是上下都虚心，一面向苏联过去几个五年计划的经验和方法学习，另一面也注意算账和注意人、财、物（包括对外贸易）的综合平衡。因此，实施的过程是大致平稳的，较好地完成和超额完成了计划。当然，那时由于计划不周，以及对国民经济的各种比例关系还不熟悉等原因，在执行计划过程中，常常要调整计划。计划经济中的这种曲折，不仅在初搞计划时期是难免的，即使到将来也是难免的。因为在社会主义制度下，虽然消除掉资本主义私人占有制那一套对抗性关系，全社会各方面的利害是基本一致的，它们能够有计划按比例进行生产、分配和交换，但是这条经济规律也同社会主义经济的其他规律一样，必须通过人们对它的认识程度来实现，而认识总是一个“实践——认识——再实践——再认识”的不断深化的过程。因此，国民经济计划就多少会有不能完全反映客观经济规律要求的地方，从而常常需要调整，以至改正一些错误。这是由于一般的认识论上的原因。这是一种常规。它实际是社会主义国民经济有计划按比例发展规律的实现形式。所以，过去和现在也没有人因为当时对经济计划中有这类调整和曲折，就以为社会主义经济是不能有计划按比例发展的。

再者，我国第一个五年计划在执行中常要调整和出现一些曲折，也不全是由于一般的认识论上的原因，其中也有一部分是由于我国原先是一个半殖民地半封建社会，缺乏发达的资本主义社会化大生产的文化技术基础，如缺乏国民经济各部门的系统的历史统计资料，如各行各业可供聘用的资产阶级专家人才不多，等等。这些自然也影响国民经济计划的完善程度（而且不只是影响第一个五年计划的制定）。但是，新中国不会因此就不能搞计划经济，同时，在有了社会主义制度之后，上述不利因素总是可以逐步加以克服的。我们应该这样全面地来看问题。

我国“二五计划”期间，跟“一五计划”期间不同，它出现了重大比例失调和计划完成得很差的问题。那是由于什么和意味着什么呢？我以牵涉国民经济全局的粮食生产计划和钢铁生产计划为例来作分析和解答。

粮食产量是我国国民经济计划的一个极为重要的指标。在1956 年党的第八次代表大会上，周恩来同志所作的关于第二个五年计划的建议的报告中“二五计划”的粮食产量是以 1962 年增长到 5000 亿斤左右为目标。这本是相当积极的方案。到 1958 年麦收期间和麦收后，各地频频传出合作化后大丰收的喜报，特别是一些典型地区的“粮食卫星”越放越高，从亩产千余斤上升到数千斤。有些人甚至认为，全国 1958 年的粮食总产量就有可能达到 10000 亿斤。1959 年国家统计局的公报数字为 7500 亿斤（比 1957 年产量近于翻了一番）。因此，当时有不少同志忧虑粮食这样大幅度增产，如果不相当大量出口，就连大建国家储备仓库也难赶上，想用以后减少粮食耕地面积、改种经济作物以至增添农村绿化面积来平衡。这类美好的长期远景规划，我个人当时也相当向往，现在想来是很天真的。但是当时确是这么认真打算的。农村人民公社大办公共食堂和提出“吃饭不要钱”的口号，就是那时已见诸行动的表现。其实，1958 年虽有增产，但据后来核实，也不过比 1957 年增产百分之几。当时短期放开肚子吃饭，实际是靠前二三年的库存粮来一起凑合。到 1959 年冬，特别是到 1960—1961 年，因粮食大减产和比例失调而酿成的农村饥荒，就显露出来了。国民经济各方面都不好过，连稳定了近十年的人民币也贬值了。这种比例大失调的事实，是由于什么和属于什么性质呢？现在看来已很清楚：

一是由于对非社会化生产的小农经济，社会主义改造得过了头，主要是自 1958 年起搞“一大二公”的农村人民公社运动，刮起了“共产风”和“瞎指挥风”，违背了生产关系必须适合生产力性质的规律，挫伤了广大农民群众的生产积极性，还部分地破坏了过去几年积聚起来的农村生产力。结果，第二个五年不是农业生产大跃进，而是招来了三年的大减产。

二是 1957 年的反右运动的扩大化和 1959 年“反右倾”斗争的扩大化，弄得党内外不少人怕说真话，只报喜不报忧，上面也开始变得爱偏听而不兼听，助长“浮夸风”，统计数字和典型调查报告开始失去严肃性，对当时农村中的口粮不足的事情起到了掩饰作用。

三是由于连续三年的自然灾害的影响。当年曾争论是前面第一个原因为主或这第三个原因为主的问题。现在回头来总结，是“人事”为主，“天时”为次。只有这样面对历史，才能把经验教训彻底总结出来。

我国还是小生产的农业经济占很重要比重的大国，每年都有大小不等的自然灾害，它对轻、纺工业和人民生活的影响是很大的。因此，我们对农业计划必须搞得稳些，以及在稳的前提下搞得积极些。对每年粮食实际产量的预计和统计，必须上下都认真核实，不能再吃往年用一些“典型高估产”数字来互相陶醉的苦头。在总结年度计划的执行结果时，天时影响多大就多大，切勿利用这个可暂时左右估计的天时影响，来充当计划完成好坏的“分析调整器”。譬如计划完成得差，主要并不是因为天时而也推在天时上；或者计划完成得好，主要是因为碰上天时特别好，却又将天时因素一带而过。如果这样“机动”，就会损害社会主义经济计划以及统计的监督职能和名声。

这里，我再顺便回顾和检讨一下 1958 年 9 月，我对马寅初老先生的一篇批评文章。[①] 该文重点是批评马老的新人口论。我当时认为，“保护妇女儿童的健康，减轻家务，使儿童能够得到良好的家庭教育，为此而防止多子女和节制生育，是当时必要和直到共产主义也是需要的”，但是，我当时认为，像马老在 1957 年和 1958 年连连主张，我国有“人多地少资金少”的矛盾，因此必须大力推行有计划节制生育的政策和措施，则是“变形的新马尔萨斯主义”。现经多年来的实践检验，马老当年的主张是正确的，不仅不是“新马尔萨斯主义”，而且表明马老是一位为真理而奋斗的英勇的百家争鸣老将。我当时对马老的批评，现在看来，是非常错误的。作为一个经济科学研究者，我应该认真从中吸取教训。我当时已经是所谓“知天命”的年岁，为什么会写出如此经不起实践检验的错文章呢？除自己的经验和知识水平很有限之外，一是因为把我国的小农社会主义改造看得太轻易，错误地以为社大一些比社小一些更能提高劳动生产率；二是认为公社化后，所谓 1958 年粮产可达一万多亿斤，虽然是一时“放卫星”的热昏话，但是将它“降温”为（譬如说）六七千亿斤，总是库中物了；以后四年即使增长速度低些，但总会在这新基数上继续有所增长。因此，就满以为可以肯定，马老的新人口论是脱离我国当时变化了的社会形势和实际。

下面再分析“二五计划”期间的钢产计划问题。据现有统计

---

① 载《经济研究》1958 年第 10 期。

资料，我国“一五计划”期间，钢产量由1952年的135万吨增至1957年的535万吨，超额完成计划，那是相当紧张的，但是基本上是兼顾到需要和可能的。在1956年党的第八次代表大会上，周恩来同志所作的关于第二个五年计划的建设的报告中，提出1962年的钢产量计划目标为1050万—1200万吨，比当时预计的1957年钢产量550万吨增长近1倍到1.2倍，这是有根据的。因为经过第一个五年的工业化建设，我国已经建立起初步的现代化重工业基础，条件比恢复时期强多了。可是到1958年下半年各地相继大放“粮食卫星”之后，又大放小土群的“钢产卫星”，于是就修订和提出1962年的计划钢产量可增至1800万吨的新方案。实施的结果，1958年约为800万吨；1959年约为1300万吨；1960年约为1800万吨。但这三年的钢产量中，有不少是小土群、小高炉炼出来的土钢铁，几乎都要用“大洋炉”来重炼，成本极高，质量极差，是难以为继的不实在的“高峰”。所以，到1961、1962两年，就不得不被迫地退下来，大大影响以钢铁为原料的机器工业和不少基建工程项目。这是使第二个五年国民经济比例大失调和遭到重大挫折的又一个突出方面。这又是由于什么和属于什么性质呢？扼要说：

一是由于对第一个五年计划期间所扩展的重工业基础的作用估计过大，一时把步子跨过了头，就变成欲速则不达了。

二是由于现代化大工业也受到了小生产的“粮食卫星”的影响和迷惑而坐不稳了，认为小土群、小高炉也可“大有作为”，可以同鞍钢一起，“土洋并举”和“大、中、小并举”，对增产钢铁起到副帅的作用。这是不尊重科学的蛮干。社会主义建设总路线所规定的土洋并举和大、中、小并举的方针，是长期有用的。我国人口多、劳动力多，但资金和技术不足。因此，诸如小土特产品的生产、传统手工艺产品的生产、城乡居民的家庭零散劳动力的副业生产、各种服务行业的小生产活动（包括小商小贩的商业活动），以及劳动密集型的中、小加工工业，等等，都是为发展我国社会主义建设所应同时重视的对象。但是，自 1957 年基本上完成了对农业和手工业的社会主义改造之后，对这些中、小经济却不够重视（且不说十年动乱中还对它们割起“尾巴”来）。另外，在需要现代技术而不能用“人海战术”来代替的黑色冶炼业方面，却大搞“小土群并举”。用现在常用的话来说，这不是在扬长避短，而是扬短抑长，岂能不招来一场人力物力的大浪费！

三是由于苏联政府中途背信撕毁合同、协议，撤回专家，中止供应设备、技术，这也是使我国第二个五年计划期间的冶炼工业受到挫折的外来原因。

以上粮食和钢铁这两大战略产品不能完成计划，从而引起国民经济比例大失调的实际情况，表明这两大失调不是计划执行过程中的一般性曲折，同时也不是由于一般的认识论上的原因，而是同以下两方面的特殊情况有关系：

一是全国上下对搞社会主义建设缺乏经验（特别是反面的经验教训），而又热衷于想把社会主义大工业快一点搞上去。因此，在“一五计划”期间顺利地完成了社会主义改造和超额完成了“一五计划”目标的胜利面前，生长出不同程度的自满和急于求成的情绪，忘了谦虚谨慎、戒骄戒躁的箴言，以为一声令下，就可万马奔腾。又加上反右派和反右倾斗争，使不少人在思想上受到“左”比右好的影响，宁冒进一些，免戴右倾的帽子。

二是新中国是从半殖民地半封建社会里产生出来的，它除了社会文化、技术知识水平低的缺陷外，城乡居民（连一般工人在内）都有不同程度的小农思想意识，他们常常只片面寄托于有好领导、好首长来当家作主。因此，如果上面的领导路线和领导方法一有偏差，那往往会一下子就扩展开去，不易及时端正过来。

总括说，“二五计划”期间，计划完成得不好，大跃进一时变成大跃退，国民经济出现严重的失调，主要是由于上面一时胜利冲昏头脑，犯了急躁冒进的毛病，同时也由于我国工人阶级和劳动人民在当社会主义社会主人这个新问题上，虽在开始，但是还很不足够由自在的阶级变为自为的阶级。不过话也应该说回头，这些总是前进道路上暂时的局部的问题，是可以从“吃一堑、长一智”来解决的问题，并非我国的不发达社会主义经济制度本身有什么内在的桎梏，使它不能去努力争取做到有计划按比例发展。1963—1965年，全国上下努力贯彻执行“调整、巩固、充实、提高”的正确方针，排除了过去三年的困难局面，使国民经济又纳入正常的计划轨道，就是一个明证。那时党内外没有人对上述根本关系发生疑问，这是周全的见解。

最后，再来分析一下：近一二年来，为什么有这样的疑问被提出来呢？我认为，最主要是同以下情况有联系，在十年动乱中，我国国民经济遭到严重破坏，濒于破产的边缘。其原因是林彪、“四人帮”阴谋推行极“左”路线。他们在“无产阶级政治挂帅”的幌子下，实行封建法西斯专政，在经济上用“唯生产力论”这根大棒来反对抓生产、促生产，叫嚷什么“富则修”；他们歪曲马克思对拉萨尔派《哥达纲领》的批判的原意，竭力诋毁社会主义按劳分配和物质利益原则，同时，却大肆保护一小撮特权人物的荒淫和挥霍；他们愚昧地闭关锁国，反对在自主和互利的原则下有步骤地引进国外先进技术，使我国生产力和科技水平大大落后于国际先进水平；他们还反对社会主义现代化企业所必需的合理的经营管理制度和统一计划原则，大搞无组织、无纪律的派性破坏活动，把整个国民经济弄得东歪西倒、七零八落，但是他们控制下的报刊喉舌却天天讴歌“欣欣向荣”“莺歌燕舞”。所以，那十年国民经济的下降和无政府状态，是社会主义政治经济制度在一个非常特殊的历史机缘下遭到暂时和局部破坏的结果。同时，大家也都明白：使林彪、“四人帮”的极“左”路线得以横行十年的特殊历史机缘，同新中国原先是一个半殖民地、半封建社会，现在也还遗留着封建社会的宗法、神权思想和小农盼赖“圣贤皇帝”的思想的影响，有着密切的关系。在这样的历史条件下，如果无产阶级的先锋队——共产党内的民主集中制一有松懈，政治路线一有偏差，特别是如果它的领袖中一有什么过失（如发生盲目自信，忘了戒骄戒躁、批评和自我批评、要群言堂而不要一言堂等箴言），那就更加危险。因为那就会被坏人更有空子可钻，党员和人民群众同坏人作斗争的自为阶级力量，就会受到麻痹，而难于广泛发挥作用。不幸的是，上面所说的种种“如果”，在那漫长的十年中都这样或那样地出现了。不过，中华民族和我们党终于把“四人帮”反革命集团粉碎了。林彪、“四人帮”极“左”路线的流毒在彻底清除中，党的集体领导和优良革命传统，以及社会主义的民主和法制，也在恢复、建立和一步步地加强起来，虽然新的长征途上仍有荆棘和障碍，但是它总是要被历史的创造者——人民铲除掉的。这些，无须本文来多说。这里，需再辨明的一个问题是：像我国这样从半殖民地、半封建社会演化出来、现阶段还是不发达的社会主义经济，它本身是由多种经济成分构成的，还有不少旧社会的落后思想的影响；在过去30年中，有15年（主要是后十年的动乱）不曾搞好计划经济，它是否能实行统一的计划经济制度，或者它是否只能是折折腾腾的跛行的计划经济呢？对这个问题，我认为，30年来的总实践和当前的总趋势，是在这样回答我们：像我国现阶段上述情况的不发达社会主义经济，虽然较难统一计划，虽然今后也还会有这样或那样的曲折（我们自应尽量减少曲折——尤其是重大的曲折），但是在已确立了社会主义全民所有制经济的优势，它的大工业已能拿出相应的工业品来同农民和手工业者的产品相交换，并注意认真总结和积累计划工作的正反两方面的经验，以及注意克服计划工作和各项有关工作中的缺点，那无疑能够使国民经济沿着有计划按比例发展的轨道前进：1963—1965年的三年调整，解决了第二个五年计划期间的比例大失调，证明了这一点；中共十一届三中全会以来，制定出正确的思想路线、政治路线和组织路线，以及一步步在见诸行动，并明确把全党工作的着重点转到四化建设上来；近一年多来又一步步贯彻执行“调整、改革、整顿、提高”的新方针，这些已开始使整个国民经济有计划地活跃起来，也在开始证明这一点。我们应警惕新长征大道上的阻力，为此，我们应鼓起信心，加倍努力工作和斗争。社会主义公有制经济是计划经济，这是历史的必然。

我国在十年动乱后和当前转而开始搞四化建设时，确有不少困难和待摸索的新问题，但是它根本不同于现阶段西方国家的经济困难和危机。后者是由于资本主义制度本身的种种对抗性矛盾，只有改变（消灭）这个制度才有真正的出路。我们是由于处在社会主义初期建设阶段，是前进征途上的暂时困难，是可以随着社会主义制度的成长和认真吸取过去的经验教训而加以克服的困难。两者是不能同日而语的，我们应该分清这个根本区别。

（原载《经济研究》1981年第2期）

价值规律和有计划按比例生产规律

——关于社会主义计划经济应分清的问题之四[①]

编者按：本文系作者去年十月间在武汉师范学院政教系所作的关于社会主义经济问题专题报告的一部分（《关于社会主义经济体制的若干问题》专题报告的第一节）。此次发表时，作者又作了部分修改和补充。

一　价值规律

先讲我对价值和价值规律及其调节作用的认识。这是马克思主义政治经济学中最重要、最难懂和我国经济学界至今还有争论的问题。在现在一般人的用语习惯中，是不分公私所有制关系，凡是分工生产和互相用来交换的产品，就都被称为商品。同这一样，现在一般也是不分公私所有制关系，凡为生产而支出和物化在产品内的人类等一（抽象）劳动和社会平均必要劳动，就是所谓产品的“价值”（“价值”已被广义化为劳动的同义语）。同时，价值规律也广义地被理解为“产品的交换比例（价格）由产品的社会平均必要劳动耗费决定”的规律。我认为，这样笼统地解释马克思主义的政治经济学上的价值和价值规律，是修改了它的原意（我已经将我的理由详细写在拙著《马克思的商品价值论》中，见中国

---

① 本题的前三篇文章，分别刊载在《物资管理》1980 年第 1 期、1981 年第 1 期和《经济研究》1981 年第 2 期。

财经出版社出版的《社会主义商品货币问题的争论和分析》一书第82—283页）。不过，这里完全可以为从简而求同存异，我也不分公私所有制关系，而像上面那样广义地理解价值和价位规律。为辨别“计划调节和市场调节相结合”这一提法是否确切，我们只要分清资本主义私有制经济中的价值规律同社会主义公有制经济中的价值规律的实际区别就行了，而这恰好又是大家有一致想法的。现将这实际区别通俗地对比说明于下：

（1）在资本主义私有制分工生产的基础上，各种商品的交换比例——价格，归根到底，是受产品的社会平均必要劳动耗费量（价值）所决定和调节的，但是这价值和价值规律是唯有通过市场供求，也就是通过市场上卖者和卖者，买者和买者，卖者和买者之间的尔虞我诈、弱肉强食、你死我活的激烈竞争，从而总是通过时而忽涨、时而忽跌（自发被动）的市场价格形式来体现。这是因为工商资本家之间，以及他们和工人、其他劳动人民之间存在着对抗性矛盾，利害是不能调和在一起的，他们即使确认商品的价值是由劳动形成的，价格是受价值制约的，并大致测算出产品的价值水平，他们也决不可能就协同一致地按这水平来确定产品的价格，而仍然是卖者有机会能贵卖就尽量贵卖，买者有机会能贱买就尽量贱买。因此，在自发地出现供求不平衡和危机时，市场就有更激烈的哄抬、囤积或煞价、倾销等波动。所以，在资本主义制度下，价值规律通过市场对价格——从而对生产（这到后面再展开说明）——的调节作用，必然是具有以下特征：它是自发的，是不由人统治的，换言之，即绝不可能是由什么社会组织来统一协调，使之发挥由人统治的有计划的调节者作用。这也就是说，在资本主义经济中，市场凭价值规律对价格（从而对产品）的调节作用，具有以上特征的市场调节作用。

（3）按广义的商品口径和广义的价值规律口径，在被称为社会主义的商品经济中，自然也存在着社会主义价格规律，它对价格（从而对生产）——或者市场凭价值规律对价格（从而对生产）——的调节作用，则有同上述特征相反的特征，这可概述如下：在社会主义（包括像我国现阶段社会主义）制度下，虽然全民所有制的各工商企业之间，以及它们同集体所有制经济和个体经济之间，存在着国家、集体、个人三者的利害矛盾，但是并非对抗性矛盾，有可以协调一致的一面，后者并且是主导的一面。因此，他们对工农业产品的社会劳动耗费（广义说，亦即价值），不仅可以公认它是规定产品价格的基本根据和计算出它的近似值，而且可以由社会自下而上、上下结合、协调人民内部的各种利害矛盾，自觉地、有计划地参照所掌握的近似值，来规定工农业产品的价格（包括按供求等其他因素所构成的政策要求，使部分工农业产品的价格适当地高于或低于这个近似值水平），不像在资本主义制度下那样（见后）只能由互相对抗的买者和卖者各按自己的私利打算去讨价还价，抬价煞价，从而总是忽涨忽跌地不断波动着。因此，在社会主义公有制的分工生产基础之上，价值规律——或者凭市场价值规律——对价格（从而对生产）的调节作用。同资本主义条件下的相反，是自觉的有计划的调节作用。

按狭义的或本来意义的价值规律（马克思就私有交换经济所揭示的价值规律）说，它（或者市场凭它）对价格（从而对生产）的调节作用，原来只是一种情况，即自发的，而不是有计划的调节作用。现在把社会主义公有制交换经济中以等量劳动交换等量劳动的规律，亦广义地称为价值规律或社会主义价值规律，我们对“价值规律的调节作用”这个命题，就得十分注意分清那是讲哪一种价值规律？是讲价值规律的自发调节作用，还是讲它的有计划的调节作用？这是重大原则问题，决不能有半点含糊。

最后，还有一个问题应该分辨清楚。我们说，在社会主义制度下，社会能够有计划、有组织地探明和遵照产品的社会平均必要劳动消耗量（价值水平）以及其他有关因素，来规定产品的交换比例和价格，使它由资本主义商品的自发涨跌和不断波动的“自由”价格，转化为社会主义商品的计划价格，这是按社会主义经济具有这样的内在联系（根据）说的，同时又是按一个发展过程说的，而并非说，它一下就能做得很完善，更不是说它可以无条件地就实现。为实现社会主义计划价格体系，还必须具备相应的条件，其中主要大概为以下三条：（一）要上上下下从事工农业产品的生产和从事产品供应（购销）的企业的专业职工内行地担负起产品劳动成本核算和历史比价资料的研究，并组织包括物价法规在内的“全民计算和监督”（这是列宁早就指出的）；（二）要经常注意收集和利用市场实践的信息反映，来有领导、有组织地修改和调整定得不合适或已变得不合适的价格；（三）要树立既严格又灵活、既统一（指定价原则）又多样性（指价格形式）的计划价格体制，来保证社会主义计划价格体系的实现①。新中国30年来没有把工农业产品的计划价格体系建立好（如对历史上遗留下来的工农业产品剪刀差未处理好以致有扩大，不少工业产品价格高低过于不平衡，以及物价工作的专业人员队伍越来越“量不从心”和“质不从心”，等等），其中原因很多，从物价工作本身说，以上三大条件的准备工作赶不上形势要求，无疑是关键所在。但是，这总是一个时期的工作问题，不是社会主义制度本身必然内在的问题，社会主义公有制经济消除了资本主义经济的社会化生产和私人占有之间的对抗性矛盾，从而它就具有计划化的要求和根据。我们把握住这种根据带来的优越性，并善自做好工作，不断努力去创造和完善以上三项主要条件和其他条件，我们就一定能够实现物价计划化的要求。

二　有计划按比例生产规律

下面再讲我对有计划按比例生产规律的认识。

现在一般文章中所说的有计划按比例生产规律，就是马克思所

① 参阅《物资管理》1981年第1期所载拙文第23页的有关分析。

说的社会按多种产品的需要量，有计划地将社会总劳动——包括劳动者的活劳动和已物化的劳动（生产资料）——按比例用于Ⅰ、Ⅱ部类各生产部门的规律（参阅《资本论》第一卷，第95—96页），也就是斯大林后来在《苏联社会主义经济问题》一书中所概述的“国民经济有计划按比例发展的规律”。为说明这个规律本身和同它相反的资本主义生产无政府状态规律，我先介绍马克思的一个重要论点。马克思在致库格曼的一封信中（见《马克思恩格斯选集》第四卷、第368页）曾写道：

“任何一个民族，如果停止劳动，不用说一年，就是几个星期，也要灭亡，这是每一个小孩都知道的。人人都同样知道，要想得到和各种不同的需要量相适应的产品量，就要付出各种不同的和一定数量的社会总劳动量。这种按一定比例分配社会劳动的必要性，决不可能被社会生产的一定形式所取消，而可能改变的只是它的表现形式，这是不言而喻的。自然规律是根本不能取消的，在不同的历史条件下能够发生变化的，只见这些规律借以实现的形式。而在社会劳动的联系体现为个人劳动产品的私人交换的社会制度下，这种劳动按比例分配所借以实现的形式，正是这些产品的交换价值。”（着重点是引者加的）

这段文章的前半段，指出人类社会各阶段的一个永恒存在的经济规律，即社会的分工生产必然要按比例（“不戴帽”的“按比例生产规律”），否则，社会就不能存在和发展。这个人类社会共有的按比例生产规律，其体现的过程和形态，例如在资本主义和社会主义这两个不同的社会里，它就表现为以下两个相反的规律：

（1）在资本主义制度下，它表现为“自由竞争和社会生产的无政府状态”，即只有通过产需的自发的经常不按比例（一时求过于供、一时供过于求）的交替形式，而贯彻着一个“不按比例的按比例生产规律”。说自发的无政府状态（不按比例）的生产中，又有一个按比例的关系，这听来不无有些别扭，但是这正是资本主义经济的一个独特的辩证法。这个“不按比例的投比例”，是唯一地依靠资本主义价值规律在市场上所起的自发的调节作用来实现的。马克思说，在社会劳动的联系体现为个人劳动产品的私人交换的社会制度下，按比例分配劳动（指按比例生产）所借以实现的形式，就是产品的交换价值（见前）。这就是指价值规律对交换价值——市场价格所起的自发调节作用而言。这虽然是大家比较熟悉的问题，但是仍有必要作些说明。

在资本主义私有制社会分工生产的基础上，由于存在社会生产和资本主义占有之间的对抗性矛盾，各个资本家的生产是由他们各自按自私自利的打算去安排的，不能由社会来全面统筹，产需常常是不平衡的。于是商品的价格就会因一时求过于供而自发地上涨到潜伏着的社会价值水平之上，利润加大，驱使资本家去扩大生产。由于社会游资蜂拥而入，又会自发地变为供过于求，迫使降价求售，造成利润减少以致亏本和破产。于是以后又会在一定条件下出现供应不足而自发地涨价。资本主义全社会的生产就是在这样自发的来回折腾之中凑成一个不按社会需要的比例而又被迫地按着社会需要的比例的特别过程。这就是在资本主义社会里，社会生产方面是常常不按比例的，另一方面又得以凭借市场价格自发地忽涨忽跌这个“晴雨表”来迫使社会曲折地实现按比例生产。市场价格的涨跌之所以能起到像上述那样的调节生产的作用，就是因为有一个无言的自发的价值规律（所谓“一只看不见的手”在价格背后起着盈亏的内在尺度的强制作用），从而对社会生产起着自发的调节作用，它是通过弱肉强食的生存竞争和附有破产代价的过程来贯彻的。是“按比例生产规律”在资本主义社会里借以实现的一种不由人统治而人反由它统治的异化或异己的形式（请参阅恩格斯《反杜林论》第279—280页）。

所以，在资本主义制度下，按比例生产规律不是有计划的自觉的，它直接表现出来的是社会生产无政府状态规律，它是唯一地借助价值规律（私有交换经济中的原来意义的价值规律）对市场价格，从而对社会生产的自发的调节作用来迂回体现的。因此，在资本主义制度下，是上述价值规律及其自发的调节作用独特地扮演着按比例生产规律的唯一主角。西方资产阶级经济学者所吹嘘的“灵活地、自动地”调节着社会生产的“市场机制”，就是指上述价值规律通过市场价格的自发涨跌对社会生产扮演着“强制的调节者”而言，它迫使劳动人民大众以及中、小资产者到处洒着血和泪！我们有些同志在论述“计划调节和市场调节相结合”的问题时所讲的“灵活的、自动的市场机制”，虽然所指不同，但是据我看来，在提法上是有一些问题的。这是需要另行专门研究的一个新课题。

这里应特别指出，我们说资本主义社会的商品生产是盲目的和无政府状态的，这并非说，资本家和代表垄断资产阶级利益的资产阶级国家组织，对其市场供求趋势是不能有所预测和有所知的（如果这样，他们以高薪录用一批专家和组成“智囊团”，发射经济情报卫星，开动电子计算机，大搞信息，等等，就会变成完全“白搭”的游戏了）。不是这样。我们是说，他们搞这些，虽然有所预测，并且他们通过国家经济机构的一些“计划干预”，虽然也能暂时发生一点“调剂”生产过剩的作用，但是大、中、小资本家之间的你死我活的自私自利的对抗性矛盾，以及对于从工人阶级白白剥削来的剩余价值，绝不会又用白白送给工人阶级的方法来“实现”，从而总有着“致命的飞跃”的障碍和矛盾（不能卖出）。因此，总是常常迫使他们谁能先踩着别人的肩膀多捞一把或先挣扎出危机，谁就自己尽先这样干。所以，资本主义社会总是不能全面协调、统筹安排、有计划按比例进行生产。

（2）再说在现代公有制经济中，按比例生产规律的表现形式正同资本主义经济中的相反的问题。恩格斯在《反杜林论》中，曾对此写道：随着资本主义生产方式的出现，生产者日益变为独立的、分散的商品生产者，社会生产的无政府状态愈加走向极端，大工业和世界市场的形成，使过去的商业战争成为普遍的，同时使它具有空前的剧烈性，失败者被无情地清除掉。这是从自然界加倍疯狂地搬到社会中的达尔文的生存斗争，动物的自然状态竟表现为人类发展的顶点。接着，恩格斯又指出人类的前途说：一旦社会占有了生产资料，产品对生产者的统治也将随之消灭，社会生产的无政府状态将为有计划的自觉的组织所代替，直到现在都如同异己的统治着人们的自然规律，那时就将被人们熟练地运用起来（详细参阅见《反杜林论》第270页和279—280页）。

对恩格斯这段文章所指出的现代公有制经济中的自觉的有计划按比例生产规律，我们不能简单化地去解释。将它应用于我国现阶段，则更需注意这一点。我们说，像我国现阶段的社会主义公有制生产是能够有计划按比例进行的，这是指以下本质过程而言，即它已经基本上消除了像资本主义社会的私人资本占有和社会化生产之间的对抗性矛盾，而全民所有的各生产企业（包括同经营产品购销的各全民企业）之间，以及“全民”经济和“集体”经济之间，以及它们同剩下的个体经济之间，虽然有局部的利害矛盾，但都不是对抗性的。因此，大家可以坐在一起，统筹安排，互相协调，自觉地按社会（市场）需要和可能来有计划按比例布置生产，以及从属于此的产品分配和交换。但是，这不是无条件可以得到贯彻的，而是还要看：对能够被计划的经济对象（生产、分配、交换等）的有关情况的熟悉程度，对各种具体经济比例关系及其规律性的把握程度，以及在计划体制上，是否分别各类具体对象，采取相应的多种计划形式，等等。总之，如果在这些方面一时有不足，以致有重大失误（我国过去就有过几次重大的失误），还是会一时实现不好国民经济的计划化。不过，同时，我们也不要把这后一个一时的条件问题，同公有制经济本身具有计划性这个内在的根据问题混淆起来，误以为一时因各种主观方面的缘故，而未实现好计划经济，似乎这就是我国现阶段不发达的社会主义经济还缺乏有计划按比例发展的优越性。这后一种看法，我认为是一种见树而不见森林的错误看法。

总起来说，对计划经济，要分清三个问题。一是按什么范围而言：如果是按一个工厂内部的生产说，就不论资本主义制度或社会主义制度，都是能够有计划按比例生产的；如果是按全社会的生产说，就只有在消灭了或基本上消灭了资本主义占有和社会化生产之间的对抗性矛盾之后，才有可能建立起有计划按比例生产的关系。二是要分清社会主义社会生产具有计划化的内在可能性（根据）和把它变为现实性，这乃是两回事，后者是单凭公有制还不够的，而必须同时具有一系列的条件（见前）。三是经济计划的准确程度和完善程度，这是计划经济内部的差别。一个社会主义国家原先的社会化生产的发展程度较低，它开始时期的经济的有计划化的广度和深度，就会差一些，要经过一番实践和总结经验教训，才能渐渐完善起来。我国现阶段就更是如此。我们不能把有了社会主义公有制就当着有了计划经济，同时也不能因为我国原先的社会化生产基础差，国家大，经济成分多，情况复杂，难以一下就把计划搞得准确和完善，就以为我国还不能实行统一的计划经济，而似乎只能搞半计划、半自发的“混合经济”。在我国现阶段，正确的做法应该是：由于我国社会主义全民所有制的工商业已占支配地位，它已经把整个国民经济基本上引上计划经济轨道。不过我国现阶段的经济还不能是单一计划形式的计划经济，而必须是多种计划形式相结合的计划经济。对这个问题，我在《我国现阶段计划经济的“四个三性区分”的剖析》一文中，已经有所论述[①]，本文就不多说了。

［原载《武汉师范学院学报》（哲学社会科学版）1981 年第 2 期］

① 载《物资管理》1981 年第 1 期。

《资本论》的结构问题（上）

骆耕漠同志现为中国社会科学院经济研究所研究员、全国经团联顾问，写有《社会主义商品货币问题的争论和分析》、《从资本主义到共产主义的三个过渡问题》等专著，是我国著名的经济学家。《资本论》这部巨著，艰深难学。本文根据这一实际情况对《资本论》的结构做了深入浅出、具体详明的介绍，把《资本论》由抽象到具体的说明方法与结构结合起来进行剖析，把各卷的不同重点与全书总体联系起来加以阐述，遇有争论、疑难之处，则表达了作者独立的见解，对学习《资本论》的方法，也给予切合实际的指导，很值得学习与研究《资本论》的同志一读。原文较长，分两期刊载。

概　述

讲《资本论》第一、第二、第三卷的结构，也就是讲这三卷说明资本主义经济规律问题的体系。《资本论》前后三卷的结构或体系，是马克思的“由抽象到具体的说明方法”的科学体现。所

---

* 1963—1964 年，我在黑龙江省经济学会、甘肃师范大学和安徽大学政治系分别讲过《资本论》的对象和方法《资本论》的结构等问题。现为祝贺中国《资本论》研究会的成立，我将往年的内部讲话修订发表（第一篇刊载在北京师范大学《经济学集刊》第二期）。对《资本论》，必须结合西方资本主义经济当代的实际，以及东欧和我国当前的社会主义经济实际，来反复学习和宣传，发挥它的无限生命力和革命的理论指导作用。中国《资本论》研究会成立大会已通过了这方面的倡议书，我们应该为此而共同努力。

——1982 年 1 月附志

谓由抽象到具体的说明方法，就是在业已研究清楚的资本主义经济的各种关系和规律的时候，应该从最简单、最基本，亦即最抽象的环节或方面说起，例如第一卷第一章从商品的价值说起。一个复杂事物之中的最基本、最简单的东西，同时就是最抽象的东西，因为它把事物的其他较进一步的内容、性质放下来不讲，只将其中最内在、最基本的东西抽出来先讲。我们说，这个先讲的东西是抽象的，这是相对的比较说法，是对后来更为具体的综合而言的。比如说，第一、第二卷都是说价值决定市场价格，第三卷第二篇才讲到生产价格决定市场价格，前者就抽象一点，后者（生产价格）就比较具体。但是第一卷第一篇所讲的价值关系也只是比较抽象而已，它是作为人们讨价还价背后的一种调节者而存在着，它反映了资本主义经济关系中最重要、最根本的始基关系。按这个意义说，最抽象的东西是最本质的东西，它内在于各种有关的具体之中，如价值关系内在于生产价格关系之中。另一方面，在资本主义经济的实际生活中，生产价格还要经过商业利润的修正，在农产品方面还要受虚假社会价值关系的补充和修正，这些就比生产价格（在此对比下，它变为抽象）更具体，需要到第三卷第四篇、第六篇再添进来说明。这样一步步地把新的因素加进来说明之后，最后就上升到资本主义经济的总体，达到对客观存在作出总的理论反映的目的。我们可以这样讲：第一卷比较抽象，对资本主义经济（产业资本的生产过程）作一种比较抽象的分析，其他较具体的东西还没有分析；到第二卷才加进产业资本的流通因素，比第一卷具体一点。什么叫具体一点呢？就是把第一卷已经讲过的东西和第一卷没有分析过的东西，加以综合起来，更接近资本主义实际一点。但是第二卷对第三卷来讲，还是抽象，因为第三卷还有很多更为具体的规定性质，是第二卷没有讲的，而到第三卷又在第二卷的基础上加进来说明。所以，整个第一、第二、第三卷是一个由抽象到具体的结构，由简单到复杂的结构，由始基的东西到更为发展的东西的结构。按这样的线索，去理解《资本论》的结构和体系，就容易把握住许多问题。这样的结构体系，不是马克思凭空或任意构造出来的，而是受资本主义经济本身由低级到高级、由简单到复杂的发展过程所决定。科学就是非常本质地和非常系统地去反映客观实际的内外联系和前后的发展过程。

对《资本论》的结构体系，马克思自己有好几段精辟的说明，我们应该特别注意。比如说，第三卷一开头（第5—6页）[①]，承上启下，有一段关于《资本论》结构的说明，指出第一、第二、第三卷的对象是什么，相互联系怎么样，这是一个非常重要的概括。又如《资本论》第二卷第三篇的开头（第427—431页），也承上启下地说明第一卷说明什么，第二卷的第一、第二两篇说明什么，第二卷的第三篇和前两篇是怎样的关系，这虽然没有讲到第三卷，只讲到第一卷和第二卷的第一、第二、第三篇，但是，把它与前一个说明连起来看，就可以更加了解《资本论》的结构。另外，《资本论》第一卷第七篇的《导论》（第703—705页），也承上启下地对《资本论》第一卷的内容有一个总结，对第一、第二、第三卷的关系也有一些交代。马克思关于《资本论》结构体系的这三个概括说明，是我们研究《资本论》结构问题时应该特别注意学习的。

现对《资本论》的结构，分卷概括说明如下：

Ⅰ. 关于第一卷

《资本论》第一卷的副标题是“资本的生产过程”，我们不能把它理解为只是讲资本主义的生产关系，而不讲交换和分配问题。按《资本论》由抽象到具体、由简单到复杂的说明方法，这个副题的意思是：第一卷只先说明资本主义经济中最为基本的关系，那就是剩余价值的生产和积累（剩余价值的资本化）规律；资本主

① 本文所指《资本论》第一、第二、第三卷的页数，均指郭、王1953年的译本。

义经济的其他更复杂、更具体的规定性或关系则暂存而不论，留到第二卷、第三卷去说明。第一卷所讲的资本，第一是抽象的基本的产业资本（不分工业和农业，即将农业资本的特殊规定性舍了，直到第三卷第六篇才补进来说明）；第二，对交换（流通）和分配问题，只在与产业资本的价值增殖和积累直接有关的范围内加以论述；至于更进一步和更为具体的交换问题和分配问题则舍而不论，那是第二、第三卷的说明对象。

第一卷共分为七篇，这七篇也是按由抽象到具体的说明体系来排列和分篇的。第一篇是说明资本主义经济最内在、最基本、最简单的关系，那就是说明私有（舍了资本私有制的特点）的个别劳动如何社会化的关系和形态，亦即说明商品价值和货币价格的关系，它作为一个始基因素包含在以后一切复杂的资本关系之中，以后（第一卷第二篇以后，直到第三卷第六篇）是在这个最始基的价值、价格关系之上，一步一步地加上别的规定性来说明资本主义经济关系是什么样的经济关系。第一卷第二篇到第五篇是说明在价值规律（等价交换）的基础上，剩余价值是如何产生的，以及资本价值增殖的两种方式（绝对剩余价值规律和相对剩余价值规律）；第六篇是在第二篇劳动力的买和卖以及它的价值、价格的规定的基础之上，再进一步说明劳动力的价格到劳动工资形态的转化，以及各种工资形式问题；第七篇主要说明剩余价值的资本化（资本积累）和它的内在矛盾，指出剥夺者必然被剥夺，资本主义向社会主义转化的历史必然性。第一卷对资本主义经济的最基本的运动规律的说明，是这样一步一步地由抽象上升到具体，这个“具体”，比起资本主义经济的全部实际来，那还是一个抽象，因为资本主义经济还有许多规定性，第一卷还未说到，还待第二、第三卷来补充。

对第一卷第一篇，有些同志说，它是以前资本主义商品货币经济为分析对象，它还不是分析资本主义经济。我认为这个说法是不对的。第一篇虽然没有分析到含有资本主义性质的商品货币经济关系，但是，这只是把资本主义商品货币经济所包含的资本主义关系暂时放一下，先把它所包含的达到典型程度的一般的私有商易货币经济关系抽出来说明，这不等于它是直接分析前资本主义社会的简单商品经济，如果说第一篇所分析的是前资本主义的商品经济关系，那么，该篇就有很多结论是无从得出来的。比如：马克思在《资本论》第一卷第一篇第三章讲货币职能的时候，他说，货币作为储藏手段，主要是为了国际支付的准备。我们知道，货币的储藏由来已久，它受很多规律的制约。到储藏货币（黄金）主要是为了清算国际贸易的差额的时候，那无疑是非常发展了的资本主义商品经济，否则，是不可能有此储藏规律的。这表明第一篇是分析资本主义商品经济，只不过把其中更进一层的资本性的商品关系暂时放开，而留下来要说明的，是资本主义经济关系中仍然包含着的，并作为其始基的一般商品（简单商品）经济关系和规律。对这个问题，马克思自己也有说明。他在评瓦格纳的一篇文章中曾说："我由此出发的，只是劳动生产物在今日社会内依以表现的最简单的社会形态，这就是商品。"他所说的"今日社会"，即资本主义社会。

《资本论》第一卷（整部《资本论》）为什么从第一篇的一般商品价值关系开始呢？这是因为资本主义商品经济是从一般商品经济中发展起来的，它包含着一般商品经济关系，即私有的劳动产品唯有通过自由市场的竞争和买卖，才发生或结成人与人之间的社会经济关系，资本家所有的劳动生产物（资本商品）尤其如此。所以，分析商品经济关系，分析商品买卖是受什么本质关系支配的问题，分析货币、价格是反映什么本质过程的问题（以上皆是一个意思），就成为进一步说明其他更为复杂的诸种资本关系（它与一般商品经济关系结合在一起）的第一步或起点。前面说过，《资本论》第一卷以一般产业资本（不分工业资本和农业资本）的直接生产过程为对象，分析剩余价值是怎样产生积累以及其中的矛盾，这是资本主义经济之中最为根本的问题。在资本家的心目中，剩余价值表现为利润，好像是由资本“能生金蛋”的神秘能力中产生出来的，或者是从商品买卖行为（贱买贵卖）中产生出来的。对这类流行的错误观念，在第一篇指出了一般商品的等价交换规律和商品价值是由人类劳动创造这些本质关系之后，就可以一下击溃；同时第一卷第一篇（第一至三章）到第二篇（第四章），由于前面已经说明了一般商品的交换规律，就可以循序而进地分析劳动力这一特殊商品的卖买的实际，从中揭示出剩余价值的来源。马克思、恩格斯都说过，要懂得剩余价值是什么，必先懂得价值一般是什么，而在说明价值真正是什么之后，自然也直接有助于说明剩余价值是从哪里来的。从这里，就更可以看清楚第一篇为什么是第一卷和《资本论》全书的基础了，以及马克思分析资本主义经济为什么要从一般商品价值关系着手的道理了。第一卷的中心问题是分析一般产业资本的直接生产过程，具体一点说，即剩余价值的生产和积累，其关键在于劳动力这一特殊商品的卖买及其使用（迫使它劳动并提供额外劳动）。劳动力的卖买规律与一般商品的卖买规律相同，要按劳动力的价值买卖（按其趋势而言）。不过劳动力是一个独特的商品。一般商品在生产过程中当作生产资料使用时，只转移其已有的价值，而劳动力这种商品，在资本家买去之后，在生产中被使用时，是能够创造价值，并能创造出比起自身还更多的价值的特殊商品。这样，剩余价值的谜就被解开了。不过，这是在第一篇已经分析过的基础上才能进一步说明的，即要先把一般商品的关系搞清楚：如商品的两重性是什么，劳动的两重性是什么，商品的交换价值、价格是什么，货币是什么，等等。把这类一般的简单商品关系讲清楚了，然后只要在其基础之上，对劳动力这一商品的特殊规定性作进一步的补充分析，就可以把从价值到剩余价值的关系完全讲清楚了。所以，第一篇是第二篇的始基，第二篇又是后五篇的始基。

由于《资本论》第一卷的副题是“资本的生产过程”，有些同志就问，第一卷为什么反从第一篇分析商品交换问题开始呢？第四篇和第六篇为什么又一再分析劳动力的买卖和劳动力的价格——工资的计时、计件形态等问题呢？这种种疑问是由于对第一卷的副题有所误解或不理解而产生的。前面说过，整部《资本论》对资本主义经济的分析和说明方法，是从头到尾贯穿着这样一个线索，那就是选择从资本主义经济中最原始、最基本，从而也是最简单、最抽象的关系或问题说起，然后，一步步深入，将其他比较复杂或更发展的经济关系加添进来说明。哪些该先说，哪些该暂存而不论（将它们当作已经具备的条件或尚未独立出去的因素），马克思都是凭上述原则来取舍的。《资本论》第一卷的任务是说明剩余价值（利润、利息、地租的本体）从何产生，以及它又如何资本化（资本积累）的，这是资本主义经济的中心问题和首要问题，所以列为第一卷的主题。其他一些问题，如产业资本的循环、周转和社会两大部类生产之间的流通等问题，生产出来的剩余价值如何按产业资本总额分配（平均利润和生产价格）的问题，以及进一步又因商业资本、生息资本的独立化和地主阶级的关系的介入，而又分出一部分为商业利润、资本利息、土地地租等形态的问题，都可以暂时放开，而拿到第二层次或第三层次（第二、第三卷）去说明。这些问题留到以后去分析，并不妨碍对剩余价值的产生和积累规律的说明。这里，我们要注意分清：第一卷并非只讲生产问题，而完全不讲流通和分配问题。第一卷的真正分界线是：它是先讲与剩余价值的生产和积累直接有关的问题，其中也包括直接有关的流通（交换）和分配问题；至于更进一层的或独立于产业资本之外的流通和分配问题，那才是第一卷所不涉及的问题，而列为第二、三卷的主题。这样看问题，我们对第一卷各篇的内容和联系就可迎刃而解了。第一卷第一篇大讲一般商品的买卖和流通，这是为说明剩余价值的生产（资本主义生产）所必需的第一个步骤；第二篇自然必须接下去讲劳动力这一特殊商品的买卖及其生产过程中的使用价值的特征（能创造更多的价值），因为资本家手中的货币是唯一的，因而才转化为货币资本。至于资本家手中的货币到生产资料的转化，只是货币资本化的一个外在条件，对这个流通条件，尽可先假定它是具备的。实际上当然有极复杂的问题，不过，在科学说明上，尽可暂时把它舍了，将它留到第二卷去补充。所以，第一卷不是笼统地讲或不讲流通问题，而要看那是什么样的流通问题：凡与剩余价值的生产直接有关的流通问题，第一卷就有分析，其他流通问题，就放在第二卷、第三卷去讲。对分配问题也是这样。生产出来的剩余价值，如何分配为企业利润（包括产业利润和商业利润）以及利息和地租的问题，这对第一卷所要分析的剩余价值的生产和积累问题，是第二义的外在问题，可以而且应该留到第三卷去分析。但是，剩余价值到底是全部作为资本家的所得使用，还是大部分作为新资本来积累而使用，这个分配问题在第一卷（第七篇）就必须先讲到，到第二卷以“资本的流通”问题为纲时，也必须更加详细地讲到以上分配问题。再者，第一卷所讲的工资问题，一方面是讲劳动力这种商品的买卖和价格，另一方面，也是讲工人所创造出来的价值如何分配（包括计时工资、计件工资）而这是与剩余价值剥削不可分的问题，所以，第一卷第四篇、第六篇必须讲到它。由此可知，第一卷的副题“资本的生产过程”，具体说，它是指阐明作为资本的最基本的形态的产业资本，如何生产出剩余价值和这剩余价值又如何积累为更大的产业资本，及其必然导致“剥夺者被剥夺”的过程。第一卷就是先说明资本主义经济这个最本质、最内在的关系的，不过它也还没有把资本的生产过程分析完，如产业资本的再生产问题，要到第二卷第三篇才作更进一步的分析。另一方面，它也不是完全不分析与剩余价值的生产和积累直接有关的流通和分配问题。我为什么要反复讲这个问题呢？因为有些同志就是片面地或表面地单凭《资本论》各卷的副题来解释它们的内容，好像《资本论》第一卷只讲生产，第二卷只讲流通，第三卷只讲分配。其实，第二卷和第三卷也不是这个样子。

Ⅱ. 关于第二卷

第二卷的副题叫“资本的流通过程”。这仍然是讲一般产业资本的运动规律，即假定产业资本仍然直接兼着商业资本的机能，商业资本还未独立开去。后者独立开去以后有何新的规定性和规律，那是留到第三卷第四篇才作分析。第一卷分析产业资本如何产生出剩余价值以及如何积累和扩大生产的时候，当然包括含有剩余价值的商品资本的出售和换回新的生产资料的流通过程，以及劳动者的工资收入和资本家所得与生活资料之间的流通过程，不过，那里是假定这些交换（流通）条件都不成问题地具备着，同时产业资本因流通而生出的新规定，在那里一概略而不论。因为在分析剩余价值如何产生、如何积累的基本规律的时候，上述第二层次的流通问题是可以放下不论的。到第二卷，则必须在第一卷已经分析过的基础之上，再将产业资本（剩余价值的生产和积累）又如何流通的问题，也就是从生产到再生产的整个运动问题，加添进来作进一步的分析，否则，对产业资本的运动规律可说只分析了一半（请参阅《资本论》第二卷第429—431页对第一、第二两卷的关系以及对第二卷前后三篇的关系的说明）。

第二卷共分为三篇。第一篇是把流通的因素加进来，将它具体展开，分析产业资本从生产到流通，即从生产到再生产，有哪些新的初步规定。马克思在这一篇里，首先说明每个产业资本在一个循环（生产加流通）中要经过三个具体形态：货币资本形态、生产资本形态和商品资本形态。产业资本必须不断地顺利地通过这三种形态的变化，它才不断增殖和实现剩余价值。到第一篇第五、第六章两章，马克思又进一步指出以上形态变化，除了要占相应的生产时间之外，还要加占相应的流通时间（$G—W$ 和 $W—G$），这流通时间是不创造价值的，而且还要发生纯粹的流通费用（社会的虚费），这些都是第一卷未经展开说明的新问题。第一卷只概括地分析产业资本的总运动公式：$G—W—G$，第二卷第一篇则对这个始基性的总公式充实了许多新的规定性，表明对资本主义经济的说明一步步地具体起来和复杂起来（由简单到复杂，由抽象到具体）。

第二卷第二篇又在第一篇的基础之上，再进一步说明产业资本的增殖运动，说明各个产业资本在相同的时间（例如一年）内，虽然一个劳动日内的必要劳动和剩余劳动的比例（剩余价值率）相等，为什么会获得不同数量的剩余价值？这是比剩余价值率更具体、更复杂的“年剩余价值率”问题。在第二篇中，马克思讲到比“资本的循环”还更综合的“资本的周转”的问题：前者是产业资本经过三个形态变化的一次综合；后者是一定时间（例如一年）内产业资本循环几次（一次以上或不到一次）的综合，它直接决定年剩余价值率的大小。为说明其中的规律，马克思在第二篇里又从另一角度揭示出产业资本的另一区分：固定资本和流动资本（不是流通资本），它影响资本的年周转次数，从而引起资本的年剩余价值率有大有小。这样，就把引入流通因素（流通时间）以后产生的产业资本的新运动（增殖和积累）规律，作了更加展开的具体说明。这就是说，在第一卷中，马克思只是一般地说明产业资本最基本的增殖规律——绝对剩余价值规律和相对剩余价值规律，以及剩余价值本身又如何资本化（资本积累），第二卷就从分析产业资本的循环和周转进一步分析到相同的剩余价值率和不同的年剩余价值率的对立统一关系。剩余价值规律与年剩余价值规律相比，剩余价值规律比较抽象、比较简单，年剩余价值规律则较具体、较复杂，因为年剩余价值规律是在剩余价值规律的基础之上，又加上新的因素，即除了生产的时间以外，还加上流通时间和一定时期内资本的周转次数的因素，即加上新的规定性，把现实中的产业资本运动规律更展开一层。所以剩余价值规律和年剩余价值规律的关系，是由始基到发展，由简单到复杂，由抽象到具体的关系，前面略而未曾考虑的因素，现在加进来考虑了。加进来考虑以后，有没有将前面的始基性的东西（一般剩余价值规律）否定了呢？

若是把前面的否定了，那么前面那个东西就不是内在的，就不是始基的。事实是并未否定前面的剩余价值规律，而只不过使它更加具体化，好像剩余价值规律在价值规律的始基之上，较具体地说明了资本主义商品经济的实际关系。这又好像一杯茶，假定又加上点糖，变成了糖茶，它有了新的味道，但是基本的茶味还是在里面，不过现在的茶水味更复杂了，综合为糖茶味道。要说明这味道，须先说明水和茶的味道，然后引入糖的分析，综合说明糖茶这一具体存在。我们可以把从第一卷到第二卷的价值、剩余价值、年剩余价值的逻辑关系，比做从水到茶到糖茶的关系。

前面说过，第二卷是在第一卷的基础上，引入流通，把产业资本的生产和流通规律作进一步的分析，但是第二卷的第一篇和第二篇，还是分别讲一个个的产业资本的生产和流通的规律，还没有讲到整个社会的产业资本在其生产和流通的统一过程中，即在生产的不断的总流程之中所呈现出来的其他新规定、新规律，那是到第二卷第三篇才提出来说明的。第三篇在第一篇和第二篇所已经分析过的资本的循环和周转规律的基础上，又引入一个新问题，展开分析整个产业资本所生产出来的商品（它包含剩余价值，是商品资本）如何才能实现（卖出去），如何才能继续循环和周转，顺利地进行再生产。在第三篇以前，假定这种流通条件或再生产条件都具备着和不成问题，第三篇则要进而解答这当中到底有哪些条件、哪些新的规定或规律。在第三篇，马克思对整个产业资本的产品进行价值构成（$C+V+M$）的说明和使用价值构成的说明，指出第Ⅰ部类生产（生产资料）和第Ⅱ部类生产（资本家和工人所能购买的生活资料）、在简单再生产时，必须保持何种比例关系，在扩大再生产时，又必须保持何种比例关系。第一卷第七篇亦曾讲到资本主义社会的商品价值构成以及简单和扩大再生产问题，但是那里还是比较抽象地说明其中的一般矛盾和规律，到第二卷第三篇则增加两大生产部类的比例性这一极为重要的新内容、新规律，更具体、更深入地说明资本主义经济危机的不可避免性。至此，对产业资本的生产和流通（再生产）规律的分析，是更加接近其实际存在了。关于对资本主义经济的全部存在或实际而言，直到第二卷第三篇，那还只是将产业资本的基本运动规律抽出来作了说明，对整个资本主义经济的分析还有待第三卷来补充。所以，《资本论》的说明体系是一步步具体起来和完整起来的。第二卷比第一卷具体，但比第三卷还是抽象。

第二卷第三篇的题目是："社会总资本的再生产和流通"，于是有些同志就说，按逻辑，这第二卷第三篇就好像应该改列为第三卷的第一篇。其实，如果真是这样改列，那就是对这第三篇的主题的莫大误解。因为从第一卷到第二卷，都只是分析一种资本形态，即产业资本的运动规律，亦即剩余价值的生产和再生产（包括积累和流通）规律，还没有对资本主义经济的总貌进行全面说明。在第二卷第二篇以前，由于不具体分析商品资本的实现（流通）条件（假定它是不成问题的），所以有时分析个别资本怎么样，也就等于分析整个产业资本怎么样。但是，有些规律不是从分析单个产业资本的运动所能揭示的，例如，刚才讲的第Ⅰ、Ⅱ部类的生产关系，必须将整个社会的产业资本，包括全部商品资本的生产和流通问题，作总的分析，才能涉及和讲清楚。所以，第二卷第三篇比起前两篇来，则是进一步直接考察"社会总资本的再生产和流通"。但是这个"社会总资本"，还是指总的产业资本内部相互间的关系，如第Ⅰ、Ⅱ部类资本家之间的关系，它仍然没有讲到已从产业资本独立出去的商业资本以及借贷资本等的经济关系。资本主义社会中的这些总的资本经济关系，马克思到第三卷才开始说明。所以，如果把第二卷的第三篇列为第三卷的第一篇，那就变成东倒西歪和不伦不类了。首先，第二卷的分析变成没有一个归结，其次，对第三卷来说，又变成"张冠李戴"，前后都不成话了。我们不妨这样区别说：第二卷第三篇的"社会总资本"还是"小总"，还只是产业资本之"总"，它还不是资本主义社会各种资本关系之"总"，后者才是真正的"大总"，第三卷才开始着手说明这个"大总”，马克思称它为“资本主义生产的总过程”。我们必须善于看出第二卷第三篇的标题“社会总资本的再生产和流通”，与第三卷的副题“资本主义生产总过程”，这两者之间的重大区别，切勿对其中的两个“总”字作望文生义的臆测和混淆。

第二卷的副题是“资本的流通过程”，但它也不是单讲流通。第一卷分析“资本的生产过程”的时候，并非完全不讲流通和分配问题，而只是把在那里分析剩余价值的生产这一基本问题时可以不先讲和不能先讲的流通和分配问题，放到后面来讲。第二卷是将第一卷未展开阐述的资本流通问题引入作为它的主题，所以它是在第一卷的基础之上，结合资本的流通再进一步补充分析第一卷所不曾讲到的剩余价值的生产和积累问题，其中所讲到的固定资本和流动资本的特征问题，第Ⅰ、Ⅱ部类生产的区分问题，第Ⅰ、Ⅱ部类生产所创造的剩余价值如何分配与再生产的比例和规模问题，这些都因引入流通因素而得到更加具体的说明，但是这些并不只是分析流通，同时也分析了第一卷所不曾分析过的生产和分配问题，是进一步分析了剩余价值的生产和积累。总之，我们不能机械地或表面地按第一、第二卷的副题（生产和流通），去理解第一、第二卷的内容。

（原载《社会科学辑刊》1982 年第 3 期）

《资本论》的结构问题(下)

Ⅲ. 关于第三卷

第一卷和第二卷首先说明了资本主义经济运动规律中最基本、最内在的规律，那就是直接参与物质生产的产业资本的生产和再生产规律，或剩余价值的生产和积累规律，这到第二卷第三篇已经分析得颇为完备了。但是，围绕着这个中心，资本主义社会还有许多经济问题。它们虽然受第一、二卷两卷所已揭示的规律的支配，但本身还另有一些新的规定性，需要循序而进，留到第三卷来补充说明。第三卷除产业资本之外，还涉及独立的商业资本、借贷资本，以及有关的产业资本和土地私有制的关系，这些现实中的资本主义经济的组成部分，这时才把它们作为一个总体提出来说明。它们虽然不直接参与剩余价值的剥削，但要参与产业资本所已剥削来的剩余价值的分配，各按其补充规律占有相应的一份。所以，第三卷可以有两个副题：一是“资本主义生产（经济）的总过程”，即分析它所包含的各种总的最后的具体形态；二是“剩余价值的分配过程”，即分析在资本主义社会中，剩余价值最后所采取的产业利润、商业利润（总称为企业利润），利息和地租的形态及其规律，分析它们如何以价值规律和剩余价值规律为基础而发展起来。恩格斯曾讲过，第三卷是以剩余价值的分配问题为“红线”的，但是我们也不能因此而把第三卷孤立地理解为只是分析剩余价值的分配问题。正确的理解是：它引入剩余价值的全面分配问题（第一、第二卷只讲到剩余价值分解为产业资本家的所得和新资本的积累），进一步说明利润和平均利润，生产价格和商业价格，产业利润和商业利润，利息以及地租等范畴，其中就有对剩余价值的生产和流通问题的更为具体的说明，那是第一、第二卷暂时舍而不论的。

第三卷共分为七篇。第一篇至第三篇，仍是分析尚未与商业资本分开的产业资本所剥削到的剩余价值，如何转化为资本利润的形态，中心是说明各产业部门的不等的个别资本的利润率，如何通过部门间的资本竞争而产生出平均利润（由价值变为生产价格）的规律，这是对始基性的价值规律的第一个发展和补充。为说明它，第二篇第十章先补充说明一个部门内的商品价值决定的三种典型形态，将第一卷第一篇所揭示的价值规律一般更为具体地展开了。[①]第三卷第三篇先讲产业资本的利润和平均利润规律，因为它是剩余价值再分配的第一形态，是进一步说明商业利润、资本利息以及地租规律的基础。

第三卷第四篇以前，都是讲产业资本的运动规律。第四篇讲商业资本及其两个亚种商品经营资本和货币经营资本的运动规律。以前是将这两种资本的运动包含在产业资本三形态的运动之中，不作独立的分析。产业资本的运动从作为一般资本形态的货币资本形态开始，在它转化为生产资本形态的过程中，会发生购买作为生产要素的商品（原材料等）以及货币收付、清算等业务；停留在货币形态上的资本，也要妥善加以储存和保管。经过生产过程，产业资本变为商品资本形态，为了实现利润和进行再生产，该新商品又必须出售，变成货币。在这一过程中，又在相反的方向上发生销售商品、货币收付等一系列相同的业务。在以上买卖实现以前，待买卖的商品还有保管、包装等业务。以前在讲产业资本运动时，是将商品经营资本和货币经营资本都包括在产业资本之内，当时不讲这两种资本的特殊规定性，并不妨碍对产业资本一般运动的分析。到了

① 对这一章，我在《经济研究》1964 年第 4 期《价值决定在量上的诸种规定性》一文中，有较详细的说明。

第四篇，商品买卖和货币经营活动从产业资本那里分出来，成为资本主义社会同产业资本相并列的独立部门，居于产业资本家和产业资本家之间，以及产业资本家和作为消费者的工人之间。因此，第四篇就在以前各卷、各篇已经作过的分析的基础上，再把商品经营资本和货币经营资本的特殊性加添进来作专门的补充说明。商业资本两个亚种的特殊性的分析，不会改变、否定以前单独分析产业资本时所得出的结论，而只是使已有的结论得到相应的补充，更加具体和展开。对商业资本两个独立形态的分析，必须在已经分析过产业资本运动规律的基础上才能进行，例如只有在产业资本的“生产价格”的基础上，才能说明“商业价格”。这是由交换为生产的继续这一客观性决定的。这是“由抽象上升到具体”或“由简单到复杂”的逻辑方法的又一例证。

商品经营资本，就是为经营商品买卖所垫支的资本。其经营者——商业资本家代替产业资本家进行商品买卖活动，他们卖出产业资本家生产的商品，买进产业资本家生产上所需的生产资料（商品）。买进时他们先垫支货币资本，卖出时全部收回（并外加商业利润），这是所需垫支的商业资本的主要部分。另外，他们还要垫支一小部分资本以支付各种费用，如购置商店设备、雇佣人员，等等。这部分费用对社会来说是何性质、如何补偿、靠什么补偿，这是第四篇中的一个复杂问题。商业资本家经商的目的是为了利润，其直接来源是进销差价，实际则是产业工人生产的剩余价值，由产业资本家让了一部分给商业资本家（低于生产价格出售，这是对第三篇第九章所抽象分析的生产价格的一个补充或修正），因为后者为前者分担了买卖商品所需垫支的资本。商品经营资本也有周转问题，商业资本周转对商业价格的形成以及对商业利润的影响，有与产业资本周转不同的特点，第四篇第十八章有专门分析。第四篇第十六章到第十八章构成一个单元，专门分析商品经营资本的性质及其运动规律。

商品买卖活动独立出来后，在产业资本家与商业资本家之间以及商业资本家与商业资本家之间，会发生由于货币作为流通手段、支付手段和储藏手段所引起的一系列纯粹技术性的操作，如现金的收付，期票的结算，不同货币的兑换、汇总，块金的运送，货币的储藏和保管，等等。这些操作或业务，是要发生各种费用的，如要有场所设备、簿记、雇员等，因而也需要垫支资本来经营。专门投资经营这种纯货币业务的人，叫做货币经营资本家，是商业资本家的一个亚种。他们投资从事这种货币经营的目的，当然也是为了获取利润，其来源和费用本身的补偿，与商品经营资本相同。

有些同志问：为什么货币经营资本要和商品经营资本合在一篇而不与第五篇的借贷资本合在一篇讲呢？产生这个问题，是由于尚未分清何谓货币经营资本和何谓借贷资本（后者一般采取货币形态）。货币经营资本是垫出资本来经营上面那些纯货币性的收付、兑换等业务，所垫资本是用来充当相应的费用，并非垫出资本，先贷出，后收回（外加利息），即不是借贷资本，两者性质不同。相反，其性质完全同于商品经营资本，所以合在一篇。附带说一下资本主义社会中银行的业务。它有两方面：一是经营上述货币收付、兑换、汇兑等业务，这是银行的很次要的附带业务，这部分属于货币经营资本的性质；二是经营货币形态的资本借贷业务（不要把它混作收付和兑换货币），属于借贷资本性质，这是银行的主要业务。商品经营资本和货币经营资本统称商业资本或商人资本，是属于流通过程内的资本形态，不要把它们混作产业资本中的流动资本。随着资本主义生产和流通的发展，商业资本从产业资本中独立出来是必然的，同时，这当然也不排斥现实中有些产业资本家还兼商业资本家。

第四篇第二十章是从历史上考察不同生产方式下的商人资本，即考察前资本主义商人资本和资本主义商人资本的不同性质和不同作用，其着重点在于通过对比去进一步说明资本主义商人资本。这一章还说明了前资本主义商人资本在从封建主义向资本主义转变中的作用，指出它虽然为资本主义生产方式的出现准备了若干条件，但是它本身并不能决定从封建社会到资本主义社会的转变，在一定历史条件下，它还会阻碍资本主义的发展。所以这一章对研究封建社会向资本主义社会过渡问题，以及研究某些封建社会长期停滞的原因问题，提供了许多重要的原理，有很大的方法论意义。

第三卷第五篇是在分析过的两种机能资本——产业资本和商业资本——的运动规律的基础之上，进一步说明生息资本（借贷资本——银行资本）的特殊运动规律。这种资本所有人不直接参与上述的生产和流通活动，只是将其资本借贷给产业资本家或商业资本家去经营他们的剥削事业，而从他们所赚得的利润（其规律已在第三卷前四篇分析过）之中，以贷出资本的利息形态，分占一部分。所以，利息是以上产业或商业机能资本的利润的部分扣除，使资本利润又分解成（再分配）为企业利润和利息两部分。利息率是由机能资本家和借贷资本家在资本市场上的力量对比（供求竞争）来决定的。一般是在全部利润和零数这两个数值之间波动。这是生息资本的运动规律。第五篇前四章（第二十一章至二十四章）是说明这些问题的。它们必须在第三卷的前四篇之后才能提出来说明。

第五篇前四章以后各章，主要是说明生息资本和银行信用在资本主义经济中的作用，其中有几章是由恩格斯花了很大的精力，根据马克思准备用来具体论述以上问题摘录下来的资料，分别整理出来的，恩格斯不能自己另加理论分析和概括。所以，第五篇这后半部分的内容，有些不好理解。看来，马克思是打算利用那些资料，具体揭示资本主义经济的各种危机的表现形态。第五篇的最后一章（第三十六章），在逻辑结构上，也与第四篇的最后一章（第二十章）相当，是回转头来补叙一下前资本主义社会的高利贷资本的特点和它在资本原始积累中的作用。

第三卷第六篇是说明剩余利润（平均利润的超过额）转化为地租，这是分析资本主义社会中最后——对作为核心的一般产业资本而言，也可说是最复杂、最外一层的资本关系。为什么一直留到

第六篇再来论述呢？这是因为剩余价值转化为绝对地租的部分，是以封建社会留下来的大土地私有制为根据，这对资本主义制度来说是外在的，资本主义社会有可能实行土地国有（土地归资产阶级国家所有）和废除绝对地租，而商业资本和生息资本则是资本主义社会必然附有的资本形态。同时，关于对商业资本和生息资本的关系说，农业资本并不在一般产业资本之外另有什么特殊规定性须先说明。所以，按逻辑说，应该留在最后（第三卷第六篇）来论述特殊的农业资本超过平均利润的剩余利润如何转化为地租的规律。

第六篇分三部分。先讲级差地租，这是绝对地租以外的地租，最劣等土地以上的土地才相应提供此种地租。土地的差别（包括同一块土地上追加资本的不同效率）是它产生的条件，它的根据是农业的资本主义经营的垄断制；土地私有或土地归资产阶级国家所有，只涉及级差地租交给谁（由谁来向农业资本家分去这部分剩余利润），而不会随土地私有制的消灭而消灭；换言之，只要存在资本主义制度（农业归资本家经营），它就必然存在。从这一点说，级差地租是资本主义的内在产物，不像绝对地租以土地私有制为根据，是资本主义的外部附属物。所以，第六篇先分析级差地租，后分析绝对地租。资本私有制是有可能否定土地私有制的，但是一般说来，资本主义社会都仍然保留着封建社会遗留下来的大土地私有制。由于这种土地一般都由农业资本家雇工经营，而农业资本的有机构成较低，它的个别利润率在社会平均利润率之上，这种超过额在土地私有权的障碍之下，就不参加社会总资本利润的平均化，而特殊地转化为绝对地租。以上两种地租，都是资本主义地租，它们是在价值规律→剩余价值规律→平均利润规律的基础之上，再加上本身的特殊的规定性，然后才综合出级差地租规律（价值规律加虚假社会价值，即农产品的特殊垄断价格规律[①]）和

① 对这个问题，我在《经济研究》1964 年第 6 期《关于如何正确理解“虚假的社会价值”问题》一文中，曾有所说明。

绝对地租规律。前资本主义社会不可能有这两种地租形态。与第四、第五篇一样，第六篇的最后一章（第四十七章）也是逻辑地用来回顾和补述前资本主义社会的封建地租形态，那是超经济——超价值规律的。

最后，我再讲一下《资本论》第三卷第七篇同以前各卷各篇的关系。

《资本论》第一卷第一篇是全书的枢纽。第一篇概括了第二、第三卷的各种范畴（经济关系）的基本点。劳动价值论指出价值是由劳动决定的，这是全书的始基。商品、货币、价值、价格是全书的基础。价值是剩余价值的基础，剩余价值又是利润、利息、地租的基础。第一篇分析最简单的关系，即暂时撇开资本关系而考察单纯的商品货币关系。商品、货币、价值、价格是资本主义经济最简单、最抽象的范畴，同时，又应看出它们是以后最复杂的经济关系的内核，因此，是不容易理解的。对第一篇的理解，取决于对《资本论》全书掌握的程度，同时，理解的深浅，对全书的体会又极有影响。

第三卷第七篇是全书的总结，是最综合也是包罗万象的一篇。所谓最综合，是指马克思所创立的价值和剩余价值的全部学说和对各种庸俗经济学的批判，都在这一篇里作了总结和概括，可看到《资本论》的全貌。当然，这不是以前各卷各篇的简单相加，而是各卷各篇逐步深入的内在联系之总的概括和总结，因此，不像平均利润、利息、地租各篇具体，也不容易理解。如果不一一把握住前面各卷各篇的内在联系，也就不容易把握住这一篇。第一卷第一篇如果是枢纽——网上之纲，那么第七篇则是抓住劳动价值论这个纲，将第一、第二、第三卷所揭示的经济范畴（好比“网上之结”）和盘举起，指出全网（整个资本主义经济）的联系。第七篇除了阶级这个范畴之外，没有什么新的范畴。对第七篇理解得深刻，对回过头去学习以前各卷，有很大的作用。在第一卷第一篇，马克思揭露了处于始基地位的商品拜物教和货币拜物教，而资本主义经济的拜物教性质，是经过剩余价值（特别是相对剩余价值）到利润、利息、地租等更为复杂的经济形态而更加深起来的，这一层层的拜物教是交织在一起的。[①]《资本论》各卷各篇是分别地解剖它们，第七篇则是综合地加以回顾和分析。

第七篇各章的基本内容和联系：从第一卷第一篇的篇名《商品与货币》看，像是讲交换，从第三卷第七篇的篇名《各种所得和它们的源泉》看，又像是讲分配。其实不然。第一卷第一篇是把资本关系放在一边，分析单纯的私有生产如何社会化的过程和规律，从而揭示出商品、货币的始基关系。第三卷第七篇是把前三卷，特别是第三卷各篇所揭示的生产、交换、分配关系作一个综合分析，对庸俗经济学说作一个综合的批判。

第七篇一共分为五章，前三章关系很密切，内容上相互补充，是一个单元。后两章是从前三章发展和归结出来的，各为一个单元。

资本主义的现象和本质是颠倒的。所有庸俗经济学者一方面受科学发展过程——从现象到本质的限制，另一方面又受阶级的限制，他们只看到现象界的假象，却抹煞了经济关系的本质，成为拜物教的宣扬者。马克思分析资本主义经济，正是要批判他们，从而把资本主义的本质揭露出来。《资本论》前三卷是以正面的科学揭示为主，同时也有批判，而他规划中的第四卷《剩余价值理论》，则以批判形形色色的庸俗经济学说为主。第七篇是前三卷的总结，也是第四卷的绪言。

马克思在第七篇第一章里，首先指出庸俗经济学家用三位一体的公式把互不联系的经济现象硬联在一起，来掩盖调节商品价格（其中有利润、地租）的价值（包括剩余价值）的真正来源。所以，第七篇第一章批判三位一体的公式，是《资本论》第一卷第一篇所揭示的劳动价值学说的最为全面的应用和发挥，从这里，可

① 参阅拙著《社会主义商品货币问题的争论和分析》第三章第三节和第七章。

以非常清楚地显示出这两篇之间的极有逻辑的头尾关系。在资本主义社会中，凝结在劳动生产物内的社会劳动关系，首先被掩盖起来而表现为商品的价值关系，好像商品的可以交换和相等，是由于它们具有某种社会的自然属性，这是商品价值的拜物教。金、银之所以成为货币，成为共同的等价物，则被认为是由于金、银光耀夺目，天然就是生来充当货币的。这是商品拜物教的进一步。这两种拜物教本身还容易戳穿。但是由于在资本主义社会中，商品同时又具有资本性质，价值之中还含有剩余价值的部分，后者又转化为利润、利息、地租，它们被资本主义经济生活中的一层又一层的假象掩盖，不被认为是剩余劳动的特殊历史形态，而被认为是由资本(机器)、土地的本性产生的。这叫做资本拜物教，是商品、货币拜物教的展开和加深，它们之间有密切的联系，形成一个从简单到复杂的体系。三位一体的公式是发展了的拜物教，是更高、更综合的拜物教，同劳动价值论针锋相对。在庸俗经济学看来，劳动与工资、资本与利润利息、土地与地租是三位一体的，成为调节价格的那个价值的来源。他们认为，工资的来源是全部劳动；利润的源泉是资本；土地则生出地租，而商品的价值是直接由工资 + 利润 + 地租，推进一步说，就是由劳动、资本和土地或与它们能生工资、利息和地租的能力决定的。马克思说，这种三位一体论的荒谬，等于把公证人的手续费、人参和音乐搞在一起。在这一章中，马克思除从正面说明剩余劳动——剩余价值是利润和地租的源泉之外，还详细分析了以上颠倒（将所得视为价值的源泉）是如何形成的（见第 1075—1089 页)，特别是其中的第 1082—1086 页，大体上分为五个层次来说明商品货币拜物教怎样扩展为资本拜物教，这几页等于把前三卷所揭示的各种拜物教作了一个小结。

第七篇第四章内容主要是：第一，生产过程与分配过程的相互关系，分配关系是生产关系的背面，生产决定分配，这就同历史唯物论联系起来了。第二，资本主义经济的两个基本特点：（1）普遍发展的商品经济，商品货币关系至此才完全成熟，拜物教由萌芽到大大加深了。（2）商品生产和剩余价值生产是历史性的经济范畴，并批判庸俗经济学者将资本主义看作永恒的制度。

第七篇第五章指出资本主义经济的对抗性和三大阶级的经济基础。马克思通过资本主义社会的实际分析，等于为阶级下了定义。指出人们的社会经济地位的不同，是产生阶级的根源，证实了他的唯物史观学说。遗憾的是马克思没有完全写好这一章，但是，留下的两页手稿，已明白地告诉我们：他那样终生致力于资本主义经济规律的分析，就是为了科学地指出资本主义社会阶级对抗的根源，及其必将归于消灭的历史必然性。

小　结

由于上述一层层“由抽象到具体”的科学说明体系关系，《资本论》前面讲的东西，只是从资本主义经济实际抽出来的最核心或渐渐具体起来的一部分，必须结合它以后所补充分析的内容来学习，才能理解得更深更透。而《资本论》以后所讲的，则是在前面已经分析过的经济形态、经济关系、经济规律的基础之上，再加上资本主义经济实际中的某些相应的新规定性，作更进一步的具体补充，所以必须切实记住《资本论》前面已讲过的东西，才能理解它后面所讲的问题。正是《资本论》的这种辩证结构，决定了我们必须反复学习。

专攻政治经济学的人，必须有一股韧劲，下一番苦功夫，把《资本论》读通或基本读通，真正掌握马克思主义政治经济学的基本原理。这至少有两大用处：一是可自觉地分析资本主义经济，揭露资本主义制度的剥削关系和历史局限性，为无产阶级革命斗争服务；二是充分利用《资本论》的理论财富（经济学的和哲学的），来帮助研究社会主义经济运动规律，为社会主义建设服务。

（原载《社会科学辑刊》1982 年第 4 期）

马克思的“充分平均利润”理论和我国国营工商差价的准绳

纪念全世界无产阶级伟大革命导师马克思逝世一百周年的最好方法之一，是认真学习、宣传并紧密结合我国当前“四化”建设的实际，来运用和发挥他的革命学说和经济科学理论。当前，着重研究介绍他的“充分平均利润”理论，有着重要的现实意义。因为它同我国国营工商业之间的一些不合理的价格该如何改革有很密切的关系，可是在过去我国大专院校经济系的教学和科研中，却未得到足够的和系统的反映。下面扼要分两层作一个通俗的介绍。

一　马克思的平均利润理论

马克思根据资本主义商品经济不同于前资本主义简单商品经济的特点，指出：在资本主义制度下，商品的市场价格的自发性波动，不是简单地围绕着商品在生产中所物化着的社会平均必要劳动耗费量（价值量）而上下摆动和趋向于该价值量，而是通过各生产部门内部以及各生产部门的资本之间的自发性竞争，围绕着由商品的平均生产成本（$c+v$）＋平均利润（$\overline{P}$）[①] 所构成的生产价格而上下摆动和趋向于该生产价格。前者叫做商品的价值规律；后者

① 为区分利润和平均利润，现在流行用 P 代表利润，$\overline{P}$ 代表平均利润，本文就按此使用。同时，我把马克思所揭示的“充分平均利润”，用 $\widetilde{P}$ 来表示它同 $\overline{P}$ 的区分。以下三个利润率（P'，$\overline{P}'$，$\widetilde{P}'$护，也是如此区分。

叫做商品的生产价格规律。这是由于在资本主义制度下，资本家投资办工厂和生产商品的目的，是为他们分头攫取最大的利润，以及由于资本利润的唯一来源是资本雇佣的工人剩余劳动所形成的剩余价值（m），但这剩余价值量在资本有机构成高低不同的各生产部门之间是大小颇不相等的。因此，经过各生产部门资本之间的你死我活的对抗性竞争，它们相对大小不等的剩余价值量就趋向于按生产资本量来平均地再分配。于是就自发地使商品的价值规律于无形中发展和转化为商品的生产价格规律，即各种商品的市场价格不是 $c+v+m$，而是按 $c+v+\overline{P}$ 而自发波动。但是按全社会商品价格总量来说，其中的 $\overline{P}$ 总计和 m 总计仍然是基本相等的，前者总是受后者制约。

马克思关于生产价格和平均利润的这第一层次的科学分析（详见《资本论》第三卷第九章），在我国已经得到广泛的传播；至于“充分平均利润”理论（它包括纯粹流通费用是“生产上的非生产劳动费用”的原理），还是大专院校经济系不常讲授或者有严重分歧认识的课题，为此这是应该着重介绍和阐明的马克思主义政治经济学基础知识之一。

二 马克思的“分平均利润”理论

在《资本论》第三卷第十七章，马克思对第九章单按产业资本（生产资本）所阐明的商品生产价格和平均利润原理，又进一步按资本主义生产总过程的具体实际关系，作了两层补充说明，从而商品生产价格的内涵就更严密、更确切地被规定和揭示出来：一是引进与产业资本同在的买卖商品的周转资本关系，二是引进为纯粹流通费用所垫支的商业资本的关系，指出生产资金的平均利润又如何被部分扣除和按工商总资本来充分再分配的过程和内在联系。下面把马克思的以上两层分析，用一个总括的和有数量规定的例解，作一通俗说明：

（1）设纱布生产部门的资本构成代表着社会总生产资本的平均构成，其年产品价值构成如下（单位百万元，用G表示）：$720c+180v+180m\ (P)=1080G$。

这里设m'为100%，并为从简说明，将其未转移的固定资本舍而不计（设=0），$720c+180v=900G$就是纱布生产部门的总生产资本，它的（年）平均利润率（$\overline{P}'$）为20%$\left(\frac{180m}{900G}\%\right)$，这自然小于100%的剩余价值率$\left(\frac{180m}{180v}\%\right)$。在这例解中，$\overline{P}$和$m$的绝对量是正巧相等的，纱布的价值量和生产价格量也正巧相等，这些都是为了从简举例说明问题。

以上平均利润率20%，是单按纱布生产部门的生产资本来计算的，相对于后面就要讲到的“充分平均利润”而言，可以称它为未经充分平均分配的“原始平均利润”。

（2）上述纱布生产部门虽然生产出纱布商品，值1080G，并从雇佣工人那里白白获得了$180m\ (\overline{P})$，但是还没有卖出去和实现。它必须先卖成货币，然后换成（买进）新的原材料和劳动力，才能继续资本的再生产。这就是说，还必须有居间的纱布商品的买卖（流通）过程，来助成纱布生产资本的增殖和再增殖过程。因此，还必须在上述900的纱布生产资本之外，再另垫支两笔经营纱布商品买卖的商业资本，分设如下：

（甲）买卖纱布的周转资本（马克思用B表示）设为100G，并设这$100B$的年周转速度约为10次，它就可以轮番完成约1080G的纱布的居间买卖职能。这$100B$虽然只用于买进纱布时投出，到卖出时就收回，不会消耗掉，但是它要不断被拘留在商品流通过程中。由于这商品流通和变形（$G-W$，$W-G$，这里应科学地舍弃掉市场价格实际存在的波动而按一般的等价交换关系作分析），它与纱布生产资本不同，丝毫不起生产商品和另生产出价值的作用。

（乙）为完成居间买卖纱布的职能，商人还得为纯粹流通费用而垫支第二笔商业资本，其中一部分是为设置商业事务所和零售门市部以及写字台、账册、柜台、橱窗等物化劳动耗费而支出的（为从简说明，也将其中的固定资产部分视作零），它类似生产资本的 c 部分（马克思用 K 代表它），设合 30G；另一部分是用以支付所雇佣的商业职工的工资，类似生产资本的 v 部分（马克思用 b 代表它），设合 20G（以上数字比例都是随便假设的）。这两笔纯粹流通费用开支的经济性质完全不同于纱布生产成本 c + v 的开支，它们是“生产上的非生产费用”，因为它们是纯粹为商品（纱布）的买和卖（换个手），即只不过使等量价值从一个物质承担者变形到另一个物质承担者，所以为这种商品变形职能所耗费了的物化劳动和活劳动是纯粹的耗费，是不生产的，从而不形成新的产品和价值，虽然它们是为实现商品的社会使用价值和价值所必需的耗费。[①] 因此，这 30*K* 和 20*b* 与前面的 100*B* 不同，它们有一个从哪里得到补偿的问题。

同时，以上两笔商业经营资本的垫支（共计 100*B* + [30*K* + 20*b*] = 150G），虽然一个有补偿问题，一个没有补偿问题，但都必然要求同生产资本一样获得相等的利润，可是它们本身是不生产价值从而也不生产剩余价值的，那么，它们又从哪里获得等比的商业利润呢？

（3）对上述纯粹流通费用（*K* + *b*）靠什么来补偿的问题，以及上述商业利润又从哪里去获得的问题，马克思根据资本主义经济的内在的本质的联系，答复说：“商人首先要得到这种不变资本的补偿；其次要取得这种不变资本的利润。二者都会使产业资本家的利润减少。不过，由于与分工相连的集中和节约，利润的减少，比在资本家必须亲自预付这种资本的情况下要小。”[②] 按行文，以上虽然是指商业资本的 *K* 部分而言，它自然同样也适用于 *b* 部分的补

① 对纯粹流通费用的不生产性，马克思有极明确的科学分析，见《资本论》第二卷第 6 章第 I 节，这里无须展开论证。

② 马克思：《资本论》第三卷，人民出版社 1975 年版，第 33 页。重点是引者加的。

偿和 B 与 b 的利润来源问题。我沿用前面所例解的数据，作些具体说明：纱布买卖中所发生的纯粹流通费用（$30K+20b=50G$），实际是从纱布生产资本所获得的 $180m(P)$ 的扣除中得到补偿的；$150G$ 的商业资本（$100B+30K+20b$）的利润，实际是从上述扣除后剩下的 $130m(P)$ 中平分来的。这样，按上面的例解，就出现纱布工商总资本的新的充分平均利润率以及纱布生产资本和商业资本所各自共同分得的平均利润如下：

（甲）新的充分平均利润率

$$(\tilde{P}')=\frac{180m-(30K+20b)}{(720e+180v)+(100B+30K+20b)}\%=\frac{130m}{1050\mathrm{G}}\%=12\frac{8}{21}\%$$

（它比按生产资本计算的 $\overline{P}$——20% 小。比剩余价值率 $\frac{180m}{180v}$——100% 更小）。

（乙）纱布生产资本实际所分得平均利润 $=(720c+180v)\times 12\frac{8}{21}\%=111\frac{3}{7}\mathrm{G}$。

（丙）纱布商业资本参加进来所分得的平均利润 $=(100B+30K+20b)\times 12\frac{8}{21}\%=18\frac{3}{7}\mathrm{G}$。

（4）因此，按上面所例解的内在关系和过程，纱布商品实际上首先是按低于现实生产价格（总的说，亦即低于价值）的 $1011\frac{3}{7}\mathrm{G}$ 的出厂价格，由生产资本家卖给商业资本家。上述纱布出厂价格的公式如下：$(720c+180v)\times\left(1+12\frac{8}{21}\%\right)=900\mathrm{G}+111\frac{3}{7}\mathrm{G}=1011\frac{3}{7}\mathrm{G}$。

其次，纱布商人，实际是在进货价格（上述出厂价格）之上，加上（$30K+20b$）的纯粹流通费用（它实际是由纱布生产利润的相应扣除来补偿的，见前），再加上商业资本（$100B+30K+20b$）的平均利润 $18\frac{3}{7}\mathrm{G}$，把纱布最后销售出去。这销售价格的构成公式如下：

出厂价格 $1011\frac{3}{7}$G + 纯粹流通费用 50G + 商业资本的平均利润 $18\frac{3}{7}$G = 1080G。这最后的商业销售价格不是高于纱布商品的生产价格(价值)，而正是等于后者。实际上，上述商业销售价格还划分为中间的批发价格和最后的零售价格，后者的合理限界是商品的现实生产价格(价值)，这些就无须细设数例来解释了。

上述纯粹流通费用 50G 的补偿问题和商品经营资本 150G 的利润来源问题，都是从生产资本所攫得的利润的扣除中来解决，以及纱布商品的出厂价格必然是相应地低于它的现实生产价格（价值）等内在联系和过程，似乎有一个难解的疑问：产业资本为什么会把剥削来的剩余劳动价值拱手让一部分给商人呢？因为如果由产业资本家自己兼营这业务，他所需追加垫付的商业资本和纯粹流通费用的开支还要相对地更多一些，从而他攫取到手的 180m(P) 还会相对地减得更多一些。同时，另由专业的商人来居间买卖纱布，他不但不会白垫资本和白垫纯粹流通费用，他还必然要同生产资本家一样，追求最大的商业资本利润。于是通过产业资本和商业资本在纱布出厂价格（商业进货价格）上的对抗性竞争和不断的讨价还价(恩格斯称它为“剧烈的商战”)，就会自发地趋向于大致按上例所示的 $1011\frac{3}{7}$G 的价格来交换。这一般会使充分平均利润率降低得少一些（理由见前面的引文)。

(5) 马克思的“充分平均利润”理论以及上述出厂价格和商业销售价格之间的内在联系，是他所揭示出的价值规律和生产价格规律的具体表现，是通过长期的辛勤的科学研究，从冗杂的和变幻不定的资本主义市场价格现象中发掘出来的。西方资产阶级庸俗经济学者，或因浅见，或因御用的辩护职务，却看不到或故意设辞否认马克思的科学贡献。例如，他们说：商品价格是没有内在的劳动——价值根据的，生产资本的利润也好，商业资本的利润也好，都是来自商品的单纯的加价和贵卖，商业上的纯粹流通费用是靠单纯的贵卖来补偿的，等等。其实，这些说法，很明显是讲不通和站不住脚的，因为卖方的单纯加价贵卖之利，就是买方的贵买之失，同时卖者和买者的身份是轮番交替的，因此，总的说，是生产不出一个铜子的价值和利润的。至于商品纯粹流通费用的补偿和商业利润，虽然来自销货价格高于进货价格，实际则是由于生产资本所攫得的剩余劳动价值应该由工商总资本来一起分配，以及出厂价格低于现实生产价格。

所以，我们对马克思所揭示出的生产价格和充分平均利润关系，不能持单纯背诵的态度，而必须牢牢记住：它们在资本主义经济中，是因何和如何被掩盖在与之自发背离和不断变幻的市场价格现象的背后的道理。因为，只有这样，我们才能运用它们作武器，来分析现代垄断资本主义的一些新的问题，破除新老重商主义的谬论。同时，也只有这样，我们才能按社会主义商品经济的新特征，来发挥它们的理论指导作用。

三　社会主义国营工商价格的首要规律

在扼要介绍了马克思从资本主义商品经济关系中所揭示出来的“充分平均利润”原理之后，我们且来考察一下：在我国今后的价格改革中，马克思所揭示的这条原理，是否也必将是社会主义商品的定价准则？这是一个很复杂、很重要的理论课题和实际经济问题，有待专门研究和论证。这里，我暂时撇开个体经济和集体经济所生产的粮、棉等商品究竟按什么样的价值规律来定价的问题，而单说作为商品的国营工、交产品的定价问题。我认为，它也将是按价值的变形——生产价格和充分平均利润规律来定价的，不过其原因、体现过程、表现形式都有别于资本主义商品的价格。由于对这部分价格问题，我个人正处在着手结合我国当前的价格改革的实际，而进一步的理论探索阶段，还难于展开充分的论证，只提出以下几点本质性的看法：

（1）我国现阶段的社会主义经济，虽然还是由多种经济成分组成的不发达的社会主义经济，但是其中国营的全民公有制经济成分已占整个国民经济的主导地位，因而它可以凭这个客观性和实力，按日益被认识的各种有关的经济规律来指导整个国民经济的发展方向，其主要特征是：全社会的分工和生产，基本上是有计划的，即基本上不是自发的和各行其是的，从而社会化的大分工所必然附来的社会产品按所物化的社会平均必要劳动量（价值量）相交换的关系，也必然是这样基本上有计划的。这是我国现阶段社会主义公有制商品经济同资本主义私有制商品经济在生产和交换这两方面的根本性的具体区分。

（2）社会主义经济的存在和发展，不仅要靠不断提高劳动生产率，节约有用的单位产品的活劳动和物化劳动的综合耗费量，而且必须同时降低单位产品生产所占用的固定和流动的资金总量，加快资金周转速度，提高资金利用率（此外，还必须同时注意节约使用自然资源，这里不兼论这个因素），才能最终战胜资本主义和达到共产主义（高级阶段）。因此，社会主义不仅要厉行有合理定量根据的按劳分配制度以及降低活劳动和物化劳动消耗定额的经济惩奖责任制度，而且要一样厉行资金占用定额和资金有偿使用的经济责任制度。三十多年的工业化、现代化建设经验教训已深刻地告诉我们：为克服过去对多占资金、浪费资金视若等闲的严重不良恶果，不仅必须实行资金收费制度，而且必须把握住“充分平均利润”的原理，按照社会主义原则来应用，有计划地核算出各工商部门的近似的充分平均利润额，将它分别列为商品出厂价格和销售价格的第三构成部分，其中按“利改税”形式上缴国库的部分，应直接厉行“法制化”的“资金占用税”形式，按时征收（不论划归企业的那部分利润是否全额完成）。这同超平均计划利润部分主要归企业按规定使用，是相辅相成的，是惩奖合理结合的。有计划地实行按这种以“充分平均利润率”为基础的生产价格来定价的制度，不仅可以起促进节约资金的作用，而且还可顺带解除各工商部门和企业因利润大小悬殊而发生的苦乐不均的矛盾和弊病。

（3）在社会主义制度下，充分平均利润是按有实际根据的定额和各部门、企业所占用的资金，来计划和规定的，它来自平均再分配社会剩余劳动所创造的剩余价值。因此，不宜使平均利润同职工个人的奖金直接挂钩（职工个人奖金主要应来自超计划利润的分成），否则，会产生新的苦乐不均问题。

根据以上所述可以辨明：在社会主义经济中，商品价格（最后为它的零售价格），按现实生产价格的限界来规定，这同前面所说的资本主义商品价格自发地围绕着生产价格波动，是有本质区分的：第一，它是由于要促使工商部门、企业和职工共同节约占用资金，提高社会公有资金的经济效益，而不是出于为个人谋取最大的私利；第二，在社会主义商品经济中，生产价格和充分平均利润规律，是通过计划价格形式来体现的，而不像在资本主义制度之下那样，是通过自发的、你死我活的市场竞争和市场价格的自由波动形式来体现的。后者是不由人统制而是由它统制着人。所以，两者最多只不过有些貌似，实质是完全不同的。这是我们在推行资金有偿制度和按生产价格以及充分平均利润率规定国营工商价格制度的过程中，必须清醒地把握住的重要基点问题。

（原载《经济研究》1983 年第 5 期）

关于我国社会主义商品价格规律的几点研究

本文认为，我国社会主义计划价格应按生产价格原则制定，但企业所获“生产价格内”利润，应全额以所得税形式上缴国家；仅“超平均利润”才可实行利润分成。

文中还阐述了马克思的“充分平均利润”理论，以论证从生产到流通、消费等各环节之间按生产价格分配价差的理论依据与政策界限；并按社会主义商品计划价格自身的客观逻辑性，作了“由抽象到具体”的“三个层次”的说明。

作者骆耕漠，一九〇八年生，中国社会科学院学术委员，经济研究所研究员，国务院经济研究中心顾问。

为了探讨我国社会主义商品价格规律，先要认清我国社会主义商品经济的特点：

我国现阶段的经济，仍然是具有两种公有制和一部分个体私有制等多种经济成分的不很发达的社会主义经济[①]；同时，国家经营的全民所有制经济早已居于整个国民经济的主导地位，其他经济成分基本上按它所指引的方向运行和发展。我国经济和西方资本主义经济，有以下根本区别：西方国家的社会生产及其产品的分配和交换，不但处在各个资本家（包括各垄断资本集团）之间的利益冲突之中，而且处在他们同雇佣工人阶级之间的对抗性矛盾之中，从

---

① 为了从简分析，将我国近年来开始与外资合营的经济成分略而不论，因为它不会改变我国经济的根本性质。

而按全社会说，它们是不能统筹安排、统一计划的；我国现阶段的多种成分经济之间，根本利益是一致的，只有非对抗性矛盾，从而它们的分工生产关系和分配、交换关系，是可以在国营的全民所有制经济的主导作用之下，按国家、集体、个人三者利益相协调的社会主义原则来全面统筹安排的，它们内在地具有由国家来统一计划的可能性和必然性。

社会主义经济和资本主义经济的区别，不在于有无广泛发展的分工交换关系（这是它们都必须具有的）①，而在于各该分工交换所借以依存的所有制的不同，以及由此而必然带来的有计划交换和无政府状态交换上的本质区别。对上述有计划的分工交换经济关系，现在通称为社会主义商品经济，这可以视为名称问题，重要的在于阐明和牢牢把握住它所具有的“计划性”特征。

社会主义经济和资本主义经济的区别，还在于社会主义商品经济能有计划地运用等劳交换规律，而资本主义商品经济则只能盲目地让价值规律起作用。对社会主义经济的有计划的等劳交换规律，现在通称它为社会主义价值规律，这也可以视为名称问题，重要的亦在于阐明和牢牢把握住它所具有的“计划性”特征。

在我国现阶段的社会主义商品经济的总构成中，还有一部分个体经济，它属于自发分工交换的关系，从而还在一定范围内和一定程度上自发地受价值规律调节，即由商品的价格围绕社会劳动耗费量（通称价值量）上下自由波动来调节。这部分自发性商品经济，在我国有以下特点：（1）它在一个时期内，还将扩大一些比重，这是因为过去在“左”倾思想影响下，未利用好它的积极辅助作用，对它作了过头的限制；（2）不但将来，即就现在而言，它总是处在“全民”和“集体”这两种公有制经济的主导影响之下。

---

① 六七十年前，盛行一种观点，以为一旦消灭资本主义私有制，就可以取消公有制分工生产者之间互相按劳动耗费量交换产品的关系。这是完全错误的观点。现在仍流行一种观点，以为到了实现单一的社会主义全民公有制之后，就可以取消产品的等劳交换关系，这也是完全错误的。

所以，它有别于私有制社会里的纯自发经济，它影响不了我国现阶段的商品经济是有计划的社会主义商品经济的特性。

一　有计划地按生产价格定价

在资本主义经济中，商品价格不是自发地围绕着商品的价值“$c+v+m$”上下波动，而是自发地围绕着商品的生产价格“$c+v+\overline{P}$”上下波动。（“c”代表物化劳动耗费，“v”代表补偿活劳动报酬部分，这两者合称生产成本；“m”代表剩余劳动价值；“$\overline{P}$”代表各生产部门通过竞争，按总生产资本的平均利润率$\overline{P}'$所分得的平均利润。按各生产部门的总计来说，“$\overline{P}$”等于m总计；按各生产部门说，它常常大于或小于它们本身所生产的“m”。）马克思在《资本论》第三卷第九章，已科学地阐明了这个问题。

在我国社会主义制度下，商品价格一般说是统一制定的。那么，这个价格究竟是有计划地归向于按商品的价值定价，还是有计划地归向于按商品价值的转化形态——生产价格定价呢？对这个重要的经济理论问题，我的老战友、已故的模范共产党员孙冶方同志，在50年代曾吸收苏联专家马雷舍夫和索包里的一部分观点，主张有计划地按生产价格来定价。为此，他在60年代初期受到了错误的批判。近年来，赞成他的主张的人日益增多。对这个问题，我觉得，还须继续结合我国当前经济体制改革的实际作进一步的研究和论证。近半年来，我在研究价格改革问题的过程中，对上述两种定价办法，有以下初步看法：

（一）简单地按价值来规定各不同生产部门的不同产品的价格，各该部门的产品的“m”虽不在部门外再分配，但若同时规定每个生产部门内的各不同资金构成的大、中、小企业，必须按它们各自占用的资金总额，乘以本部门的平均利润率率$\left(\frac{\text{本部门的“}m\text{”}}{\text{本部门的资金}}\times\right.$ 100%，用“$\overline{P}'n$”代表，与前述社会总生产资金平均利润率

“$\overline{P}$” 相区别），向社会中心（国家）上缴社会所得税。这样，我认为也能够起到以下杠杆作用：一是大厂因为多占用资金，技术较好，劳动生产率较高，单位产品的个别价值会在社会（平均）价值之下，可多得差额利润，但它也要因多占资金而多缴法定的社会所得税，这就会促使它考虑节约并少占资金，充分利用技术，经营好企业。如果它让设备闲着不用，成本降低得有限，发挥不出大厂应有的优越性，实际利润达不到应上缴的全额社会所得税，它就会陷入一系列的困境。二是小厂占用资金少，技术差些，单位产品的个别价值一般高于社会（平均）价值，利润较难达到本部门的平均利润率，但它占用资金少，应上缴的社会所得税也少。经此平衡，小厂大致也可处在公平合理的地位，而安于经营和努力进行技术改革。上述部门内大小厂的有利和不利因素，虽然不是按比例地相互抵消，但是在实行按价值定价时又推行以上述“部门平均利润率”为基础的全额社会所得税制度，它是能在一定范围内起上述杠杆作用的。同时，实行这种按价值定价的制度，比实行按生产价格定价，有较明白易行的地方。不过，它终有以下局限性：

（1）同我们处在一个世界市场上的西方国家，其商品价格是在自发的、你死我活的竞争中和在市场价格不断上下波动的痉挛中，体现着生产价格规律，而我们如果简单地按价值定价，在与它们换算对比时必定会增加几层困难。

（2）本来是不同部门（不同自然资源）的产品，如石油化纤产品和棉毛产品，以及可以互相代用的不同部门产品，如木材、钢铁和它们的新代用品，由于科学技术的进步将日益增多。这样，如果按价值定价，则不能起到按生产价格定价所可以起到的下述作用：它们（如石油化纤制品和棉毛制品）也与同部门产品一样，通过它们可比的使用价值的物量单位所占的资金比例和所提供的利润比例的多少，知道它们之中哪个是经济效益最大的，哪个差些，等等。

根据以上两点比较，我认为社会主义商品会趋向于按生产价格定价，这是一方面。另一方面，在按生产价格定价时，应同时将全部平均利润以社会所得税形式上缴国库；各部门、各企业单位的奖金、集体福利等，只同企业的超平均利润这个更需要更多发挥积极性、创造性，更多流汗出力的指标相联系。

（二）按生产价格定价的制度，必须与平均利润采取新的社会所得税形式全额上缴的制度同时实行。

无论实行按价值定价或按生产价格定价，各企业都必须按本部门的或社会的平均利率（$\overline{P}'n$ 或 $\overline{P}'$）负责上缴全额的社会所得税，这是为了促进各企业自动节约并少占资金和尽量设法加快它们的周转速度，特别是充分利用现有的技术设备，以提高经济效益。这个“资金有偿”原则，在实行按生产价格定价时，尤须贯彻。否则，必然引起各部门企业间的新的苦乐不均。因为：

（1）各部门企业的利润由于有计划平均化的关系，会使本部门创造的“m”被别部门再分配去，或者会把别部门创造的“m”再分配进来。

（2）撇开上一点不说，首先，各部门总生产资金有机构成的高低，是由各该部门生产资金的技术构成决定的，并受原材料、设备等生产物质要素的价格贵贱的影响。其次，各部门资金有机构成的高低，同它们所能引起的产品劳动耗费量即价值量变化的多少（劳动生产率提高程度的多少），是不会成比例的（均以它们正常经营为前提，下同）。再次，各部门（如原煤、原油、纺织、制糖等部门）资金有机构成的高低，同其资金的周转速度的快慢之间的关系，也是不会成比例的。本项内的这三层关系，都会使各部门企业职工按人或按工资所计算的利润额大有出入，但这出入都不是由各部门企业职工主观努力上的差别所造成的。

因此，不宜使企业职工个人的和集体的物质鼓励基金同企业产品生产价格内的利润部分挂钩。这个钩只宜挂在企业的超计划利润的合理分成使用上。今后我们应做到使企业的超计划利润是靠企业更加改善经营管理和职工更多尽心出力得来的，不能依靠把本来属于计划内的利润化为超计划利润。

（三）产品生产价格内的利润部分以社会所得税形式全额上缴国家，这是否同三中全会以来扩大企业自主权的方针相抵触呢？答：一点也不，而且更有利于贯彻执行上述方针。因为：

（1）国营生产企业职工的劳动所创造的价值（净产值），一部分已按按劳分配原则，采取工资形式，分配给职工本人了；另一部分劳动价值，按社会主义制度说，是他们必须交由代表他们总体利益的社会中心（国家）来统筹分配的社会公共必要劳动价值。所以，我称它为社会（公共）所得，以与职工个人所得（按劳分配的工资）相对称。这两部分劳动，对劳动者和由他们按民主集中制原则组成的社会（国家）来说，同属必要劳动。

（2）我把上述社会所得称为“社会所得税”，这同资本主义国家向私人征收的所得税相比，是完全不同的经济关系的转用词，是借以表明：国营企业产品生产价格中的“平均利润”部分，按其经济关系的本性来说，是国营企业职工必须承担责任来保证完成的公共义务。最近国务院决定国营企业将利润上缴改为“所得税”上缴，也是含有这个意思的。有些人以为，“利改税”是否意味着社会主义全民所有制向社会主义集体所有制后退了。这种疑惑，是由于用资本主义国家征所得税的眼光来看我国的“利改税”。

（3）实行按生产价格原则定价，应同时实行该价格构成中的利润以社会所得税的形式全额上缴国家，这个“全额”规定是为了指明：这部分价格构成因素，是统一地属于“社会公共所得”范畴；而绝不是如下的意思：国家（中央）不再实行民主统筹和相对分权的财政体制，不再划分一部分“社会公共所得”给地方和企业，由它们分别按相应的规定来灵活掌握使用。这属于“社会公共所得”的再分配问题，可以另题研究。

在全额社会所得税制度开始推行阶段，由于计划工作一时难以完善，应为企业多留点回旋余地。其次，如果不能完成计划，则要由给企业分成的部分来承包，以保证中央留下的“社会所得税”部分。这必须是一项指令性任务。

开始按生产价格定价时，如果因核算数据有大的误差或生产情况有大的变化，可于一二年内适当地个别调整。以后随着统计、计划工作的完善，一般应定为五年调整一次。

二 由生产价格到商业价格的内在联系：出厂价格、商业进销差价、批零差价的合理界限

我国当前价格制度改革所面对的问题之一，是如何确定国营工业产品的出厂价格（商业进货价格）和商业销售价格，以及商业内的批零差价的合理界限。它们都是由前述的生产价格转化来的进一层的价格形态，是受前者调节的。大家知道，上述一系列工商业价格存在许多不合理的地方，那么，我们该遵循什么标准去改革呢？对这个问题，马克思在《资本论》第二卷第六章和第三卷第十七章，以资本主义的工商业价格为对象所作出的科学分析，我认为，只要我们结合我国工商价格实际来应用，就可以基本上得到解答。但马克思的上述工商业价格理论，在我国大专院校的经济系里，还未被系统地提到教学日程上来，人们还不怎么熟悉。有的人学了马克思的以上著作后，还撰文说那是“有问题和站不住脚的”。还有不少人仍然被蒙在商业价格的假象之中或新老重商主义的庸俗观念之中，错误地宣传商品买卖过程中所耗费的物化劳动和活劳动也是生产价值的劳动（这里应把那些表现在商品流通过程中的运输商品的劳动除外），他们不知道商业进销差价和批零差价，归根到底来源于马克思所揭示的“商品的充分的平均利润的必要扣除”。我认为，在上述影响下拟议价格改革，是不可能拟定合理方案的。

下面，我扼要介绍一下马克思的工商业价格理论，并谈谈我对价格改革的一些想法。

（一）商业价格的范围和构成因素。把我国国营商业部门作为一个总体，它处在国营第一、第二部类各生产企业之间，执行各种生产资料产品买进和卖出的职能，或者处在国营第一、第二部类各生产企业和生活消费者（城乡居民）以及非国营的生产消费者之间，执行买卖各种生产资料产品和生活资料产品的职能。

商业部门居间经营买卖，要先垫支资金。这些资金的用途有二：

一是用来充当买卖商品的周转金，它买进商品时付出，转卖出商品时收回。在其他一切条件不变时，商业部门垫下这部分资金后，让它留在商品流通过程中就够了，它不会被消耗掉，因而这部分商业资金无补偿问题，但是它有能得多少利润的问题。马克思曾用“B”代表这部分商业资金，并以“Bp'”（这里“P'”代表“社会的工商总资金的平均利润率”[①]）代表这部分商业资金应得的商业利润。二是用来支付买卖业务中所耗费的簿记费用，商业事务所、商店的设备等耗费，以及职工的工资开支。这项费用，一部分为物化劳动耗费形式，一部分为活劳动耗费形式。马克思为说明问题，用“K”代表商业物化劳动耗费，用“b”代表商业活劳动耗费。垫付在“$K+b$”上面的资金，是商业上的纯粹耗费，是没有什么可收回的（理由见后）；在其他一切条件不变时，它们在耗费之后，必须另有补偿的来源。这是“$K+b$”部分不同于“B”部分的所在。对于“$K+b$”部分，商业部门一定要求补偿，而且还要求为它而垫支的资金部分，同为“B”所垫支的资金部分一样，也带来相等的利润率的商业利润，即“Kp'”，和“bp'”。

这就是说，商业部门垫支了上述资金来居间买卖商品，必然要求商品的销售价格和进货价格之间，有以下差额：

销价 - 进价（出厂价格） $=Bp'+K+Kp'+b+bp'$。

---

① 对个别生产部门资本未平均化的利润率、社会生产资本的平均利润率、社会工商总资本的充分平均利润率，马克思均以“P'”表示。至于 Bp'、Kp'、bp' 等场合，其中的“p'”是指充分平均利润率——“$\widetilde{P}'$”。

（二）再考察商品商业价格的客观依据和合理界限。这涉及我们今后价格改革的方向问题，它已由前面所说的按生产价格（$c+v+\bar{p}$）定价转到出厂价格（进货价格）的合理规定是什么，以及“$Bp'+(K+b)+(K+b)P'$”（买卖商品的周转资金的相应利润，两项纯粹商业费用的补偿和为纯粹商业耗费所垫支的资金的相应利润）的真正来源和界限是什么的问题。

有人把进货价格和销售价格的差额看成商品销售者对购买者随意加价，认为没有什么规律可言。还有人认为，在社会主义制度下，似乎上面那种纯粹商业费用（$K+b$）也同工业生产部门的不变资金支出和可变资金支出（$c+v$）一样，是生产的，即可以物化出什么产品和价值，没有另外的补偿问题。他们说，在社会主义制度下，商业职工的劳动分为两部分，其中一部分是抵偿工资的必要劳动，另一部分创造剩余价值（m）。认为这就是商业全部资金的利润来源。其实，这两种观点都是错误的。由商品买卖所引起的那两项劳动耗费，只是促成已有商品价值的变形（商品变货币和货币变商品），它是什么使用价值和价值也没有生产出来的。以上两种形式的商业劳动的耗费是纯粹耗费，虽然它们是社会生产和交换中所必不可少的耗费。说平衡那些项目（$Bp'+K+b+Kp'+bp'$）是靠高于商品的生产价格（价值）的贵卖来平衡，这是早已破产的重商主义“让渡利润”理论，那是完全说不通的。因为一方凭贵卖获高价之利，就是另一方因贵买受高价之损，双方合起来算，并没有多出一个铜子的价值来平衡“$BP'+K+b+Kp'+bP'$”。在日常经济生活中，虽常有商品成交价格高于或低于价值（生产价格）的现象，但其总趋势必然是价值（生产价格）决定着商品的成交价格。在《资本论》第三卷第十七章中，马克思早已指明：商品的进销差价，实际上是从商品的生产价格（$c+v+\bar{p}$）中的平均利润（$\bar{P}$）中扣除的。简列如下：

在前面第二节中，我们已经阐明：国营工业企业生产出的商品的合理价格，应按生产价格来定。例如，某一生产部门的产品的成本价格假设为“720c + 180v”（单位：万元，下同），设一般剩余价值率为 100%，这个生产部门的资金构成为社会平均构成（设其固定资金是一次转移），那么，该部门的生产价格为 1080，即“720c + 18v0 + 180$\overline{P}$（这里 $\overline{p} = m$），这时社会生产资金平均利润率 $\overline{P}' = \frac{180}{900} = 20\%$。这是暂时舍象该部门产品的流通过程说的。因此，上述生产价格和平均利润率，用马克思的话来说，必须作进一层的补充规定和校正。因为实际上商品的直接生产过程和流通过程是不可分地结为一个统一的生产总过程的，而在商品的流通过程中，是必然要再垫支“B”和“$K+b$”这两部分商业资金的，假设商业职能是附在该生产部门之内，即工商尚未分开（实际上，商业活动一般是独立的，不过，不论合或分，商品的商业价格规律是一样的）。因此，生产价格中的平均利润（$\overline{p}$），就要按客观实际而被更严密地规定：

（1）从平均利润 180$\overline{p}$ 中，要扣除为买卖商品（流通）而发生的那两项纯粹流通费用，即“$K+b$”。现设定社会平均必要的耗费量为“30K + 20b”，共计 50。这样，该生产部门的利润就只有 180 − 50 = 130。

（2）同时要参加这利润余额的分配的，不只是生产资金（$c+v$），还有追加的商业资金（$B+K+b$），（设其中的“B”——卖买商品的周转金为 100）。这样，130 的利润余额就要按工商资金合计：（720c + 180v）+（100B + 30K + 20b）= 1050 来分配；从而前面未经掺入商业的 20% 的利润率，就要降为工商资金合计的 $\frac{130}{1050} = 12\frac{8}{21}\%$ 的利润率。马克思称它为“充分的平均利润率”，我们用“$\tilde{P}$”来表示。经过这样的校正，该生产部门产品就得趋向按 720c + 180v + $111\frac{3}{7}\tilde{P}$〔$900 \times 12\frac{8}{21}\%$ 之积〕= $1011\frac{3}{7}$ 的出厂价格卖给该生产部门所附属的商业部门（包括直到最后的零售环节），后者最后趋向按名曰商业价格（实为商品本身的生产价格）的1080转卖出去。其间销售价格1080减去出厂（进货）价格1011 $\frac{3}{7}$的差价（有些人所说的“贵卖”和“加价”）68 $\frac{4}{7}$，实际是从该生产部门的生产利润180中预扣出来的，内50补偿其纯粹流通费用（$K+b$），其余额18 $\frac{4}{7}$为追加的商业资金的利润$\left[\ (B+K+b)\ p'，即150\times 12\frac{8}{21}\%\ \right]$。上述商品出厂价格规律和商业（销售）价格规律，是从商品的生产价格规律演化出来的；而商品的生产价格规律，则又不过是商品价值规律的一种发展形态。这表明：对我国当前和今后国营工业和商业间的价格（从出厂价格直到零售价格）的调整和改革，必须有计划地遵循这些同商品价格有关的规律来进行，才能做到全面合理。

（三）合理改革国营工商业间现行的出厂价格和商业销售价格的可行性问题。为了进行价格改革，在目前要组织各有关方面的力量来做好数据准备工作。除了前面提到的以外，国营商业部门（包括国家物资局及有关工业部门的生产资料商业公司）还必须把居间经营国营各生产部门的商品买卖所发生的以下三项垫支的数据核算出来：

（1）加权平均必要（不要偏上偏下）的周转资金（“B”）的大致定额。

（2）加权平均必要的“$K+b$”费用，并附“b”，项的商业职工人数。（这一项最重要、最复杂，要用较大力量认真核算。）

（3）商业的固定资金部分的概数。

有了以上数据后，我们就有可能在算出国营各生产部门（包括工业、铁路、交通、航运、邮电、建筑业等）的产品的生产价格（$c+v+\bar{p}$）的同时，将有关各专业商业部门的两项资金“B”

和“$K+b$”[①] 加在一起，并分别把“$K+b$”从生产部门的平均利润中扣除出去，同时计算出社会总工商资金的充分平均利润率的近似数。这样，我们就有大致的数值根据来拟定合理的商品出厂价格和销售价格标准，那么，各部门工商资金所分得的利润（它们应承担缴纳的工业和商业的社会所得税）就会大致平衡合理。它们的超额利润以及奖金和福利，都将是从提高劳动生产率和经济效率的硬功夫中才能得来的。

目前有些工业部门要求兼营产品的买卖业务，这一般是不合经济效益原则的。因为商业从产业分工出来而独立化、集中化以后（当然也有一定的合理限度），可以相对地减少所需用的“$B+K+b$”。形成这种兼营倾向的原因不一，其中有些是商业利润大、出厂价格中的利润率低。另一方面，也有些国营商业企业不愿包揽国营生产企业产品的居间购销业务，这除了因为有的产品质量差难推销外，还因为商业利润低等等。这类问题，在工商利润率平衡起来，又实行“资金有偿”的社会所得税制度之后，就会易于解决。

三　保管费用和季节差价;运输费用和地区差价

除前述问题之外，国营工商企业之间还有一些更为具体的价格问题，例如季节差价和地区差价问题。这两者是因为产品流通过程必然发生保管费用和运输费用而产生的。这两种费用的经济性质与前述的纯粹流通费用各有不同之处，因此，它们对商品价格的形成各有一种特别关系，我们必须区别开来。

（一）保管费用

在产品作为商品或停留在市场上时，也就是在产品处在其生产过程和消费过程之间的间隔期间，形成商品储备。资本主义经济中

---

① 各商业部门的这两种资金的比例及这两种资金合计同它们所经营的商品进货价格总计之间的比例，都是不相同的。

的商品储备有两种情况：一是商品的生产和再生产总过程所不可少的；二是由于商品生产过剩和面临经济危机。为这两种不同情况的商品存货所垫支的保管费用，是有不同的结果的。为商品储备而垫支的保管费用，也同纯粹流通费用一样，分物化劳动耗费和活劳动耗费两部分，后者也总是分为以下两部分：一部分是补偿保管劳动者生存所需的生活资料（在资本主义社会里是补偿作为劳动力商品价格的雇佣工资）；另一部分是为社会所做的部分（在私有制社会里，它采取无偿和剥削的种种形态）。对保管费用，马克思有详细的科学分析，他指出，凡属储备的保管费用支出，“总是构成物化形式或活的形式的社会劳动的一部分”，“它们不进入产品形成本身，因此是产品的一种扣除。它们作为社会财富的非生产费用是必要的”[①]，并指出“产品储备是一切社会所共有的，即使它不具有商品储备形式这种属于流通过程的产品储备形式，情况也是如此”。[②] 这是我们要分清的一个方面。接着，马克思对储存品的保管费用的这一条规定性，又作了进一步的补充分析，其要点是：

（1）“如果资本家已经把他预付在生产资料和劳动力上的资本转化为产品，转化为一定量现成的待售商品，而这些商品还堆在仓库里，没有卖出去，那么，在这个期间不仅他的资本的价值增殖过程会停滞，为保管这种储备而用于建筑物、追加劳动等方面的支出，也会形成直接的损失。”[③] 马克思按资本主义商品储备形成的实际原因，把它分为两种：一种是违背当事人意志的、非自愿的、不正常的商品储备。他说：“非自愿储备是由流通停滞造成的，或者同它是一回事，而这种停滞是商品生产者无法知道的，是违背他的意志的。”“如果储备的形成就是流通的停滞，由此引起的费用就不会把价值加到商品上。”[④] 因为这时商品储备“不是不断出售

① 《马克思恩格斯全集》第二十四卷，人民出版社 1972 年版，第 162—163 页。
② 同上书，第 163 页。
③ 同上书，第 163 页。
④ 同上书，第 164 页。

的条件，而是商品卖不出去的结果。费用仍旧是一样的，但是，因为它现在完全是由形式产生，也就是由于商品必须转化为货币而产生，并且是由于这种形态变化发生困难而产生，所以它不加入商品价值，而成为在价值实现时的扣除，即价值损失”。[①]

（2）至于自愿的、正常的商品储备，它所引起的保管费用则有以下不同：它会进入储存的商品的价值构成中去。这部分保管费用为什么能成为储存品的追加价值呢？这不仅因为它与纯粹流通费用不同，对储存品起保管其使用价值的作用，最根本的是因为上述正常的商品储备是保持商品流通得以顺利进行的条件。马克思说：

> 商品储备必须有一定的量，才能在一定时期内满足需求量。这里要把买者范围的不断扩大计算在内。为了满足比如一天的需要，市场上的商品必须有一部分不断保持商品形式，另一部分则流动着，转化为货币。在其他部分流动时停滞的部分，会和储备量本身的减少一样不断减少，直至最后完全卖掉。因此，在这里，商品停滞要看作是商品出售的必要条件。其次，储备量要大于平均出售量或平均需求量。不然，超过这个平均量的需求就不能得到满足。……从社会的观点看，只要商品没有进入生产消费或个人消费，资本的一部分就仍旧处于商品储备的形式。生产者本身为了使自己不直接依赖于生产，为了保证自己有一批老顾客，总想保持一批与平均需求相适应的存货。购买期限是适应于生产期间的，商品在它能够由同种新商品替换以前，在一个或长或短的期间内形成储备。只是由于有了这种储备，流通过程从而包含流通过程在内的再生产过程的不断连续进行，才得到保证。[②]

① 《马克思恩格斯全集》第二十四卷，人民出版社 1972 年版，第 166 页。
② 同上书，第 164—165 页。

正常的商品储备所引起的保管费用，是构成商品追加价值的，即“把保管费用按比例加到商品价值中去”，但是它没有增加被保管的产品量，它只不过使被保管的产品的使用价值的减少受到限制，它本身是靠扣除社会产品来补偿的。所以它也是生产上的非生产费用。它虽然加入商品价值，但它同生产劳动形成价值之间是有重大区别的。马克思指出：商品储备保管费用，虽然在正常储备的范围内，即在一定程度上加入商品价值，但是，马克思接着又进一层作出重要分析，至今常常为人们所忽略，从而不知：即使为正常的商品储备保管费用，它虽可作为商品的追加价值，但仍有别于生产费用而属于“生产上的非生产费用”的性质，所以，有着重加以介绍的特别必要性。马克思接着曾按正常的商品储备保管费用的实质，指出它“使商品变贵。在任何情况下，为保存和保管这种商品储备而耗费的资本和劳动力，总是从直接的生产过程抽出来的。另一方面，这里使用的资本，包括作为资本组成部分的劳动力，必须从社会产品中得到补偿。因此，这些资本的支出所产生的影响，就像劳动生产力降低一样，因而，要获得一定的有用效果，就需要更大量的资本和劳动。这是非生产费用。”①

根据马克思对商品储备保管费用的分析，我们在目前的成本价格工作中和今后的价格改革中，对社会主义产品（商品）的保管费用，也必须划分正常的储备定额界限，在此范围内，准予作为成本，追加到产品的计划价格中去。这样，在经济核算上，就可以使因经营不善、货不对路、长期积压而发生的销不出去的呆货的保管费用，成为国营工商企业减少或完不成计划上缴利润（社会所得税）的压力，促使它们来承包应有的经济责任。

（二）运输费用

商人在买卖商品过程中所垫付的商品运输费用，同他所垫付的

① 《马克思恩格斯全集》第二十四卷，人民出版社 1972 年版，第 156 页引文中的着重点为引者所加。

纯粹流通费用，是完全不同性质的，它实际是延伸到流通过程中来的商品生产费用的继续追加。对此，马克思作了以下分析：

> 产品总量不会因运输而增大，产品的自然属性因运输而引起的变化，除了若干例外，不是预期的效用，而是一种不可避免的祸害。但是，物品的使用价值只是在物品的消费中实现，而物品的消费可以使物品的位置变化成为必要，从而使运输业的追加生产过程成为必要。因此，投在运输业上的生产资本，会部分地由于运输工具的价值转移，部分地由于运输劳动的价值追加，把价值追加到所运输的产品中去。后一种价值追加，就像在一切资本主义生产下一样，分为工资补偿和剩余价值。①

这段引文阐明：流通过程中商品运输的职能，不像单纯的商品买卖职能那样仅仅是使商品换个手和变个形，而是生产性物质变换的延续，商品运输所耗费的物化劳动和活劳动（包括运输工人的有偿劳动和无偿劳动）是形成价值和创造剩余价值的，成为商品的追加价值。

（三）季节差价和地区差价

商品季节差价产生的原因，主要是商品流通的正常储备所需的保管费用的追加和合理分摊；商品地区差价产生的原因，主要是商品的运输费用的加入和合理分摊。在资本主义社会里，以上两种追加费用的界限都是通过市场买卖双方的竞争来形成的；在社会主义社会里，如不改变“吃大锅饭”的状况，它们就有可能成为随便追加的项目。在当前，改进成本管理和核算清楚产品的必要的保管费用和运输费用的大致定额，是价格改革的一项急需的准备工作。产品的保管费用和运输费用，有两种形态，一是出现在生产企业方

① 《马克思恩格斯全集》第二十四卷，人民出版社1972年版，第168页。

面，即出现在已产出和待出厂的成品中或出现在买进和周转备用的原材料中。二是出现在商业企业方面，即出现在从买进第一、第二部类产品直到将它们卖给最后的生产消费者和生活消费者的各段居间过程中。这里，我们只强调指出以下三点：

（1）必须尽可能核实商品的保管费、运输费摊入工业生产成本或商业成本的合理定额和比例，不能按产值和销货额来平摊（因为各类和各种产品所需的保管费率、运输费率，也同纯粹流通费率一样，是悬殊的），更不允许任意滥摊。

（2）产品发生保管费用，一是由于某些产品要预先备产，然后到集中消费的季节来销售，如电风扇、寒暑药剂等；二是由于相反，某些产品生产有集中季节性，如农作物、蔬菜、水果、鱼、肉、禽、蛋等，但市场要求各季都有供应。商品销售价的季节差的主要原因就是商品的保管费应合理分摊而产生的。商品的产区和集散销售市场之间，即使合理布局，亦不可能形成等距离的多中心，因此，同一产品在不同产销地点之间运距差别较大时的市场价格，就又会因不等运输费用的追加而产生通常的地区差价（对某些特殊地方的政策性照顾差价除外）。上述两种差价，在资本主义商品经济中，是自发形成的。在我国社会主义商品经济中，由于占主导地位的是国营工商业，因而具有可以集中统筹协调的一面。在建国初期，为了限制私营商业以及其他种种原因，曾强调缩小以至基本取消这两种差价，因而有不少产品是全国一个价和把季节差价统扯拉平。这从我国现阶段多种成分的社会主义经济情况来考察，是利少弊多的。它们阻碍推行资金有偿核算制和企业的各种经济责任制，因此应该改为近似地按主要季节和保管费的比例而采取一定的季节差价形式（某些时鲜货的一时高价不属于这个差价范畴），以及按必要的运费的不同比例安排适当的地区差价。但是对这两种差价，在国营企业方面不能过于繁杂，而应该各有一个符合实际的中等加权平均标准，以指导各该差价在其上下百分之几的幅度内“浮动”。这是为了有计划地因时、因地制宜来灵活地实现价值规律的杠杆作用，但在推行时必须防止借口两个差价来搞变相提价。

（3）对某些特别影响职工实际工资标准的零售价格，如粮食、煤炭等主要生活必需品的零售价，仍有必要维持全国基本一个价的制度。

四　资源级差和按劣等地个别价值定价与社会主义资源平衡税制度问题

农业（包括农、林、渔等）[①]、采掘工业与加工制造业不同，它们是第一手直接向地表、地下（自然界）占有物质产品，其劳动生产率要受自然有限因素（如土地肥沃程度、矿藏贫富程度和所处位置便利程度等的不同，以及因连续投资而派生出来的有效程度的不同）的制约而有差别。它使相应的单位产品的个别价值发生级差。因此，在资本主义私有制垄断经营关系下，上述农矿产品（在其产量为满足社会需要的范围内）的个别价值的级差，不可能像加工制造业产品那样由个别价值平均化为一个社会价值。从而劣等土地、劣等矿藏的产品的个别价值（它在社会平均价值之上），就会成为该农、矿产品市场价格的调节者；而在劣等条件以上生产的各级产品，就会因其个别价值比劣等条件的低而获得若干的级差收益。这些级差收益或者暂时作为超额利润归资本家占有，最后一般都该级差地租形式归于地主所有。如果土地收归资产阶级国家所有，上述土地级差收益必然继续存在，只不过改为国家收入而已。要消灭这级差收益，只有同时消灭农、矿业的资本主义垄断经营关系。

在级差地租问题上，马克思劳动价值理论体系中的“虚假社会价值”理论，对辨明我国今后的价格和税利改革方向，是有密

① 对我国现阶段主要属于集体所有制的农产品价格，是否也按生产价格来规定，我个人还在收集统计资料，目前缺乏应有的研究。但无论按价值或按生产价格定价，都一样有级差价格和级差收益问题，这是可以先行一并论述的。

切关系的。这里先作些介绍。

假设加工制造业所有企业，因技术装备优劣不同而分为三等（设它们的产品量权数相等），其中$\frac{1}{3}$所占的单位产品的个别劳动耗费量（个别价值量）为 20 小时，另$\frac{1}{3}$为 150 小时，又另$\frac{1}{3}$为 100 小时，这样，它们的单位产品的社会平均必要劳动耗费量（简称社会价值或价值），正相当于中位的 150 小时。它们的部门总产品的社会价值为 450 小时。这是价值由社会平均必要劳动决定规律的一般形态。现在假设有某农业或矿业部门内的企业，因前述的自然有限因素的差别也分为三等，它们各自的单位产品的个别价值量的比例关系，也同前述某加工制造业部门一样，但由于资本主义经营垄断关系，它们个别价值却不能社会平均化，它们的市场价格却要由劣等地的个别价值来调节，因为社会必须要有这劣等地产品才能满足需要。这样，中等地的 150 劳动小时和优等地的 100 劳动小时，一并升值为 200 小时。因此，该部门产品总值就不是它们平均价值的实在的合计数 450 劳动小时，而是 200 + 200 + 200 = 600 劳动小时了。这就等于凭空衍生出 150 小时的社会价值，它是以土地的有限的自然质差为条件和以资本主义经营垄断关系为根据而形成的，马克思称之为“虚假的社会价值”（见《资本论》第三卷地租篇）。这是马克思所揭示的“劳动决定（或形成）价值”这一基本原理的又一层次的展开，相互是毫不矛盾的。这不是说明资产阶级庸俗经济学者所鼓吹的“土地也是形成价值的要素之一”的论点有什么依据，而正好证明那是由于他们看不穿客观事物的内在联系。

在资本主义经营垄断关系里，上述农、矿产品的“虚假社会价值”是由什么来补偿——由谁来负担的呢？马克思指出：那最后是由农、矿产品的消费者（主要是广大人民和落后国家）来负担的。

农矿产品的个别价值的级差性本身虽然是永远消灭不掉的，但在社会主义制度下，由于消灭了资本主义垄断经营关系，上述级差性的个别价值是可以全面统筹和社会平均化的，它就有可能不按劣等地而按中等地（后者大体接近于社会平均劳动耗费标准）的个别价值来定价，从而就可以消除上述虚假社会价值关系。但在我国社会主义现阶段，还应考虑其他一些客观情况。

（一）我国农业，绝大部分是社会主义集体所有制经济，它与全民所有制的采掘工业同中有异，从而在级差性的处理上就难免有所不同，应继续另行研究。

（二）对国营煤炭、石油，以及各种矿藏采掘业的初级产品的个别价值的级差问题，为了便于与国际市场对比分析，为了减少一层外汇价格的错综性，考虑有计划地（这同西方的自发价格体系有本质区别）按社会必需的劣等矿藏的个别价值（个别生产价格）标准定价，至于在它以上所逐级溢出的由“虚假社会价值”构成的超额利润部分，自应全额以资源平衡税形式上缴国库，转而通过再分配用之于民。这级差超额利润不能与企业的奖励等基金挂钩，因为它是以自然资源级差为条件的。

（三）鉴于我国目前煤炭、石油、钢铁等工业产品的定价方法，因各种缘故，不仅是混杂的，而且是不同的，倘若改为按劣等地的个别价值作为定价标准，可能这类产品的价格有不少要大涨；又鉴于现在这类产品的大部分已经是由各该主管部门统筹定价，如果测算结果，它们大多近于中等个别价值，那就考虑按生产价格定价，免去社会虚假价值。在这样定价时，对经营劣等地的企业，应给予相应的“资源平衡的减免税的补贴”；对经营优等地的企业，应规定上缴相应的资源平衡税金。上述资源平衡的减免税的补贴和资源平衡税金，一负一正，由各该主管部门（公司）负责统一包干。如按照这一办法处理，对国际市场的有关行情，我们也可以有现成数据可资对比分析，只不过间接一些而已。这种方案大概稳妥一些，较好一些。

五 质量差价和马克思的劳动价值学说

质量差价的客观依据是产品质量的好坏之别。这个差价也是今后价格改革中要特别强调的。其中也有一些理论问题要弄清楚。

产品质量差异发生的原因，在实际经济生活中经常遇到的有：

一是在基本相同的生产条件和管理条件下大批量生产出来的产品中，总有一些因不可免的工艺上或自然因素上的影响而有劣品、次品和正品、优品的差别。在工商经营部门定价时，应该细致地加以分档并有适当的差价。这有利于督促生产部门改善生产。这“按质定价”的总水平是各该大批量产品的价值或生产价格，它不过是把“产品的使用价值是价值的前提或其物质承担者”的关系，又具体地补充进来而已。如果谁以为这是商品的价格在受劳动耗费和产品效用这两个不能相约的要素平行地决定，或者是效用在决定商品的交换比例（价格），那就是没有懂得“按质定价”这一原理所反映的事物的内在联系。

二是同一或同类产品的质量的差异，主要是由于两个生产单位的劳动技术经验和组织管理方法方面有差别：一个事半功倍，一个事倍功半。对这种情况实行优质高价、劣质低价，那实际正是直接按产品的社会必要劳动耗费（价值规律）办事，因为那“事倍”者顶不上“事半”之用。

三是像某些精制的化妆品、食品、生活用品之类，它们的质量的优和美是特别花了精工细料的结果。它们自然应价贵一些，这明显地反映价格是由价值决定的。

在价格调整和改革中，必须克服货不分档，“好坏一堆一个价”的非社会主义文明经商的落后现象。同时，也要注意防止某些资本主义经商方法的渗透。例如近来有时就有这样的现象：包装很漂亮（一层层的彩色纸和盒，又加新型塑料袋……），但是东西吃起来、用起来，却有价高质不优之感，甚至是变相涨价。运用经济杠杆要和思想教育相结合，做好社会主义文明经商，防止资本主义经营方式的渗透。

最后再说一种特殊情况。在资本主义经济中，商品价格由价值决定这条规律的实现，是以商品及其花式品种能自由（总的说，是盲目性的）伸缩生产为条件的。这是英国资产阶级古典派经济学者李嘉图早就讲过的。如果商品生产的质量受某种自然垄断因素的限制，那么它的价格趋势就会是另一个样子。记得马克思曾举例讲到，有一种质量特别优异的葡萄酒，要靠巴黎附近某一带有特殊自然土质条件下种植出来的葡萄作原料，它难以在别地推广种植，这样，有这种特别优异质量（风味）的葡萄酒的高价程度，就不是一般地受社会价值量调节，而是相应例外地由消费者对那优异质量的葡萄酒的嗜好来决定了。这类优质高价就不同于前面所说的那三种质量差价和按质论价。如果谁以为有这种例外价格的存在，就是马克思“劳动价值理论被颠破了”，那也不过是反映他很不理解什么是政治经济学所揭示的商品价值规律的本意而已。

在我国社会主义经济中，自然也有例如上述优异葡萄酒特殊高价这类的价格关系，但它也是在计划之内的，同时由于它在经济上不同于前述的资源级差收益关系，应该将它列为国家专卖价格中的一种，以“特殊消费税”形式全额上缴国库。

六　供求影响下的价格和它在社会主义制度下的特点

前面所列举的国营工商物价的各项定价原则，一般都属于按价值或生产价格定价的第一层次定价体系范围，它们都是以供求平衡为条件。但是，在现实经济关系中，供求也常有不平衡的问题，它对价格又将起着什么样的作用呢？我把它划为供求影响下的第二层次的价格问题。

过去有人否认供求因素对社会主义商品价格也有不容忽视的作用；另一方面，又有人认为供求对社会主义商品价格和对资本主义商品价格起着相同的作用。我认为这两种观念都是错误的。

在我国社会主义现阶段，供求不平衡的原因可分为以下三种：

（一）有一部分零散的个体经济和集体经济的生产还不能纳入计划，它经常自发运动，因而会有自发性的供求不平衡和这部分产品价格的自发性涨跌，由价值规律自发地调节着它们。这是我国现阶段暂时处在计划之外的经济，今后一个时期内，我们只能量力而行，利用行政管理和外部的因素去影响它们。

（二）在国营工商经济方面（包括集体经济中有关国计民生的部分）由于政策的失误或严重政治干扰，曾经出现过这样或那样的"有计划的供求不平衡"，例如"二五"计划期间，十年动乱期间，就有这种情况。三中全会拨乱反正，提出了正确路线和今后的大方向，我们已有条件和有可能从"吃一堑、长一智"中来防止再犯以上严重错误。总结"二五"计划期间和十年动乱期间如何闹出上述"有计划的供求不平衡"以及一些不正常的价格混乱问题的教训，仍然是我们必须继续做的工作。我们应着重研究的，是以下第三种供求不平衡的问题。

（三）国营经济和一部分集体经济，按其经济关系说，是可以用指令性或指导性计划来调节其供求的。因为它们虽然有国家（总体）、局部和它们的成员个人之间的一时的和部分的利害矛盾，但是共同的长远利益可以使它们集于一堂，来共同有计划地及时商定调节它们的生产、分配和交换，使之基本上达到供求相对平衡和产品价格有计划地合理确定。

我们说现阶段国营经济和一部分的集体经济的供求和价格可以有计划地统筹安排和平衡前进，这是就它的发展总过程说的，而不是说它可以自然而然地实现出来。必须充分估计到：我国现阶段主要由于以下两个一般性原因，这些经济还会一时在这里、一时又在别处出现供求不平衡的问题：一是由于我们对被计划的对象的历史的和现有情况，还缺乏系统成套的统计资料，各项定额数据不齐全、不准确，加上各部门干部队伍经验不足，以及还部分地有本位主义和其他不纯思想的影响，这样，对前述两部分经济就难以一下都全面计划好，从而就会产生供求不平衡的问题。二是由于我国人口多，以及我国现有的现代化经济基础和资金积累条件还相当薄弱，因而粮食供应紧张、能源不足、交通运输力量跟不上这三大不平衡，在短时期内是难以摆平的。

我国社会主义经济在今后会出现的上述供求不平衡，都不同于资本主义社会所必然周期发生的供求不平衡。前者是可以在社会主义公有制度内，通过提高计划统计工作和经济管理工作的水平，以及有计划有步骤地进行发展生产力和提高经济效益等方法，来逐步克服的。

在社会主义制度下，供求不平衡也会对物价有影响。我们不能说，由于社会主义经济是计划经济，它就可以消除供求不平衡对物价的影响。但是，在社会主义公有制基础上，由于国家、集体和个人三者的根本利害是一致的，市场供求就不可能成为凌驾在人们头上的异己力量，对价格起着无法控制的自发的调节作用；人们完全可以凭借公有经济的力量，以总利益引导局部利益，来有计划地正确处理那些供求不平衡的产品的价格问题。这有三种情况：

（1）对于前述第一种供求不平衡，倘其影响不会很大，短期内（例如一二年内）就可通过计划把它调整过来。如果这些产品的价格原来是基本符合前面各条合理定价标准的话，那么还可维持原来的计划价格。这是社会主义“供求价格”（指把设定的供求不平衡的影响考虑在内的价格，下同）的一种重要对策形式。

（2）供求不平衡虽然可能于一二年内调整过来，但是属于次要的小宗产品，又需要适当调点价，以利于调节供求，则按“浮动”价格形式作些调节。

（3）由于前述第二个一般性原因而在相当长期内继续存在的供求不平衡，这一般要基本上靠有计划地逐步发展生产和节约使用以及改善物资管理（直至统购统销的最高统筹形式）等办法来平衡，不宜轻易用计划提价的方法来平衡供不应求的矛盾。对此，切勿侈谈什么“买方市场”模式，而应采取经济的、行政管理的措施，来维护这个价格对策。这是资本主义经济做不到的，是社会主义公有制优越性的表现之一。（当然，如果原定价格过低于价值或“生产价格”标准，而有严重的财政补贴问题，则属于现行价格不合理和今后如何酌情改革的问题，它不属一般供求价格问题。）

所以，在我国社会主义现阶段，即使撇开前述特殊历史情况不说，也还是会因前述第一个一般性原因或第二个一般性原因而带来供求不平衡，从而产品价格也不会是时时处处都等于价值或生产价格。但是，即使按我国现阶段多成分的社会主义经济的这种价格和价值的游离运动过程说，其性质也已经截然不同于资本主义经济的那一套，即我国上述社会主义价格不是自发地背离价值，不是自发地趋向于互相抵消，而是基本上有计划地被调整和趋于一致。我认为，这两种明显不同的规律性是非常值得我们深思和进一步研究的。

七 特别价格问题

在社会主义经济实际生活中，还遇到一些价格，它们的规定性还要引入一些其他政策因素才能说明，这是第三层次的价格问题，统称为“特别价格”。

下面扼要分述以下三种特别价格：

（一）特殊地区（主要是少数民族地区）的照顾价格。因为这些地方偏僻、经济技术落后，国营工商部门如果按照同其他一般地区一样的收购价格收购他们的土副产品，那就可能不够他们保本或所余甚少。又如果按照同其他一般地区一样按运程照加运杂费，供应他们所需的生产资料和生活资料（内地工厂生产的），那么他们就要比内地贵买该工业品。他们要逐步发展本地中小工业，那就仍然要受到内地高运费运进的工业品的压力而困难重重。因此，按社会主义大家庭的原则，除了帮助他们设厂把土副产品加工为精原料外运销售，以及对他们的中小工厂用保护办法（但不能老是保护落后吃“大锅饭”），以解决部分矛盾之外，还应有计划地在一定时期和一定范围内，特别提高一点收购价格和降低一点运往该地的工业品的销售价格（或者用地区工资补贴形式来照顾），来缓和一些矛盾。

上述照顾价格，是特别价格的一种，同第四节所说的“地区差价”不同。这种照顾差价应专项核算，由国家负担，以免因此而搞乱工商部门内部的经济核算体系。

（二）平衡生活的补贴低价。例如前几年把压低多年的粮食收购价格较大幅度地提高，而零售价格不提，从而国家对国营商业部门给予粮食倒购销差的补贴。这也是特别价格的一种。在社会主义通货遇到特殊情况而发生可抑制的暂时膨胀时，对某些大宗生活必需品，也可能有必要暂时采取类似的特别低价措施。这种特别价格，只有社会主义国家才能真正采取（因为它有供全民计划调度使用的“m”部分）。它在一定时期内有稳定社会秩序的积极作用。但从长远看，只宜个别采用，并且不应长期化。

（三）高级消费品的特别高价。这是我们生活中常见的一种特别价格（“三年困难”时期的膨胀性高价，不在此例）。在我国社会主义现阶段，对一部分高级消费品实行特别高价措施，我认为是合适和必要的，因为它可以帮助国家积累资金，有时还有抑制某些嗜好的作用。如目前手表是典型高价，电视机、全毛衣料也卖高价，城市里特别提前的时鲜蔬菜和水果也卖高价（超过前述的季节差），等等。至于像烟、酒这类产品的特别高价，则是更有必要推行的。前面所举的特异优质葡萄酒的高价也属于这一类，不过它具有自然垄断依据而已。这类特别高价，在今后的价格改革中，一般是无须改掉的，不过，特别高价所再分配进的超平均利润，也应一律以高级消费品专卖税形式全额上缴国库。

社会主义商品价格的规律性问题，是一个非常错综复杂的经济理论问题。在本文中，我结合我国现阶段社会主义经济的实际以及经济学界在当前价格改革中所讨论到的一些理论问题，提出了一些粗浅看法。其中大部分尚待进一步调查研究，仅供读者参考，并请批评指正。

（原载《中国社会科学》1983 年第 5 期）

马克思论服务*

一　资本主义制度下的两种不同性质的雇佣劳动

大家知道，资本主义生产在封建社会里一步步发展和扩大起来之后，由于工场手工业和机械化的工厂工业的劳动生产率大大提高，它必然使自给生产者和小商品生产者日益沦为丧失生产资料和靠出卖劳动力谋生的无产者和半无产者（其中也包括各种有知识的没落阶层）。[①]其结果之一，是物质生产领域内的采掘业、农业、畜牧业、各种加工制造业和服务业，越来越变为由资本家雇工经营的对象。上述无产者和半无产者，除充当资本雇佣劳动之外，他们或者把劳动力的一时的使用权出卖给私人，为买者提供各种服务（例如干家庭炊事、缝补衣服、培育花圃等服务活动，又如充当家庭教师或护士，提供教育子女或护理病人等服务活动），从雇主的收入（这些收入的来源不外社会生产劳动所创造的国民收入的分配和再分配）获得报酬；或者受国家机构（包括它的科、教、文、卫等公共事业单位）雇佣，按文武官员、士兵、学校教师、医院

---

* 本刊征得骆耕漠同志的同意，从他即将发表的近作《介绍马克思的服务理论》摘出以下三节内容，在本刊发表。

① 附注：在资本主义社会里，一般会有一部分人未沦为无产者，他们自有一些生产资料，自营（或雇几名短工）小工业、农业和服务业。他们参加社会分工生产。他们的劳动是生产劳动，不过是“不从属于资本主义生产方式的商品生产生产者”（参阅《马克思恩格斯全集》第26卷之Ⅰ，人民出版社1972年版，第439页）。这里，我按照马克思的科学的抽象分析方法，暂时舍而不论这方面的简单商品生产劳动的问题。

医生、城市街道清洁工等关系，提供军政服务活动（如管理社会秩序、守卫国境安全等）以及公共科、教、文、卫事业等方面的服务活动，从公用收入（它来自社会生产劳动所创造的国民收入的再分配）获得报酬。

随着资本主义生产方式愈加普及，由于生产资料和劳动力愈加分离而发生的以上两种雇佣劳动，是有以下不同的：（一）把劳动力的一时的使用权卖给资本家（受资本家雇佣），替资本家劳动，其劳动结果极大部分具有独立的物的形式（例如纺织劳动的结果为纱布，缝纫劳动的结果为衣服，绘画劳动的结果为一幅幅的图画，它们是可以在劳动结束后和在劳动者身之外独立存在和流通的物）。另外，也有一小部分劳动的结果是一经提供随即消失的曲折的劳动活动形式（例如受资本家剧院雇佣的演员、音乐家，他们的劳动——吹奏和演出，就是一经提供随即消失的，没有离劳动过程而独立的物的形式。受资本家经营的仓库、码头雇佣的搬运工劳动的结果，也是这种形式，它只不过使人想起一件东西从甲地装卸到了乙地）。但是，不论体现为具有独立的物的形式或者只表现为一时的某种活动形式，它们对劳动力的买者（资本家）来说，都一样不是消费对象，而是专供出卖的商品，除了能够为资本家补偿（收回）工资支出外，还能为他带来剩余价值（利润）。因此，这种资本雇佣劳动是（资本主义）生产劳动。（二）至于上述无产者和半无产者把劳动力的一时的使用权让渡给用私人收入或公用收入来雇佣的买者（私人或国家、社会机构），其作用则只不过是直接为后者提供劳动的特殊使用价值，它们也有两种结果形式：其中绝大部分不体现为具有离劳动而独立的物的形式，只有小部分体现为具有这种独立的物的形式。例如私人直接雇来烹调膳食、缝制衣服和教育子女绘画的劳动，属于前者；私人直接雇来搬家的搬运短工和为教育子女音乐的劳动，属于后者，不论以上劳动的体现形式如何不同，它们都是为买者直接提供消费品——单纯的使用价值，而丝毫也没有为其买者生产出商品和价值。因此，上述劳动的买者

（雇佣者）是纯粹地耗费了他作为工资支出的收入，不能为他创造出任何国民收入。所以，“同收入相交换的劳动”① 是非生产劳动。这些事实表明：上述生产劳动和非生产劳动的区分，不是由于它们的不同的物质规定性及其结果是否具有独立的物的形式，而是由于它们一个是受资本雇佣，一个是受收入雇佣的不同社会经济关系。所以，我认为，像《政治经济学简明辞典》对“服务”所作的定义性解释，其中末一句话的解释是有错误的（参阅该辞典第301页《服务》一条的原文）。

这里需再着重阐明：用以雇佣劳动的资本和用以雇佣劳动的收入，在表面上都是采取同一的货币形式，被雇的劳动者甚至是从事完全相同的劳动活动。以上相同的现象，会把其中由不同的社会经济关系所决定的不同本质掩盖起来。因此，只看表面现象，不探索内在本质的人，他们就不理解为什么一种雇佣劳动是生产劳动，另一种是非生产劳动。对他们，我们要进行宣传解释工作，② 指出：作为收入的货币，它在雇佣中是起着作为单纯的货币流通手段作用，对买者这一方说，是充当消费基金，即把雇佣来的劳动所提供的服务活动（例如使布成为衣的缝纫活动，使粮食从甲地移到了乙地的搬运活动）作为使用价值构成因素供消费，而不是作为商品价值构成因素供出售。至于作为资本的货币，它在雇佣中，虽然也尽着流通手段的作用，但是它在买者（雇主）一方是起着生产基金——而且是剥削雇佣劳动者的无酬劳动的生产资本的独特效用，即不是为了把雇佣劳动的活动作为使用价值来消费，而是将它作为商品（而且是“怀了孕”的资本商品）卖出去，以达到发财致富的目的。两者的对比公式如下：

（1）作为收入的货币——消费基金；受雇佣的劳动者的劳动结果——消费品，它一经消费，就没有什么返回的收入；故为非生

① 请读者注意：按我们这里的论述范围，是指“受收入雇佣的劳动”。

② 资产阶级庸俗经济学者也是这样的人，不过他们是在其阶级利益的驱使下，有意这样无视客观实际，利用这种掩盖来替资本剥削作辩护。详后。

产劳动；

（2）作为资本的货币——生产基金（生产资本）；受雇佣的劳动者的劳动结果——供出售的商品，它一经卖出，就返回“生产成本 + 利润”，故为生产劳动。

在把握住资本主义生产方式的上述发展趋向和两种雇佣劳动的不同关系和本质之后，我们就较易于顺藤摸瓜，理解马克思关于各种服务的一些重要论述。马克思曾这样写道：

“……假定资本已掌握了全部生产，也就是说，商品（必须把它同单纯的使用价值区别开来①）已不再由拥有这个商品的生产条件的劳动者来生产，因而只有资本家才是商品（只有一种商品——劳动能力除外）的生产者，那么，在这种情况下，收入必须或者同完全由资本来生产和出卖的商品交换，或者同这样一种劳动交换，购买它和购买那些商品一样，是为了消费，换句话说，仅仅是由于这种劳动的使用价值，由于这种劳动以自己的物质规定性给自己的买者和消费者提供服务，对于提供这些服务的生产者来说，服务就是商品。服务有一定的使用价值（想象的或现实的）和一定的交换价值。但是对买者来说，这些服务只是使用价值。只是他借以消费自己收入的对象。这些非生产劳动者并不是不付代价地从收入（工资和利润）中取得自己的一份，他们必须购买这一份，但是，他们同这些商品的生产毫无关系。”②

上文所说的“收入”，是指国民收入中用作消费基金的部分，它同从国民收入中的利润部分中分出来用作“资本”（生产资本，

---

① 引者注：“单纯的使用价值”，即指“不作为商品的价值的承担者”的一般使用价值而言。因为按商品说，其特点在于它所具有的“价值”，至于它的使用价值只不过在作为“价值的承担者”的关系下才被注意罢了。所以，马克思说：“必须把商品同单纯使用价值区别开来。”

② 摘自《马克思恩格斯全集》第二十六卷之1，人民出版社1972年版，第149页。引文中的着重点是原有的。

下同）的部分是互相对称的。[①] 在资本已掌握了全部生产的情况下，上述“收入”为什么必须或者同完全由资本家生产的商品相交换，或者直接同为雇者提供服务的劳动相交换呢？这就是因为在上述设定的情况下，[②] 小商品生产者已经丧失生产的物质条件，商品已由垄断生产资料的资本家雇工来生产（目的是为出卖赚钱）。除此之外，丧失生产资料变成一无所有的无产者，他们只有所谓“自由”的劳动力可供有“收入”的人来购买（雇佣），按后者的需要直接提供这种或那种服务，用收入雇用劳动力和换得它所提供的服务，同用收入购买资本家雇工所生产的商品，它们在经济性质上是一样的，即都是作为“必须同商品区别开来”的“单纯的使用价值”来消费，这消费自然不会是“生产性消费”，因为，再说一遍，那是把货币作为“收入”（消费基金）来使用，而不是把货币作为“资本”来使用。所以，正如马克思根据事物本质所揭示的那样，受收入雇佣的劳动者是非生产劳动者；他们为买者（雇主）所提供的劳动，不论其结果具有独立的物的形式或者只是一经提供随即消失的活动形式，都一样是非生产劳动。

受收入雇佣的劳动，如果不从雇主一方，亦即不从社会生产和再生产过程的角度来看，而从受雇的劳动者一方的角度来看，虽然它也是有所生产的，即提供了报务，从而它是有偿地取得一份报酬（否则，它就根本挂不上“劳动”的钩，谈不上什么生产劳动和非生产劳动的关系了），但是，我们这里正是必须按照劳动在社会生产和再生产过程中的关系的角度来看问题[③]。因此，上述受收入雇佣的劳动者，就正如马克思所揭示的，他们虽然提供了服务，“并不是不付代价地从收入（工资和利润）中取得自己的一份，从生

① 附注：在社会主义经济中，只有一种同资本主义经济貌同实异的经济关系，已相应地改用了不同的新概念来作科学的表述，即在资本主义经济中被称为“资本”的，已改称为“资金”。

② 请参阅①。

③ 马克思曾特别强调指出：“这里，生产劳动和非生产劳动始终是从货币所有者、资本家的角度来作区分的，不是从劳动者的角度来区分的……”

产劳动者创造的商品（骆注：上述收入的根源是这商品价值中的“$V+m$”中的一部分）中取得自己的一份……但是他们同这些商品的生产毫无关系”。另外，马克思还在别处概括地指出：“非生产劳动者为买者生产的只是使用价值，……而决不是商品。非生产劳动者的特点是，他不为自己的买者生产商品，却从买者那里获得商品。”① 马克思还明确指出：“他们不生产商品是理所当然的。因为商品本身从来不是直接的消费对象，而是交换价值的承担者。”②这些科学论断，现在已经很好懂了，这里就不一一解释了。

二 关于服务的几点通俗说明

在我们现在日常的口语中，“服务”这个词的含义是很广泛的，它指为别人，为社会做些什么工作，或者说，干些什么活。我随便举例说，例如一个邻居老人体弱多病，不能做饭食，不能打扫室内或院子里的清洁，不能搬运东西进出家门，你帮他去做饭，去打扫，去搬运，就是为他服务。又如一个文盲不识字或不能写信，你去教他认识一些字和为他写信，也是为他服务。又如一个乡下初进城市的老乡找不到亲友住处，你帮他指点一下道路或带他前往，也是为他服务。再如城市热闹处要有人维持交通秩序，社会、国家要有人去从事社会文化教育、守卫边境安全，等等，你参加去做，更是为社会、国家服务。从我们日常口语中常讲到的如上等等的服务中，我们可以概括出一个内容：所谓服务，就是为别人或为社会、国家投出体力和脑力（劳动力），提供相应的劳动活动。就拿指点一下道路和打扫一下室内的清洁来说，也不能说不是这样。为别人、为社会服务，很广泛、很简单地说，就是出一定的劳动力为别人、为社会提供某种劳动活动（通常又称“劳务”），而不是提

① 摘自《马克思恩格斯全集》第二十六卷之1，人民出版社1972年版，第151页。引文中所说的“非生产劳动者”，就是指“受收入雇佣的劳动者”。

② 摘自《马克思恩格斯全集》第二十六卷之1，人民出版社1972年版，第150页。

供已经物化的劳动；如果为后者，就是提供离劳动活动而独立的物的形式的物化劳动产品，而不是提供作为活的劳动力曲折表现的劳动活动——服务了。政治经济学上所分析的服务，也有上述基本通义，但是我们当前所要涉及的服务，则还另有进一层的社会经济关系的限制。

按上面所举的那些例子，在提供某种服务（某种具体有用的劳动活动）和受到这种服务的两方之间，可以有两种不同的情况：一是无偿提供和无偿享受，即通常所说的义务劳动关系。我们所讨论的服务不包括这种义务性的服务。二是在经济上为有偿交换关系，即一方提供服务，另一方付给相当的报酬。[①] 具有这种有偿交换关系的服务，才是我们所要探明的服务的起点。

上述种种有交换条件限制的服务，按再进一层的社会经济关系来考察，又有以下三种区分：（1）受收入（包括私人收入和公用收入）雇佣的劳动所提供的服务活动；（2）受资本雇佣的劳动所提供的服务活动，资本家不是为自己享用，而是为了将它作为资本商品之一，向市场出售来赚钱；（3）独立的劳动者不仅自己有劳动力，而且还自有一些劳动资料，为顾客（买者）所提供的服务活动。

三　马克思对两种雇佣关系中的不同内涵的服务的分析

在马克思的科学分析中，“服务”这个经济学概念有两种不同的指称：一是指作为“劳动的特殊使用价值的表现”的服务，这属于一般常说的服务，即我前面所列的第一种关系中的服务；二是指“为资本增殖价值的服务”，这是服务一词的另一特别指称。在标题为《资本的生产性　生产劳动和非生产劳动》的手稿中，马

① 这里包括强制性服务，例如国民必须接受军政和社会管理等强制性服务，他们为此把一部分收入按赋税形式付酬给国家。在这方面，劳动人民的负担是相对最多的。——参阅《马克思恩格斯全集》第二十六卷之1，人民出版社1972年版，第437页。

克思非常清楚地阐明“服务”的以上两种指称，并指出“不能（将它们）混为一谈”，[①] 现分别介绍这两种含义的“服务”于下：

（1）作为“劳动的特殊使用价值的表现”的服务

在上述手稿中，马克思曾这样写道：

“凡是货币直接同不生产资本的劳动即非生产劳动交换的地方，这种劳动都是作为服务被购买的。服务这个名词，一般地说，不过是指这种劳动所提供的特殊使用价值，就象其他一切商品也提供自己的特殊使用价值一样，但是，这种劳动的特殊使用价值在这里取得了‘服务’这个特殊名称，是因为劳动不是作为物，而是作为活动提供服务的，可是，这一点并不使它例如同某种机器（如钟表）有什么区别。我给为了你做，我做为了你做，我做为了你给，我给为了你给，在这里是同一关系的、意义完全相同的几种形式……”[②] 马克思按客观实际专门解答“服务”是指什么的这前半段文章，写得很精练、很浓缩，需要展开说明的问题有四个：

（一）第一句所规定的劳动是指客观上什么经济关系中的劳动？在这段引文前面，马克思举例讲到：一是某一个人用他的收入雇请裁缝到家里来为他提供把布制成衣服的缝纫劳动，一是一个缝纫业（服装业）资本家雇工到工厂里来替他生产服装商品出售以增值资本。所以，这接下来所说的第一句——“凡是货币直接同不生产资本的劳动相交换的地方”，就是说的该劳动直接同作为收入（消费基金）的货币相交换的地方。

（二）马克思说，在上述场合，“劳动都是作为服务被购买的”，这是一个需要着重说明的关键问题。所谓该劳动“作为服务被购买”，就是指在上述关系中，该劳动作为提供特殊使用价值而被购买。譬如我用收入雇请缝纫工和搬运工到家里来，只是为了要他们替我提供缝衣的劳动活动和搬东西的劳动活动，这缝纫活动和

---

① 参见《马克思恩格斯全集》第二十六卷之1，人民出版社1972年版，第432页。
② 同上书，第435页。引文中的着重点是原有的。

搬运活动，就是各该劳动的特殊效用、特殊使用价值的表现。这同我用收入买回的一切商品（这是已经物化的劳动）也为我提供它们各自的特殊使用价值是一样的（例如我用收入买回钟表，只是为了它的计时的使用价值）。所以，紧接上文，马克思为解释“服务”，又写道：“服务这个名词，一般地说，[1] 不过是指这种劳动所提供的特殊使用价值，就象其他一切商品也提供自己的特殊使用价值一样。”

（三）直接同收入相交换的劳动为它的买者所提供的特殊使用价值，为什么“在这里取得了‘服务’这个特殊名称”呢？在这里，这虽然是一个用语（术语）问题，但对我们的讨论来说，却很重要。马克思说，那是因为劳动的特殊使用价值，不像已“物化”的劳动产品如钟表等的特殊使用价值那样，是作为物来提供的，它（劳动的使用价值）是作为劳动活动来提供的。这个解答比较难懂，需要举例说明。譬如我用供花费的收入（货币）雇请搬运工到家里替我搬运粮食（如由粮店搬到家中的厨房），又如我雇请家庭教师到家里来教育子女读书，他们只向我提供了搬运劳动活动和教育劳动活动，我向他们购用的也是这搬运劳动活动和教育劳动活动本身。这两种劳动活动的结果，不具有离劳动活动而独立的物的形式，不会有混淆和难懂的地方。再如，我用供花费的收入（货币），雇请缝纫工和画家到家里来替我缝制衣服和绘画肖像，虽然这两种劳动的结果是具有离劳动过程而独立的物的形式，但是，我用收入（货币）向缝纫工和画家购买的，则仍然是他们为了把我的布料制成衣服和利用我的绘画材料为我画个肖像所提供的缝纫劳动活动和绘画劳动活动，并非我在向他们购买他们的什么物化劳动形式的产品——如衣服和图画。这是需要去注意分清楚的。再如在前面的通俗例解中，“服务”这个名词，就是指有偿的买卖

① 引者附注：我加着重点标出的“一般地说”这个限制词，值得我们特别注意。详后。

关系中，卖方（这里他是受收入雇佣的劳动者）提供给买方的某种有用的劳动活动。因此，上述受收入雇佣和作为“劳动的特殊使用价值的表现”的劳动活动，就如马克思所说，便“取得了‘服务’这个特殊名称”。

在上面那个手稿之后五年（1863年）重写的另一手稿中，马克思对服务作了更简练的解答，他说：“服务只是劳动的特殊使用价值的表现，因为服务不是作为物而有用，而是作为活动而有用。……”[①]这个解答的意思和前一个完全相同，只不过更加扼要。我们把它同前面写得较详的解答结合一起学习，就更有助于把握住马克思的论点。

根据马克思关于服务的以上一系列论述，我们可以概括出一个简明的定义如下：“服务，是受收入（包括私人收入和公用收入）雇佣和提供给买者作为各种特殊使用价值的劳动活动。”提供这类服务的劳动活动，不论它的结果是具有或不具有离劳动而独立的物的形式，都一律为不生产国民收入而只消费国民收入的非生产劳动。

（四）马克思在举例阐明其他商品如钟表是作为物来提供使用价值，服务不是作为物而是作为活动来提供使用价值这个差异之后，又回转来指出，它们还是一样作为使用价值而被人们用收入买去作消费之用，所以，以上差异只不过是形式不同，经济意义是相同的。为阐明这一点，马克思引用了罗马法典上四种契约公式[②]（它们仅形式不同，关系和意义则完全是掩盖了实际的关系。……”[③]

这段文章所揭示的一个缝纫工向缝纫业主所提供的服务，就是他在进行缝纫劳动过程中，除了为雇主补偿付给他的工资而劳动了6小时之外，还为雇主白白提供了6小时的无酬劳动，把布缝成裤

① 见《马克思恩格斯全集》第四十九卷，人民出版社1982年版，第108—109页。

② 参见《马克思恩格斯全集》第二十六卷之1，人民出版社1972年版，第476页上俄文版编者加的第156条《注释》。

③ 摘自《马克思恩格斯全集》第二十六卷之1，人民出版社1972年版，第434页。

子，使雇主得以将它作为商品（这有别于单纯的使用价值），在卖出之后便可发财致富。这自然是一种极为特殊的服务关系。对此中奥秘，资本家心里是很明白的，但是，他们的阶级本性促使他们使劲抓住那个掩盖事物本质的现象（以上两种缝纫雇佣劳动都一样是采取替雇主“缝制裤子的形式出现”），把这后一种劳动的服务同前一种劳动的服务混为一谈。

（二）资产阶级庸俗经济学者，例如萨伊、巴师夏之流，就最喜欢用这种蒙混手法来替资本剥削辩护（参见前面马克思的揭露）。这里，萨伊、巴师夏之流的愚蠢思路是：决定商品价格的那个名曰“价值”的东西，据他们说，并非生产商品的社会平均必要劳动耗费量，而是所谓各种有关物的使用价值（效用）。因此，在他们看来：工资是劳动的效用（它提供给买者的全部劳动活动）的报酬；多出来的利润和地租（剩余价值的表现）是资本家投入的资本（所谓“生产资料”包括租进的土地）的效用的报酬。[①] 因此，他们以为受资本雇佣的劳动所提供的服务与受收入雇佣的劳动所提供的服务，似乎是表里全同的，资本和劳动似乎是公平相处的。他们的这套谬论，已经遭到马克思的彻底批判。[②]

（原载《财经问题研究》1984 年第 3 期）

① 参阅《马克思恩格斯全集》第二十六卷之 1，人民出版社 1972 年版，第 458 页上俄文版编者作的第 41 条《注释》。

② 对资产阶级庸俗经济学的这套“三位一体”的谬论，马克思在《资本论》第三卷第七篇第四十八章，作了彻底批判，对这个批判，拙著《社会主义制度下的商品货币问题的争论和分析》第七章第四节，有通俗的介绍。

生产劳动和非生产劳动的辩证法

——兼述我国现阶段的生产劳动和非生产劳动

对生产劳动和非生产劳动（包括生产性服务和非生产性服务）的区分问题，我国经济学界在60年代初期讨论过一次，近几年来又持续进行讨论。最近报刊上宣传发展“第三产业”（服务行业）的文章中，又常涉及哪些服务是生产劳动，哪些服务是非生产劳动的问题。有一种观点认为，生产劳动和非生产劳动的划分，是人们各按所需、所爱来划定的，甚至以为马克思的生产劳动和非生产劳动理论，似乎也是这样作出来的。我认为，前一种情形，在有些著作中是存在的，至于马克思的理论，那是完全从客观实际出发，以不以人们的意志为转移的经济关系本身为标准，如实地探明出来的。鉴于我们同志间对马克思的上述理论著作也有不同理解，本文又限于篇幅，不能用介绍和考证马克思的著作的形式来论述问题，我扼要谈谈自己是如何认识的，以供读者参考。

世上从事物质生产和精神生产的劳动，作为它的结果的产品的存在形式共有两种：一为物化劳动形式的产品，一为劳动活动形式的产品，政治经济学称后者为服务（在我国汉文中，是用“劳务”这样一个简明的词来表述）。从事都具有以上两种存在形式的物质产品和精神产品生产的劳动，都一样在客观上赋有两个层次的生产劳动和非生产劳动的区分。现按事物本身的逻辑，先从第一层次的区分谈起。

一 第一层次的生产劳动和非生产劳动的区分

这是暂时舍象掉劳动的社会关系，单凭劳动自身的情况来揭示问题，答案是：凡生产人们的物质、文化生活所需的产品的劳动，就是生产劳动，不论那产品是物化劳动形式的产品（例如，缝纫劳动缝制出的衣服，绘画劳动画出的图画，照像劳动照出的像片，等等），或者那产品是劳动活动（服务）形式的产品（例如，肩挑劳动者提供的劳动，使被挑的物品从甲地运到乙地，歌唱家所唱出的有艺术感染力的歌声，理发师劳动所提供的把头发弄得整齐漂亮的活动，等等）；不生产出人们物质、文化生活所需的产品的劳动，就是非生产劳动。这是生产劳动和非生产劳动的抽象的一般的区分，它并非人们按其主观上的好恶杜撰出来的，而是因为客观上有上述区分，人的理性思维不过把它如实反映出来。

有一个问题，应该在这里说明，那就是：为什么有同志认为，只有从事向自然资源获取物质产品的劳动（附注：不要把具有“物化形式的产品”同这里说的“物质产品”混为一谈，否则，就会把生产具有物化形式的精神产品的劳动，如画家、小说创作家等的劳动都误解为物质生产劳动）才是生产劳动，生产精神产品的劳动不是生产劳动呢？按我们这里第一层次的客观关系说，这是由于它把“生产劳动”同专属社会经济基础方面的物质生产的劳动等同起来。政治经济学这门学科的研究对象是作为社会经济基础的物质生产关系，精神生产是首先从属和依靠物质生产的发展，并须借助和应用政治经济学所研究出的物质生产、流通、分配规律，来研究和补充阐明精神生产在经济学方面的问题，但不能因此就排除作为社会上层建筑的精神（文化）生产的劳动也是社会的一种生产劳动。所以，当问题是讨论人们各方面的生产劳动时，我们就不能说，只有生产物质产品的劳动才是生产劳动；我们只有当主题是为探索和阐明什么是社会经济基础的生产劳动时（例如马克思的

《资本论》就是专为探明这个主题），才能说，只有生产物质产品的劳动才是生产劳动。

二 第二层次的生产劳动和非生产劳动的区分

以上是撇开社会劳动关系所揭示出的生产劳动和非生产劳动的一般区分，它存在于一切社会阶段。现在我们进一步引回上面舍象掉的社会劳动关系，并以资本主义社会和社会主义社会为例来说明有何变化的问题。

（一）资本主义社会内的生产劳动和非生产劳动的区分

在资本主义社会里，上述一般意义的两种劳动的区分是依然存在的，其中起变化的是：前面说到的生产社会物质、文化生活所需的产品（包括物化劳动形式和劳动活动形式的在内）的生产劳动之中，那不参加社会化分工生产、交换关系（不把产品作为商品）的部分，就都社会地、特殊地成为非生产劳动。这当然不是说，这部分劳动没有生产出人们物质、文化生活所需的产品，同时也不像有些观点所认为的那样，是谁凭其好恶而主观地将它硬划为非生产劳动，而是由客观上的社会劳动关系决定的。划分这第二层次的非生产劳动的道理，比前一层次的复杂，我分以下几种具体情况来说明：

（1）个人和家庭生产自用产品的劳动。这种情况在资本主义越发达的社会里就越少，但不论多少，我们可列为一项作对比说明。比如一个家庭的成员，用自己的劳动种点菜、养点花、洗衣服、画张山水画、把煤气罐用自行车运回家，等等。这些物化劳动形式的结果或劳动活动形式的结果（产品），是为自己的物质、文化生活需要（消费）来进行，而不是为社会（市场）上的买者（不是作为商品）来提供，是为："自我服务"。家庭成员生产上述种种产品（包括劳务）所耗费的劳动，对社会（这里是资本主义社会）是属于社会化分工生产之外的东西，即不在社会交换品

（商品）和社会劳动的组成之内。大家知道，作为商品价值实体的社会劳动或社会平均必要劳动，是由个人的个别劳动“化合”成的，这只有通过社会分工、交换关系的实践才是世上真实的东西。因此，按这样的客观实际看，上述家庭内的劳动、劳务就等于不存在，所以就特殊地、社会地成为第二层次意义的非生产劳动。

自产自用、尚未商品化的自给经济，在资本主义社会里是为数微小的，当它转化为参加社会分工生产、交换关系的成员，它就成为资本主义国民经济产值和国民收入的组成部分。对上述未商品化的自给经济，即使可能作些估算，供参考，但只能另列为“国民经济产值和国民收入”的“后备军”或“虚拟军”，如同不能把资本主义国家的劳动力市场上的后备军（失业工人）混为在业工人一样。

（2）家庭雇工出卖劳动力的暂时使用权给雇主提供各种劳动活动——各种服务。家庭雇工和雇主之间是劳动力作为商品卖给雇主，而不是把被雇主暂时买去的劳动力的表现，即某种有用的劳动活动——劳务（例如缝纫劳务、烹调劳务、教育婴孩的劳务、护理主人病体的劳务、开车的劳务，等等）作为商品卖给雇主，它们在雇主买得雇工劳动力的使用权时起，就是雇主不作为商品，而作为单纯的可随意消费的使用对象。上述家庭劳务属于马克思所说的“单纯服务”，不是作为商品卖给家外市场的“非单纯服务”。所以，提供这样的劳务的家庭雇工的劳动，也是非生产劳动。这也反映在如下的事实中：家庭所雇的劳动力的表现——各种家庭劳务，它所耗费的劳动量一般大于那个决定被雇劳动力的价值的劳动量，但由于家庭劳务是家庭雇主的使用对象，不是为着卖给市场的商品，它所耗费的那两部分劳动，都不形成所谓商品价值——“$v+m$”，因而也不形成什么国民收入。家庭雇主付给雇工的工资报酬，是完全依靠他从其他生产劳动所创造的国民收入方面分得的收入来开支的。

家庭雇工的劳务（包括家庭成员日常生活的家务），随着资本主义社会生产力的发展，会相继由商品性的生活消费服务业（例如缝纫服务业、洗染服务业、饮食服务业、营业性幼儿园等）来顶替。这些社会化服务业，其劳务自然靠有购买力的居民来购买和用于生活消费，但是这时的上述服务业者不是出卖劳动力的暂时使用权，而是出卖劳务给买者，从而是商品生产者，他们的劳动是生产劳动。

非营业性（非商品化）的学校、医院、消防队等事业组织所雇聘的职工的劳动，在经济关系上同家庭雇工的劳动是类同的。他们的劳动产品——劳务（应注意将它同他们的劳动力区分开来），并非由雇聘者作为商品卖出去，他们的工资报酬，是雇聘者依靠国家或社会团体拨出的事业经费（其来源总不外社会生产劳动所创造的国民收入的再分配）来开支，所以是非生产劳动。马克思所指出的“同收入相交换的劳动是非生产劳动”这一科学原理，是既适用于家庭雇工劳动，也适用于上述事业单位的职工劳动。上述学校、医院等事业单位转为营业性社会服务行业，其职工劳动就转为第二层次意义的生产劳动。关于这方面的问题，本文以后还要讲到。

（3）简单商品生产劳动和资本商品生产劳动。

例如，一个典型的独立生产者（包括他的少数几个家人和艺徒在内——后者，不属资本剥削关系），他们的产品，不论是物质产品还是精神产品，也不论是物化劳动形式的产品还是劳动活动形式的“劳务”产品（下同），都不是为自己消费，而是作为商品卖给市场，因此，他们的劳动就都是参加社会化分工生产、交换关系的生产劳动。

资本商品是由资本家投资雇工来生产的产品，不是为自己消费，而是为了将它作为商品卖给市场，并且是为了把他从被雇工人那里剥削来的无偿的剩余劳动实现为剩余价值，以增值原先投下的资本和发财致富。这种商品生产劳动是资本主义社会内最大量、最主要的生产劳动，没有它就没有资本主义社会，故又称资本主义生产劳动。

对上述属于简单商品关系的生产劳动和属于资本商品关系的生产劳动，有一个问题应该说明一下。资本主义社会内的生产劳动和资本主义生产劳动，这两个概念是有区别的，前者可以把资本主义社会内存在的简单商品生产和资本商品生产包括在一起，因为简单商品关系已经具有社会化分工生产、交换关系的特性，它不像生产自用品的劳动、家庭雇工劳动和学校医院等事业单位的职工劳动那样在商品生产的化外，是非生产劳动。再者，在资本主义社会内，简单商品关系已孕育着两极分化的因素，含有部分转化为资本商品关系的潜能。不过应记住：资本商品关系是资本主义社会的决定性关系。这就是说，如果没有资本雇佣劳动关系，从而没有为资本生产剩余价值的劳动，那就没有资本主义社会。正是按这个客观实际的规定性，马克思批判地继承和发展了亚当·斯密的以下公式："同资本相交换的劳动"（马克思将它更明确为"为资本生产剩余价值的劳动"），是资本主义生产劳动；另一句对应语，"同收入相交换的劳动是非生产劳动"。我解释"资本主义社会内的生产劳动和非生产劳动的区分"问题时，把从事简单商品生产的劳动也列为生产劳动，这同马克思的上述说法是不矛盾的，因为一个是指"资本主义生产劳动"而言，一个是指"资本主义社会内有哪些劳动是生产劳动"而言。马克思有一段文章讲到以上两方面的问题。他对资本主义社会中的手工业者和农民的小商品生产劳动，曾指出，他们"与资本和劳动之间的交换毫无共同之处"，他们"既不属于（资本主义——引者加的注）生产劳动者的范畴，又不属于非生产劳动者的范畴。但是，他们是自己的生产不从属于资本主义生产方式的商品生产者"。[1] 这也是说，生产简单商品的劳动，虽不是生产剩余价值的资本主义生产劳动，但是它并非资本主义社会

① 马克思：《剩余价值理论》，《马克思恩格斯全集》第二十六卷（1），人民出版社1972年版，第439页。

里的非生产劳动。

以上，按资本主义社会内的实际，对它存在的自给生产劳动（为数极少）、家庭雇工劳动、公费学校等事业单位的职工劳动，以及小商品生产劳动和资本商品生产劳动，作了第二层次意义的生产劳动和非生产劳动的区分。只要我们注意到资本主义和社会主义的根本区别，我们就可以相应地用来区分，在我国现阶段社会主义社会内，按第二层次的关系说，哪些劳动是生产劳动，哪些是非生产劳动。

（二）我国现阶段社会主义社会内的生产劳动和非生产劳动的区分

在我国现阶段，撇开同外资有关的部分不说，为了同上述几种情况类比，也有四种经济成分：

（1）个人或家庭生产自用产品的劳动。这在我国现阶段是比资本主义国家多得多。它按第二层次意义的生产劳动和非生产劳动说，属于非生产劳动，理由同前。它将随着我国社会主义四化建设的发展，日益转化为商品生产劳动（由低级到较高级）。

（2）我国家庭雇工劳动。他们的劳动，同前理由，亦为非生产劳动。它将随着家庭劳务逐渐社会化而转为生产性服务业劳动。

我国目前的医疗机构大半为公费医疗，大、中、小学校教育一般是公费开支，高等科研机构更是公费兴办。凡这样的科、教、文、卫单位，都属于服务事业性质，不是营业性服务业，它们的职工劳动，是非生产劳动，道理与家庭雇工劳动基本相同。因此，只有在它们改为企业性机构，不靠国家从赋税收入（生产劳动创造的国民收入的再分配）中拨出事业经费来维持它们的一切开支，而用它们自己的劳务作为商品卖给劳务的需要者所得的收入来平衡（不说所投资金的利润），它们的职工劳动才转化为生产劳动。在我国目前经济体制改革中，它们如何改，那是另一问题。

（3）小商品生产劳动是我国社会主义社会内的生产劳动。道理同前。由于我国尚处在不发达社会主义阶段，在相当长的时期内，小商品生产劳动还会为数不小，但它是从属于社会主义全民所有制经济的。

（4）我国现有的“全民”和“集体”公有的商品生产劳动是我国社会主义社会内最大量、最主要的生产劳动。其中全民公有的部分是最重要的，集体公有的部分是依托它而产生和发展的。全民公有和集体公有的商品生产劳动是社会主义社会所特有的生产劳动，我们又称它为社会主义生产劳动。这里有一个问题一直是政治经济学教研工作者所琢磨的问题，那就是：社会主义生产劳动同资本主义生产劳动的区别何在？我们常见的解答之一是：前者为公有制（以下就以全民所有制为代表）的商品生产，后者为资本所有制的商品生产。对这样的解答，难免会有如下问题：它只表述出所有制基础上的区别，这虽然有最重要的意义，但如果不深入下去，则等于半途止步，而且近于同义反复。马克思对资本主义生产劳动和非生产劳动的解答公式是“同资本相交换（或‘生产剩余价值’）的劳动是生产劳动”；“同收入相交换的劳动是非生产劳动”。前面已阐明，这是非常简明、触到要害的解答。那么，对于同资本主义生产劳动根本不同的社会主义生产劳动，是否可以参考马克思的公式，作出相应的解答呢？对这个问题，我在学习马克思的生产劳动和非生产劳动理论之后，有以下联想：

（甲）在社会主义社会里，也同在资本主义社会里（还可扩大到奴隶制社会和封建制社会）一样，凡同收入相交换的劳动，都一律是非生产劳动，这在前面已阐明其理由。

（乙）社会主义当然要废除剥削劳动人民的资本，将它变为社会公有的资金（这是我们一直坚持使用的新的经济学范畴）。因此，对社会主义生产劳动或社会公有商品生产劳动，我们也可以将它表述为“同公有（生产）资金相交换的劳动”。再者，是否也可以将“社会主义生产劳动”表述为“为社会公有资金生产‘剩余价值’的劳动”呢？就这个表述说，只要阐明其中的“剩余价值”不是原来意义的剩余价值，我认为，那也并非一定不可，因为现在揭示社会主义经济关系的本质和规律的政治经济学论文和教科书中，已经有许多这样的转用词。不过为了避免误解，对上述表述中的“剩余价值”，似应效法以“资金”代“资本”的模式，用“总收入”（国民收入）中的“纯收入”概念去顶替。[①] 另外，马克思在讲到资本的存在是以相对的劳动生产率为基础时，曾对比地讲道：“假定不存在任何资本，而工人自己占有自己的剩余劳动，即他创造的价值超过他消费的价值的余额。只有在这种情况下才可以说，这种工人的劳动是真正生产的，也就是说，它创造新价值。”[②] 这也是对何谓社会主义生产劳动的一个说明，并表明社会公有资金也必然要求工人生产新价值——纯收入。

（丙）对以上公式，关键不在是否新事物换了新概念（这是次要问题），而在于必须辨明它们所反映的客观事物的貌同实异关系。同资本相交换的生产劳动，自然必须是能生产剩余价值的劳动，同时它也是想方设法生产价廉物美的商品的劳动。说资本唯利是图，就不重视价廉物美，这种简单化的说法是不对的。同社会公有资金相交换的社会主义生产劳动，同样也必须具有以上两条，以为它无须重视和计较纯收入的生产和增长的观念无疑也是不对的。但是，它们有根本不同的社会实质：资本家是把从工人那里剥削来的剩余价值塞进自己的私囊，用作资本积累和自己的生活挥霍；价廉物美是为了他好实现商品价值（包括剩余价值），特别是为了便于加强对工人相对剩余价值的剥削。至于“同社会公有资金相交换”的社会主义生产劳动，它是在劳动人民当家作主，自觉自愿和合理提高劳动生产率的前提下，努力提高产品质量，降低成本，增加纯收入，有计划地扩大社会公有的生产基金和消费基金，来满足社会成员不断增长的物质文化需要。这些是社会主义生产劳动在经济上与资本主义生产劳动根本不同的特征。

以上对舍了劳动的社会关系的一般意义（第一层次）的生产

① 参阅马克思《资本论》第3卷，第950页。
② 《马克思恩格斯全集》第二十六卷（1），人民出版社1972年版，第143页。

劳动和非生产劳动的区分的客观界限，以及对引进资本主义社会和社会主义社会的特殊性所划分的第二层次的生产劳动和非生产劳动的客观界限，都扼要地、通俗地作了对比的说明。但是还遗下一个问题，那就是：像服务业方面的商业、金融业等劳动，为什么是非生产劳动呢？这是我们同志中也有不少人怀疑或者抱着相反的观点，从而是在服务业分类方面至今尚未完全解决的“老大难”问题。商业、金融业这一类因商品、货币流通以及因货币作为借贷资金而发生的服务活动，它们本身原来就是不生产物质产品和精神产品，从而是不创造价值的非生产劳动。它们同前面所说的那些一般为生产劳动，但在特殊的社会劳动关系中而归为非生产劳动的情况，是不同义的。它们是物质和精神这两大商品生产领域内的另一种意义的非生产劳动。本文只补充指出这个问题。它是一个大课题，需另外专门讨论和说明。

（原载《经济研究》1985 年第 7 期）

论商业劳动的非生产性质

本文根据马克思《资本论》第三卷第九章和第十七章中的基本原理，详尽阐述了商业劳动是非生产劳动，它不创造使用价值和价值。

本文作者认为，商业劳动中的活劳动和产业中的“V”不一样，它是非生产的，不能形成新价值。它的作用在于减少扣除作为产业和商业总资金分配的产业利润。但商业劳动是实现商品的使用价值和价值的不可或缺的环节。我们强调发展商业，是为了促进社会生产总过程的顺畅运行，以利“翻两番”宏伟蓝图的早日实现。

一　问题的提出

为了说明商业劳动的非生产性质，我举一个简明的例子。先从生产部门（企业）说起。假设一个代表例如纱布生产部门的纺织厂，它投下资金 10000 万元，其中 8000 万元投在厂房、机器、原材料等上面，我们称它为本身价值不变的物化劳动资金（c），其中的厂房、机器等固定资金部分，不会全部一次转入年纱布商品的生产成本。假设与原材料等流动资金一次全部转入成本的合计数为 5000 万元（未消耗、未转移的固定资金为 3000 万元）。另外 2000 万元为垫支工人工资的流动资金，它是全部一次转入年纱布商品的生产成本。由于工人年劳动所形成的价值会大于工资价值，假设也为 2000 万元，我们称为剩余价值（m）。年纱布商品价值 = $5000c + 2000v + 2000m = 9000$ 万元。这 9000 万元，在商品（纱布）

一年内卖出后，就可以收回生产成本（$c+v$）7000万元，并得到相当于全部生产资金10000万元的20%的生产利润（P）2000万元。以上是生产部门（企业）的生产劳动——包括物化劳动5000C和全部活劳动4000（$v+m$）的规律性情况。

商业劳动的规律性情况则与上述不同。我们这里所说的商业劳动是指居间买卖商品所耗费的以下两部分劳动：（1）物化劳动，例如居间买卖纱布的商业公司和商店（包括批发和零售），要为商品买卖而支出房屋、橱窗、柜台、计算机、磅秤等固定资产的折旧费用，商场照明、记账的笔、墨、纸和商品包扎用的纸、绳等费用，马克思用K代表它；（2）活劳动报酬，即商业公司、商店职工的工资开支，马克思用b代表它。现假设纱布商业公司和商店为一年居间买卖纺织厂生产出来的9000万元纱布，要支出的商业费用为$150k+150b=300$万元，这要由商业企业投资垫支。另外，假设为商店房屋、设备等尚未消耗、尚未转入商业费用的固定资产余额垫下的资金为140万元（本文用k代表它）；以及为居间买卖商品所需的商业周转资金（马克思用B代表它），假设为1800万元。以上共计2240万元。在居间买卖商品过程中所支出的商业费用（$K+b$），与商品的生产成本费用（$c+v$）的不同之处在于：（1）商品生产成本支出后，生产出商品如纱布，它卖出去，就收回$5000c+2000v$，毫无补偿问题；（2）为生产而垫下的全部生产资金$8000c+2000v$（以下用C_1代表它），由于有生产工人所提供的剩余价值（m）2000万元，可得到20%的生产利润。但是在商业部门（企业）方面，由于它的职能不是生产商品，而是买卖商品（$G-W$和$W-G$），尽实现包含在商品内的价值（$c+v+m$）的职能。虽然这实现商品的社会使用价值和价值的职能是非常重要的，但它不是生产企业，它生产不出半个粒子的商品使用价值，从而为买卖商品而耗费的商业劳动费用（例如上述150万元$K+150$万元b）也就无从形成价值。上述纱布商业企业的职工，虽然也同生产企业职工一样，在做了补偿工资价值150万元的劳动之外，也多做了相当于150万元工资价值的剩余劳动，但它也不像生产企业的职工的剩余劳动，形成剩余价值，而是正如马克思所揭示的那样，只起为生产企业和商业企业减少商业费用支出，从而减少降低产、商利润收入的作用（详后）。因此，商业和产业有以下区别：（1）例如上述的纱布商业企业，它所花费的300万元商业劳动费用（$K+b$），有从哪里和如何得到补偿的问题；（2）它所垫下的全部商业资金2240万元（$1800B+140k+150K+150b$，以下用C_2代表它），一般也应该同生产资金一样，得到相等的利润，从而又有这份商业利润来自何处的问题[①]。这两个问题必须同生产费用和生产资金利润一样，有持续的，而不是偶然的解决途径，才会有人来投资经营商业，但是商业劳动（物化劳动K和活劳动b）又创造不出价值，这不是一个大矛盾吗？同时，亿万次的商业实践又表明，商业部门（企业）的商品销售价格高于它的进货价格，又同一时求过于供所引起的高价不同[②]，总是经常地销价高于进价。而且按一个时期的趋势看，商业进销价之差，有如下的规律性，即其差额 = 居间买卖所发生的费用 + 按生产资金利润率计算的大致相等的商业利润。对这个大量现象，人们大多都有接触，问题在于对这现象后面的内在联系，有不同的认识。直至今日，国内经济学界常有文章认为，商业费用（$k+b$）和生产成本（$c+v$）、商业资金（C_2）和产业资金（C_1），都是生产性的，都会创造价值和创造国民收入。否则，为什么会有如上的进销差价规律性呢？其实，马克思在《资本论》第三卷第十七章，早已根据客观实际，揭示出产商总资金的充分平均利润规律，阐明了商业费用的补偿和商业利润的来源是商品生产部门将商品按适当低于生产价格（价值）的价格卖给商业部门，后者按大致相当于生产价格（价值）的最后销售价格，将商品卖

① 商业周转资金（B）于买进商品时付出，卖出商品时收回，K是未消耗的固定资金，均无补偿问题，只有利润来源问题。

② 一时求过于供的高价，一般会被另一时供过于求的低价抵销。所以，我们这里可以舍而不论，以便于揭示更本质的问题。

给消费者，从而由进销差价来补偿商业费用，并获得同生产部门资金大体相等的利润。可是国内仍有不少人表示怀疑，以致有少数文章认为，马克思的论断有什么“自相矛盾”和“站不住脚”的问题。这就是我们需要重新阐明的非生产性商业劳动的老大难课题。

二 商业费用补偿和商业利润究竟来自何处

商业费用的补偿和商业利润的来源，到底是经过什么途径得到解决的呢？对这个问题，归纳起来，不外两种答复。一是认为，生产部门按商品的生产价格（价值）将商品卖给商业部门，然后，商业部门（包括批发商和零售商）加上应补偿的商业费用和应有的商业利润，转卖给生产消费者或生活消费者。这是目前仍很流行的观点。它认为，商业劳动同产业劳动一样，属于生产性劳动。另一种观点认为，上面的解答是迷于商业过程的现象，实际是商品生产者先按低于价值（生产价格）的价格（通称出厂价格）卖给商业部门，后者才是一般地按生产价格最后将商品卖给消费者。这是马克思揭示出来的客观上的本质过程。前一种观点，可通俗地称为“外加论”，后一种观点，可通俗地称为“内扣论”。下面是我学习《资本论》第三卷第九章，特别是第十七章之后的体会。

（一）商业费用和商业利润不是靠额外加价来平衡的

为便于具体辨明问题，先介绍一下商品价值和生产价格规律。在《资本论》第三卷第九章第 174—176 页（人民出版社 1975 年版，下同），马克思列表揭示了以上规律（我把几个原表作了一些综合）（见表一）。

表一以资本主义商品经济为对象，只要把“资本”关系改为社会全民公有的资金关系，把资本主义社会生产的无政府、无计划性改为有计划性，表中由商品价格规律转化为生产价格规律的进程，基本上也适用于我国社会主义有计划的商品经济。这就是说，商品的市场价格的高低总水平和趋向，是由商品价值通过部门利润

表一　　商品价值和生产价格构成表①

生产部门		(1)	Ⅰ	Ⅱ	Ⅲ	Ⅳ	Ⅴ	合计	平均
资本	C（全额）（亿元）	(2)	80	70	60	85	95	390	78
	已用了（加入商品）的 C（亿元）	(3)	50	(51)	(51)	(40)	(10)	(202)	
	V（亿元）	(4)	20	30	40	15	5	110	22
剩余价值（亿元）		(5)	20	30	40	15	5	110	22
利润率（P'）		(6)	20%	30%	40%	15%	5%		22%
成本价格（亿元）		(7)	70	81	91	55	15	312	
商品价值（亿元）		(8)	90	111	131	70	20	422	
商品生产价格（亿元）		(9)	92	103	113	77	37	422	
平均利润率（$\overline{P}'$）		(10)	22%	22%	22%	22%	22%	22%	
价格同价值的差（亿元）		(11)	+2	−8	−18	+17	+17	0	

注：①个别生产部门或个别生产企业的利润率，我用 P' 代表；平均生产利润率，我用 $\overline{P}'$ 表示；按产商总资金平均的充分平均利润率，我用 $\overline{P}'$ 表示。

率的平均化和剩余价值在各生产部门间的再分配所形成的生产价格来调节的。关于商品市场价格的这一基本的科学原理，我国经济学界有共同认识。表一第Ⅰ—Ⅴ等五个生产部门是由全社会生产企业组成的各商品生产部门的代表。这里，我们要特别注意分辨清楚的是：马克思在《资本论》第三卷第九章对决定商品市场价格的价值和生产价格规律作分析时，是暂时舍象掉商业部门，先分析商品市场价格决定的这个核心部分的内在关系。那么，在经过居间买卖商品的商业部门之后，商品市场价格的一般趋向又有什么变化呢？拿表一第Ⅰ生产部门说，“外加论”认为，它的商品的最后市场销售价格，一般将是在92亿元的生产价格之外，再加商业费用和商业利润。这里假设它的商业费用（$k+b$）和商业资金（$B+k+K+b$）的具体数额分别是 $1.5K+1.5b=3$ 亿元和 $18B+1.4k+3(K+b)=22.4$ 亿元。这样，上表所列第 I 生产部门的产品，按“外加论”的思路，最后一般是按照99.92亿元的价格出售，其构成是：商品生产价格92亿元+3亿元商业费用+4.92亿元商业利

润 = 99.92 亿元。其中的商业利润是按商业资金 22.4 亿元 × 22% 的平均利润率计算。因为按“外加论”的观点，商业资金是同生产资金一样，按后者的平均利润率获得相等的利润。

按一个时期的平均趋势，居间买卖第Ⅰ生产部门产品的商业部门，虽然是从商品的最后销售价格大于它的进货价格的差额中，得到 3 亿元商业费用的补偿，并得到 4.92 亿元的商业利润，但是这 7.92 亿元差价，并非商业部门在居间买卖商品的纯粹流通过程中，使商品的使用价值量和它的价值量增多了（那还是同进货时一样多），而是属于纯粹的贵卖，这“贵卖”，自然要靠买者多掏腰包“贵买”来抵偿。深究下去，如果不是只按第Ⅰ生产部门和这个部门的居间商业部门这个局部来考察问题，而是从全社会的产业、商业及其商品的消费者的总体，即从全社会的生产和流通的总过程来考察问题（这后一种考察是唯一正确的考察方法），就可以发现，商业部门的以上进销差价的追加，全是虚假的。为阐明这个问题，需要对表一所列的第Ⅰ—Ⅴ等五个生产部门及其商业部门的商品产销价格问题进行综合的具体的分析，因为只有这样，才便于看清楚问题的全貌。

前面已假定第Ⅰ生产部门的商业资金为 22.4 亿元，其中 3 亿元用于商业费用。为便于从简辨明“外加论”的观点是不符客观实际的，是站不住脚的，我们假定居间买卖第Ⅱ—Ⅴ生产部门的年产品的商业部门所耗费的商业费用和所占用的商业资金，同第Ⅰ生产部门是等比例的（实际常不等比，但不会影响按等比而得出的结论）。如表二：

表二　　第Ⅰ—Ⅴ生产部门的商业费用和商业资金数额表

单位：亿元

项目＼部门	(1)	Ⅰ	Ⅱ	Ⅲ	Ⅳ	Ⅴ
商品生产价格	(2)	92	103	113	77	37
商业资金 $(B+k+K+b)$	(3)	22.4	25	27.5	18.7	9

续表

项目＼部门	(1)	Ⅰ	Ⅱ	Ⅲ	Ⅳ	Ⅴ
商业资金占用率[①] 〔(3)+(2)×100%〕	(4)	24.3	24.3	24.3	24.3	24.3
商业费用	(5)	3	3.4	3.7	2.5	1.2
商业费用率[①] 〔(5)÷(2)×100%〕	(6)	3.3	3.3	3.3	3.3	3.3
商业利润 〔(3)×22%〕	(7)	4.92	5.51	6.05	4.12	1.98
商品销售价格 〔(2)+(5)+(7)〕	(8)	99.92	111.91	122.75	83.62	40.18
额外加价额 〔(5)+(7)〕	(9)	7.92	8.91	9.75	6.62	3.18
额外加价率[①] 〔(9)÷(2)×100%〕	(10)	8.6	8.6	8.6	8.6	8.6

注：①按保留一位小数计算，下同。

前面只讲到，第Ⅰ生产部门的商业公司（以下为简化说明，假定是附设兼营。如属独立经营，那也毫不影响后面的结论），是在买进的92亿元商品上面，外加7.92亿元，按99.92亿元的销售价格卖出去。卖给谁？不外卖给其他四个生产部门，从而得以解决3亿元的费用补偿和22.4亿元商业资金一般需有的4.92亿元的平均利润。这里，第Ⅰ生产部门不用掏自己的腰包，因为，其他生产部门被它多掏去7.92亿元的腰包。但是，任何生产部门都绝对不可能只卖不买。这92亿元必须作为购买手段，用于：第一，购买再生产所需的生产资料；第二，付给工人工资以购买生活资料；第三，它的纯收入（利润），按假设暂不进而细论它的再分配，是全用于购买生活资料（如有扩大再生产，则是用于购买生产资料和生活资料）。总之，这时第Ⅰ生产部门要向其他四个生产部门去买种种产品。这时情况怎样呢？如按“外加论”，其他四个生产部门自设的商业公司，自然也要在它们的进货价格上，额外加价 8.6% 合 7.92 亿元，作为它们的商业费用的补偿基金和商业资金的利润来源。因此，这时轮到作为买者的第 I 生产部门，它代表那些生产资料和生活资料的需要者，也只好相应地多付这额外的加价给对方。这叫做它昨天作为卖者多得的 8.6% 的外加价，今天作为买者，向其他四个生产部门购买产品时，也要多付 8.6% 的外加价给对方。这实际就是：第 I 生产部门（其他四个生产部门也完全一样），从自己的商品的生产价格的平均利润中扣除相应的数额——按前面的假设，即扣出相当于自己的产品的生产价格的 8.6% 的数额，为它自设的商业公司解决商业利润来源问题和商业费用补偿问题。生产者必然要这样自我“慷慨”的原因，在于他完成直接生产过程中的生产任务之后，还必须另行投下商业资金来设置商业机构，开支商业费用，争取把产品卖出去，才能实现所产商品中的生产成本（$c+v$）和剩余价值（m 或 P）。否则，不仅半途而废，而且前功尽弃。所以，各种商业和各种产业是相应相连地各占“半边天”式的重要地位，互为条件，互相依存。

以上对比分析表明：商业劳动虽不生产商品和价值，但它是实现商品使用价值和价值（其中包括剩余产品或剩余价值）所不能或缺的一环，从而商业费用和商业资金，也必须像生产费用和生产资金那样得到补偿和合理的利润。这是无可怀疑和争论的。问题仅在于：商业劳动（包括它所耗费的物化劳动）本身既然不生产商品和价值，它又从哪里得到和如何得到以上两项经济的平衡呢？以上分析已表明：“外加论”的观点和结论是不符合客观实际的，因为那个在商业进货价格之上的加价〔相当于商业费用 $k(+b)$ + 商业利润（商业资金 × 产、商总资金的平均利润率）〕，实际是生产部门把商品低于它的生产价格（按全社会说，即低于商品价值）而出售给居间的商业部门，使后者有此差价来平衡以上两项经济必需，所以实际并非“外加”，而是“内扣”。上述客观实际，可以概括为一个规律性的公式如下：

产业商业充分平均利润率（$\tilde{P}'$）公式

（仅以前述第Ⅰ生产部门的数字为例，单位：亿元）

$$\tilde{P}' = \frac{22\bar{P} - (1.5K + 1.5b)}{(80c + 20v) + (18B + 1.4k + 1.5K + 1.5b)} \times 100\%$$

$$= \frac{19}{122.4} \times 100\% = 15.5\%$$

上列公式中，分子为第Ⅰ生产部门按 22% 的平均利润率所分得的生产资金的平均利润 22 亿元，内扣去商业部门的商业费用 $(K + b)$3 亿元。这就是说，剩下可供产、商资金平均分配的利润，只有 19 亿元，分母为生产资金和商业资金总额，合计 122.4 亿元；所得的商数（15.5%）为该产、商总资金的平均利润率，马克思在《资本论》第三卷第 332 页，称它为“充分平均利润率”。[①] 从以上公式中，可以看出产业和商业之间的以下内在关系：商业费用 $(k + b)$ 是从生产部门的平均利润中“内扣”出来而得到补偿；商业资金的利润来源，是它同生产资金一起参加分配上面那个“内扣”后剩下的生产利润来解决。按上面第Ⅰ生产部门的产、商业的具体数例说，即（1）从 22 亿元的产业平均利润中得到 3 亿元商业费用的补偿；（2）22.4 亿元商业资金，则从参加分配余下的 19 亿元产业利润而得到 15.5%（$\tilde{P}'$）的利润，即 4.92 亿元，两者合计，共从第Ⅰ生产部门的商品生产价格 92 亿元中，分得了 7.92 亿元。因此，按上例，第Ⅰ生产部门实际上是将它的产品按 84.08（92 - 7.92）亿元的内扣价卖给商业部门，后者则按 92 亿元的“商业价格”（全部实现的生产价格）卖给最后的消费者。商业费用和商业利润实际就是这样内扣（不是外加）而得到平衡的。生产部门必须让出一部分利润给商业部门，是因为生产部门的商品价值，必须经过流通阶段（商业阶段）才能实现和继续再生产；同

---

① 在《资本论》第三卷，关于这个问题，郭、王译本（人民出版社 1966 年版，第 330 页）是译得正确的，后来中央编译局译本（人民出版社 1975 年版，第 332 页）却译反了意。我于 1983 年 2 月在“马克思逝世一百周年纪念”的一次学术讨论会上，提出过这个问题。

时，居间的商业总是必须另占资金和支出商业费用，而商业费用必须补偿，商业资金必须取得利润。生产部门一般更愿意同独立的商业经营者作上述“内扣”交易，是因为专门的商业经营者，一般能比生产部门自兼商业，较少占用商业资金和较少开支商业费用，从而可以少内扣一点生产利润。

（二）对商业劳动的非生产性的进一层论证

从前面的剖析中我们已经得知：商业费用的补偿和商业利润的来源，总的说，根本不可能靠商品超过价值（生产价格）的贵卖来解决，而只能靠生产部门在核定商品出厂价时，先让出相当一部分生产利润（适当低价出售商品）给居间商，使后者除补偿商业费用之外，还能得到与生产资金大致不相上下的利润（按产、商总资金来共同平均分配利润）这样的内在关系来解决。至此，“老大难”问题是否完全消除了呢？那还差一点，需作补充的剖析。

我们在前面已经指出，各生产部门，不论是自设的商业公司或别人投资设点的商业公司，它们居间买卖各生产部门的商品所需占用的商业资金（主要为周转资金），必然会因流通周期长短不同而有多少不等的占用率；它们所需开支的商业费用率，一般也不会是等比例的，甚至会有相差很大的。譬如大额交易与小额交易所引起的簿记费用，就不会随交易额的增大等比地增加；等值的蔬菜和工艺美术品的商业费用，也不会是等比的，等等。但是，在前面表二中，我们为便于简单阐明“外加论”是颠倒了商业利润的真正来源和商业费用的实际补偿关系，特假设第Ⅰ—Ⅴ生产部门的商业资金占用率和商业费用率都是等一的。这虽然丝毫不影响我们对迷误的“外加论”所作出的结论，但在以上五个生产部门的商业公司的商业资金占用率和商业费用率不等比时，则会另有以下问题，那就是：由于居间买卖商品的商业服务本身是非生产性的，商业资金利润和商业费用补偿都是靠再分配（扣除）各该生产部门所生产的剩余价值（利润）来解决，这样，商业资金占用率和商业费用率较高的生产部门，就会比商业资金占用率和商业费用率较低的生产部门，被扣除较多的生产利润，从而前者会得不到与后者相等的生产利润，这是否会与平均利润率规律相矛盾呢？再者，在经济实践中，是否在生产资金有机构成不等的各生产部门的利润经过一次社会平均化之后，又因它们的商业资金占用率和商业费用率的一般不等而再来第二次利润平均化呢？这些就是我们现在需要进一步阐明的问题。

在学习马克思《资本论》第三卷第九章和第十七章关于平均利润和充分平均利润（后者常为人们所忽视）一层深一层的科学分析之后，我们就不难回答：因不等的商业资金占用率和商业费用率而引起有关各生产部门生产利润的不等扣除，是不会破坏利润率平均化规律的。同时，这个利润率平均化规律，绝不是各生产部门先来一个利润平均化回合，然后再来一个社会产、商总资金的利润充分平均化回合。它们是融汇和交织在一个客观运动过程中进行的。只是在叙述时，必须分先后层次来表述罢了。下面，我分两点来说明以上问题：

1. *产业商业总资金和社会充分平均利润率规律*

为便于对比说明前面所列举的进一层的问题，我再列一个居间买卖第Ⅰ—Ⅴ生产部门的年产品所需占用商业资金和商业费用不等比的数额表（见表三）。

表三　买卖第Ⅰ—Ⅴ生产部门年产品所需的商业资金和商业费用表

单位：亿元

生产部门		Ⅰ	Ⅱ	Ⅲ	Ⅳ	Ⅴ	合计
商品价值		90	111	131	70	20	422
商业资金	周转资金（B）	18.0	18.5	19.0	17.5	6.0	
商业资金	未耗固定资金（k）	1.4	1.2	1.0	2.0	2.0	
商业资金	物化劳动费用（K）	1.5	1.4	1.0	1.8	0.7	
商业资金	活劳动费用（b）	1.5	1.9	2.3	1.0	0.3	
商业资金	商业资金合计	22.4	23.0	23.3	22.3	9.0	100.0

续表

生产部门	Ⅰ	Ⅱ	Ⅲ	Ⅳ	Ⅴ	合计
商业资金占用率(%)	24.9	20.7	17.8	31.9	45.0	23.7①
商业费用合计	3.0	3.3	3.3	2.8	1.0	13.4
商业费用率(%)	3.3	3.0	2.5	4.0	5.0	3.1①

注：①平均数

上表所设的商业资金额和商业费用额，都是社会平均必要的量。在此前提下，上述五个生产部门的商业费用以及商业资金的一般利润，自然要由扣除本部门的生产利润（归根到底为它们各自的剩余价值）来解决。

首先，商业费用率既然一般是各种商品买卖不等比的，按前面表一和表三所设的数字为例说，第Ⅰ—Ⅴ生产部门可供作为利润来分配的剩余价值，就是扣除以上不等比的商业费用补偿之后的余额。其次，各生产部门的这个剩余价值余额，由于引进了商业资金（C_2），就不能单归生产资金（C_1），而必然要由各该生产部门的产、商资金（C_1+C_2）来一起分配。对以上两项，可以列表分析如下（见表四）。

表四　第Ⅰ—Ⅴ生产部门产商资金利润率计算表　单位：亿元

生产部门	剩余价值（m）减商业费用（$K+b$）		产商总资金（C_1+C_2）	产商资金利润率（%）
Ⅰ	(20—3.0)	÷	(100+22.4)	=13.9
Ⅱ	(30—3.3)	÷	(100+23.0)	=21.7
Ⅲ	(40—3.3)	÷	(100+23.3)	=29.8
Ⅳ	(15—2.8)	÷	(100+22.3)	=10.0
Ⅴ	(5—1.0)	÷	(100+9.0)	=3.7
合计平均	(110—13.4)	÷	(500+100)	=16.1

对照表四和前面的表一，我们可以看到：部门资金利润率

（这是经过部门内企业竞争而形成的，它以商品的社会必要劳动形成的价值为基础）和社会平均利润率（这是经过部门间的竞争形成的）都发生了变化，按上述两表的假设数例，可列出比较表（见表五）。

表五　　　　生产利润和产商利润率比较表（%）

生产部门	撇开商业费用、商业资金关系的生产利润率	结合商业费用、商业资金关系的利润率	生产利润率下降率
Ⅰ	20	13.9	-30.5
Ⅱ	30	21.7	-27.7
Ⅲ	40	29.8	-25.5
Ⅳ	15	10.0	33.3
Ⅴ	5	3.7	-26.0
社会生产资金平均利润率（$\bar{P}'$）	（$\sum_m + \sum_{c1}^{22} \times 100\%$）	—	—
社会产、商资金平均利润率（$\tilde{P}'$）	—	〔$\sum_m$ 余额$^{16.1}$ + $\sum(c_1 + c_1) \times 100\%$〕	-26.8

以上五个生产部门的生产利润率之所以悬殊，是由于它们的资金有机构成有高低之别（见表一）；以上五个生产部门的产、商资金利润率的下降，一是由于要从“m”中扣除商业费用的补偿（因为它是非生产费用）；二是因为商业资金要参加余下的“m”的分配。至于第Ⅰ—Ⅴ部门的产、商资金利润率比各该部门原生产资金利润率有不同程度的下降，那是由于它们有不等的商业费用率和商业资金占用率。第Ⅰ—Ⅴ部门各自的产、商资金利润率的高低序列，近于原部门生产利润率的高低序列，则仍然是由于它们的资金有机构成高低不同这个根源。

现在第Ⅰ—Ⅴ部门的产、商资金汇集和交织起来，通过竞争和资金移动，使部门间和产商间的总产、商资金（$\sum_{c1} + \sum_{c2}$），按前面假设数字，即 $500c_1 + 100c_2 = 600$ 亿元），来平均分配那余下的 96.6 亿元〔$110m - 13.4\ (K+b)$〕剩余价值，形成一个比会产、商总资金的充分平均利润率（$\tilde{P}'$）——16.1%，它对一定时间内的产业和商业者起着总的经济调节杠杆作用。在作抽象理论分析时，是先揭示生产过程的平均利润（$\tilde{P}$），然后再揭示这一平均利润如何展开为充分平均利润（$\tilde{P}$）；但在实际经济生活中，它们是在一个运动过程阶段内，由产业和产业、商业和商业以及产、商互相同时交结而形成上述充分平均利润。

2. 出厂价格和商业价格的内在联系

社会产、商总资金的充分平均利润率规律，是商品价值规律转化为商品生产价格规律的又深一层的具体化和展开。马克思在《资本论》第三卷第十七章中指出：人们通常认为，商业利润来自商品的销售价格（商业价格）的“名义上的加价”（本文所称的“外加论”），那完全是一种“假象”。实际是来自商品按“低于生产价格”的出厂价格，由生产部门初次卖给居间商，然后在现象上表现为商业价格的加价，居间商借以补偿商业费用，并得到与产业资金不相上下的商业利润。现在，我们可以顺着前面的数例，来具体阐明商品出厂价格和最后的商业销售价格之间的内在关系。我先把前面表一、表三、表四、表五中同产业、商业两方面有关的数字综合起来，先阐明剩余价值向生产利润和商业利润的分解，见表六（一）。

表六（一）　剩余价值一分为三以及出厂价格和商业价格例解表

单位：亿元

项目 \ 生产部门		Ⅰ	Ⅱ	Ⅲ	Ⅳ	Ⅴ	合计
生产资金(c_1)	1	100.0	100.0	100.0	100.0	100.0	500.0
商业资金(c_2)	2	22.4	23.0	23.3	22.3	9.0	100.0
产、商资金合计	3	122.4	123.0	123.3	122.3	109.0	600.0
商品价值($c+v+m$)	4	90.0	111.0	131.0	70.0	20.0	422.0

续表

项目 \ 生产部门		Ⅰ	Ⅱ	Ⅲ	Ⅳ	Ⅴ	合计
商品生产成本($c+v$)	5	70.0	81.0	91.0	55.0	15.0	312.0
剩余价值(m)	6	20.0	30.0	40.0	15.0	5.0	110.0
商业费用($k+b$)	7	3.0	3.3	3.3	2.8	1.0	13.4
剩余价值余额(6)-(7)	8	17.0	26.7	36.7	12.2	4.0	96.6
产、商资金部门利润率 (8)÷(3)×100%	9	13.9	21.7	29.8	10.0	3.7	16.1①
产、商资金充分平均利润率 (8)合计÷(3)合计×100%	10	16.1	16.1	16.1	16.1	16.1	—

注：①平均数。

前面已经指出，商业费用虽然与生产成本费用根本不同，它不能形成价值来补偿它自己，但是，它是商品生产社会不能缺少的一个重要条件。因此，商品生产部门首先必须从所生产的剩余价值中，扣除一部分来开支商业费用，余下的再按社会产、商总资金来共同分配。按上表数例说，社会的职能资金（产、商资金）的平均利润率，就要由原来单按生产资金计算的22%下降到16.1%（减去5.9%）。我们把握住社会产、商总资金的充分平均利润率的这些质和量的规律性，并联系实际来应用，才可拨开商品的出厂价格和商业部门的销售价格的种种迷雾。

下面再进一步具体剖析商品出厂价格和商业价格的内在关系。为便于说明，把前面表六（一）的后半部分续列于下，见表六（二）。

上表所例解的商品出厂价格和最后的商业销售价格，不是指某一个别生产企业和商业企业之间某天、某月的一时的交易行情，而是指一个阶段的交易发展趋势。现分别作以下三点说明：

（1）各部门的商品出厂价格，按生产和流通的总过程关系，一般只能在商品价值（按前面的例解，即“生产成本+16.1%的生产资金的充分平均利润”）水平之下来调节，详见表六第 13 栏的数字；按五个部门合计，即为 392. 5 亿元。

表六（二） 续剩余价值一分为三以及出厂价格和商业价格例解表

单位：亿元

项目＼生产部门			Ⅰ	Ⅱ	Ⅲ	Ⅳ	Ⅴ	合计
出厂价构成	生产成本同(5)	(11)	70. 0	81. 0	91. 0	55. 0	15. 0	312
	生产资金自得的充分平均利润(1)×(10)	(12)	16. 1	16. 1	16. 1	16. 1	16. 1	80. 5
	出厂价合计	(13)	86. 1	97. 1	107. 1	71. 1	31. 1	392. 5
销售价构成	商业费用同(7)	(14)	3. 0	3. 3	3. 3	2. 8	1. 0	13. 4
	商业资金分得的充分平均利润(2)×(10)	(15)	3. 6	3. 7	3. 8	3. 6	1. 4	16. 1①
	销售价合计	(16)	92. 7	104. 7	114. 2	77. 5	33. 5	422
销售价格与价值之差 (16)－(4)		(17)	+2. 7	－6. 9	－16. 8	+7. 5	+13. 5	0
出厂价与价值之差 (13)－(14)		(18)	－3. 9	－13. 9	－23. 9	+1. 1	+11. 1	－29. 5
出厂价与生产价格之差②		(19)	－5. 9	－5. 9	－5. 9	－5. 9	－5. 9	－29. 5
销售价比出厂价增加 (16)－(13)		(20)	+6. 6	+7. 6	+7. 1	+6. 4	+2. 4	+29. 5

①左列五个商业资金的充分平均利润额，按第Ⅰ—Ⅴ部门的商业资金数[见栏(2)]×充分平均利润率 16. 1%，应分别为(单位：亿元)3. 6064，3. 7030，3. 5903，1. 4490，合计 16. 1 亿元；现从简对小数点一位数后四舍五入，为左列数字，合计亦正为 16. 14 亿元。

②第Ⅰ—Ⅴ生产部门商品的生产价格，见表一，依次为(单位：亿元)：92，103，113，77，37。

（2）商品的最后的商业销售价格，不是可由人们任意来加码规定的，一般是趋向于把流通过程中所必需耗费的商业费用（按我们这里的例解数字，五个部门合计为 13. 4 亿元，详见表六第 14

栏）和把商业资金的16.1%的充分平均利润（见表六第15栏，五个部门合计为16.1亿元，两项共29.5亿元），加在出厂价之上，总计为422亿元。因为以上29.5亿元的进销差价，不是商业公司和商店对商品的最后买者的欺诈性或主观机会性的一时的额外加价，而是按一般的规律性（不论人们知道不知道、承认不承认），由生产部门实际上按低于社会商品总价值29.5亿元出售给居间商，因此最后的社会商品总销售价格，正等于它们的总价值422亿元。至于第Ⅰ—Ⅴ部门商品的销售价格比它们的价值有增有减（见表六第17栏），则是由于它们的商业费用率和商业资金占用率高低不等，从而部门利润率也不等（见表三、表五）造成的，但是它们已经通过部门间的竞争和资金移动而归于社会充分平均化了，因此有大于价值的，也有小于价值的。不过增减是相抵相平的，总的说，销售价 = 价值。

（3）按所假设的例解数额，表六最后三栏的对比，具体表明马克思所揭示的以下科学原理的正确性和深刻性：认为商业利润来自商品的商业销售价格“名义上的加价”，这是一种“假象”和皮相之见，它实际是来自生产部门按低于商品价值或生产价格的出厂价格卖给居间商，以免自己另垫商业资金和商业费用。表六第19栏所列的出厂价格均低于生产价格5.9亿元，这是因为：按表一假设的数字，那是暂时撇开商业不论，因此，五个生产部门不等比的利润额合计110亿元，是由500亿元社会生产总资金来平均分配，各部门生产资金均得22%的利润，从而商品价值就转化为生产价格。在产业、商业一起登场的情况下，按前面表六（一）所示的过程，一要从各部门不等的剩余价值额中扣除不等比的商业费用（合计13.4亿元），下余的（96.4亿元）又得按600亿元产商总资金来平均分配，充分平均利润率只有16.1%，比原先生产价格核算中的22%的利润率减少5.9%，按每个生产部门的10亿元生产资金说，即少了利润5.9亿元。而第Ⅰ—Ⅴ生产部门的商品出厂价格是按16.1亿元（16.1%）来计列的，所以这出厂价格就比原先单按生产资金的平均利润率计算的生产价格要低 5.9 亿元，五个部门合计为 29.5 亿元。这同它们的商品总出厂价格比总价值也低 29.7 亿元是一致的。相反，商业部门则可从生产部门一共分得 29.5 亿元剩余价值，其中 13.4 亿元是按商业费用补偿关系分配去的；16.1 亿元是按 100 亿元总商业资金的关系分配去的。至此，商业劳动、商业费用、商业资金的非生产性，以及各级商业职工与同级产业职工一般总得到相等的工资报酬，商业资金与产业资金一般总得到相等的利润等老大难问题，就完全地彻底地解开了。

三 结束语

商业劳动是非生产劳动，它为什么会成为一直有人怀疑或否认的老大难问题呢？我认为，一是由于人们把商业劳动是否为生产劳动，与它是否也同生产劳动一样提供对社会有用的服务的问题混为一谈。前面已经指出，它自然是提供了（生产了）很有用、很重要的劳务，否则，人们也就不会称赞它是商品生产社会的“半边天”了。二是由于人们分不清，创造商品价值的劳动和再分配生产劳动所创造出的价值的劳动这两者之间的区别。商业劳动既没有生产出物质文化生活所需的产品，也就自然没有生产出商品价值，它是因为干了参加实现商品价值的活动，而从生产劳动所创造的剩余价值中再分配到价值。我们不能把这混为商业劳动本身生产出了价值（有一种观点比这还混，把凡能带来报酬的任何劳动，如家庭雇佣劳动、雇佣兵劳动，政府官员劳动等，都误为生产价值的劳动，甚至搬上大学讲坛）。三是由于受商业进销差价的现象（倒象）的蒙蔽，误以为商业劳动自身也同生产劳动一样能创造价值和剩余价值，从而按其比例自行加大商品的销售价格。这是最主要的原因。它是居间商感性认识的一种表现。四是属于对价值一般的不理解。商品价值（其社会实体为生产商品的社会平均必要劳动量），在资本主义商品经济中，即使劳动生产率未变，即使现代化的电子计算机（电脑技术）对它作了近似的反馈（信息），但由于全社会生产的无政府状态和阶级对抗性，以及经济周期和供求的变幻，它总是通过市场价格的各种经常背离和波动来表现，从而连商品价值本身也是不少人的疑团，庸俗经济学的商业利润“让渡论”更借以扩大其影响。这同人们分不清工农业等商品生产劳动和商业的非生产劳动的界限，也多少有点源远流长的关系。

我们指出商业劳动是非生产劳动，这并非说我们在国民收入中对它不作相应的统计。但有必要着重表明，我们是如实地将它列在非生产劳动方面。它之所以必须加以统计，是因为它在工农业等净产值方面已被“内扣”出来，所以我们不能不加以补充统计。我们统计它，并非“变无为有”“变非生产为生产”和搞双份。在当前发展“第三产业”（服务业）的宣传中，发展商业服务业是主要项目之一，我们当然赞成。但有一种说法，认为商业劳动是“生产劳动”，多发展它，可使“翻两番”的宏伟蓝图超额胜利完成。我认为，这有不少值得商榷的地方，需另行专门讨论。

商业劳动是非生产劳动，还有一个事实证明，那就是：列在以“m”再分配来补偿的商业费用“b”（商业活劳动工资报酬），它是商业劳动力的价值量表现，不像生产劳动的“v”另又提供剩余价值（m）。那么，“b”是否为可变量呢？当然也是可变量，不过不形成新增价值。这是因为商业的“k”和“b”本身是非生产的。“b”的可变性，是它也提供了剩余劳动，但它只起着减少扣除产业和商业资金来源的作用。马克思在《资本论》第三卷第十七章第335页曾指出：按以上意义说，“b”是“生产的”。这同他在前面如实揭示商业劳动是非生产劳动，当然一点也不矛盾。近年来，有人对马克思的这个正确和如实一贯的论点，轻易地指为“有矛盾”或“过时”，这是不妥的。

（原载《中国社会科学》1986年第1期）

关于马克思的价值理论的疑题和我的看法*

近几年来，在我国经济学界的出版物中和学术讨论会中，或者在大专院校的经济学教研中，对马克思所揭示的商品价值理论，曾触及以下疑题：

（1）马克思说，各种不同的商品，除有不同的使用价值外，还有一种共同的价值因素，它的数量是由生产商品所花费的抽象同一和社会平均必要劳动时间来决定的。但是，生产各种商品所花费的劳动，不仅是不同的具体劳动，有简单易干和复杂难干等区别，而且生产同一种商品所花费的劳动时间，还会因为生产者的勤懒的不同和所使用的劳动工具好坏的不同，而大有悬殊，那么，它们是否真能或者是如何才化合出一个以等一的和社会平均必要的劳动时间为实体的价值，并由它来决定各种商品的价格呢？马克思所揭示的这个价值规律，在实际的商品交换中，是否是一种抽象的理论推导呢？

（2）在实际的商品交换行为中，商品的价格总是在求过于供就上涨和供过于求就下跌的不断变换中，这是否证明商品的价格是由人们对商品使用价值的供需关系来决定呢？

（3）说商品的价格是商品价值的货币表现，那么，没有人工（劳动）花费在其内，从而没有半点价值因素的原始处女地，为什么能在地产市场上有价格和有不断上涨的趋势呢？

（4）一国种植农作物（例如小麦）的土地，它天生有自然土

* 全文约三万余字，本期先发第一部分，其他部分将陆续发表。

质和肥力优劣的区别，这必然会使各农场花费等量劳动而种植出不等量的小麦。因此，在必须同时种植各种优劣土地才能生产足以满足市场需要的小麦的情况下，小麦都必将按照那种能补偿劣等土地所花费的劳动量（它大于优等地的花费量）的价格来买卖。优等地因自然土质好、花费劳动少、小麦产量多，可坐得更多的价格收入。这不是证明土地的自然肥力也是创造商品价值的要素吗？

（5）在农作物中，有这样的事实：某些农作物，例如葡萄，虽然可在别的适当地区种植繁衍，但是只有在某一狭小地段，由于它有别处不能人工创造的特异自然土质、气候等条件，才能生产出特异质量的葡萄和酿制出特异风味的葡萄酒，其供给量是很有限的，因此，其价格就远大于它的劳动花费，其高限就看奢华的嗜好欲和供挥霍的财富。这类事实岂非证明：不费人力的特异的自然土质、气候和特异的葡萄酒质量，也有创造价位和决定价格的作用吗？

（6）物质劳动产品，随着社会分工生产关系的发展，一般都能成为商品，其价格受价值规律调节，为什么精神劳动产品（如科学家、艺术家的劳动产品），不能都同前者一样，成为商品和创造价值呢？

（7）新科技发明的专利价格、新创产品的垄断价格同商品价值规律不矛盾吗？

（8）不少艺术珍品和古文物（古董），其昂贵的价格（通称无价之宝）常听凭买卖双方任意讨价还价，它受什么价值规律支配呢？

以上“疑题”是我从零星所见所闻中大致归纳和排列出来的。我认为，这一类疑问基本上都是为进一步理解马克思的商品价值理论，以便更好地结合实际来探明我国当前社会主义有计划商品经济中的新问题。同时我觉得，把以上问题联起来看，也反映出我们对马克思的商品价值理论的科学体系，还有多作介绍的必要。我从这样的角度，或详或简地作以下 9 条介绍，略充抛砖引玉之用。

（1）马克思论原始社会末期开始发生的“直接产品交换”和商品交换的异同。

（2）作为商品价值实体的社会劳动是如何形成的？

（3）价值规律一般总是通过商品供求不平衡影响下的偶然垄断价格形式来体现。

（4）马克思的自然垄断价格（第1种情况）的理论。

（5）马克思的自然垄断价格（第Ⅰ种情况）的理论。

（6）马克思的人为垄断价格理论。

（7）精神劳动产品的商品化问题。

（8）作为商品的精神产品的价值、价格问题。

（9）作为特别商品的古董的“历史”垄断价格。

一 马克思论原始社会末期开始发生的“直接产品交换”和商品交换的异同

对“商品”“价值”或“价值规律”，马克思常说它们是一种社会关系，这是什么意思呢？这是说，商品和产品有所不同，价值和人们生产时花费在产品内的劳动时间有所不同，它们是人类社会发展到一定的阶段，人们所生产的产品和凝结在其内的劳动，在人与人之间的一定社会关系中的特殊表现。所以，马克思才如实地分析说，“商品”和“价值”是一种社会关系。

那么，这个使产品表现为商品，使劳动表现为价值的一定的社会关系，又是指什么样的关系呢？这就说来复杂了。例如对“商品”，一般人只知道它是指人们用来交换的产品，但是，这说得太浅、太不够，没有把商品的根本内容和特性表述出来。马克思根据客观实际，指出商品是如何从萌芽而逐步生长形成的，这同时也就是分析那个包含在产品内的劳动是如何通过好几个不同阶段的交换过程才形成和表现为价值的。马克思的这些分析是非常具体的，并结合各种不同条件来阐明商品和价值是指什么以及如何发展成的。

首先是到原始社会末期，各氏族共同体之间开始略有多余的产品偶然被用来作交换，马克思称它为“直接的产品交换”，这同好久以后才形成的“商品交换”有相同之处，又有不同之处。我认为，前面所提到的某些疑题就同没有注意到马克思的以上具体分析有关系。所以，我先将它介绍一下。马克思说：“直接的产品交换一方面具有简单价值表现形式，另一方面还不具有这种形式。这种形式就是x量商品A＝y量商品B。直接的产品交换形式是x量使用物品A＝y量使用物品B。在这里，A物和B物在交换之前不是商品，它们通过交换才成为商品。使用物品可能成为交换价值的第一步，就是它作为非使用价值而存在，作为超过它的所有者的直接需要的使用价值量而存在。……商品交换是在共同体的尽头，在它们与别的共同体或其成员接触的地方开始的。但是物一旦对外成为商品，由于反作用，它们在共同体内部也成为商品。它们交换的量的比例起初完全是偶然的。它们能够交换，是由于它们的所有各彼此愿意把它们让渡出去的意志行为。同时，对别人的使用物品的需要渐渐固定下来。交换的不断重复使交换成为有规则的社会过程。因此，随着时间的推移，至少有一部分劳力产品必定是有意为了交换而生产的。从那时起，一方面，物满足直接需要的效用和物用于交换的效用的分离固定下来了。它们的使用价值同它们的交换价位分离开来。另一方面，它们相交换的量的比例是由它们的生产本身决定的，习惯把它们作为价值量固定下来。”①

马克思这段文章的难懂之处（同时也正是它的关键所在）是，“直接的产品交换”一方面具有“简单价值形式”（“x量商品A＝y是商品B”的形式），另一方面还不具有这种形式，因为它（直接的产品交换）是“x量使用物品A＝y量使用物品B”的形式，——这句专门的行话是指日常生活中的什么实际而言呢？为答出这个问题，需先介绍马克思在上文之前所已阐明的历史上的以下

① 马克思：《资本论》第一卷，人民出版社1975年版，第105—108页。

三种交换形式：

第一，马克思称它为“简单的、个别的或偶然的交换形式”，即马克思前面所说的在原始社会末期各共同体边界上所出现的“直接的产品交换”或“物物交换”形式，它反映出以下特征关系：交换双方的生产力都很低，产品一般都是供自己使用，对持有人只表现为有某种使用价值（效用），只间或有某种多余一点的产品偶然被用来与别的共同体或其成员交换。这起初的交换，按互有什么多余的使用物品可供交换的关系来说，以及互相按什么样的比例来说，那都纯粹是交换双方把它们让渡出去的意志行为。这时，物满足直接需要的效用和物用于交换的效用（使用价值和交换价值）尚未固定地分离开来，更未显示出“直接的产品交换”的量的比例本身有什么内因。这就是说，那时产品虽然总含有劳动，但是，它还没有像在后来的“商品交换”关系中那样，形成一个“价值”实体，对商品的交换比例起着潜在的重心作用。这要到生产是预定为了交换的目的，交换是经常而不是偶然行为的时候才能形成（详见下一条说明）。

第二，随着社会劳动生产力和社会分工生产关系的渐渐发展，参加上述“直接的产品交换”的产品种类和数量也渐渐增加和频繁起来，交换的形式先产生局部质变性的变化，即由“简单的、个别的物物交换形式（x 量使用物品 A = y 量使用物品 B）”演变为如下的总和的或扩大的物物交换形式，例如，20 码麻布 = 1 件上衣，或者 = 10 磅茶叶，或者 = 40 磅咖啡，或者 = 1 夸特小麦，或者 = $\frac{1}{2}$盎斯金，或者 = 若干其他产品。

上述第二个阶段的交换形式的特征是：随着时间的推移，参加交换的物品较多了，预先为交换而生产的关系渐渐明显起来；交换比例虽然仍有偶然性，但通过日久的交换行为和习惯，无形中渐渐有一个大致趋势；同时虽然有这种或那种物品（如麻布或别的）较便于用来交换别的东西，但在市集交换总体中，仍然是多中心地交叉着。因此，总起来说，上述扩大的物物交换形式，一方面是有一些产品趋向于为交换而生产，出现有这种或那种产品便于同其他产品相交换，有某些交换比例的习惯，但是，另一方面，它们是平行交叉的，是五花八门和不统一的，还表现不出那互相交换的使用物品，另外具有一种共同属性的东西。

第三，随着社会劳动生产力和社会分工生产关系一步又一步地不断向前发展，那预定以交换为目的的生产又相继增多起来，其结果之一是：这时用来交换的产品明显表现为有两重因素，一是供社会（市场）的使用价值，二是有交换价值；交换的形式演变为"一般的（统一的）"形式，例如，1 件上衣、10 磅茶叶、40 磅咖啡、1 夸特小麦、$\frac{1}{2}$盎斯金、X 量商品 A 都等于 20 码麻布。

上列第三个"一般的（统一的）"交换形式，是社会分工和交换关系发展到相当高度时才能出现的一个新的大质变。最后，例如$\frac{1}{2}$盎斯金来顶替 20 码麻布来充当一般等价形式，这只不过使这统一的等价形式更加固定下来，而不另有新的性质，所以我从来不将金货币的一般等价形式另列为第四个形式。[①] 这里，我着重指出两点：

（1）商品生产者社会发展到了这个阶段，由于作为交换品（商品）的一切产品，它们一方面是异质的、千差万别的使用价值，另一方面，它们现在有了一个统一的交换比例形式（一般的等价形式），这虽然没有把那个使它们能够公约和相等起来的实体直接地呈现出来（毋宁说将它更加神秘地掩盖起来），但终于泄露出：商品除了相异的使用价值之外，还另有一个共同外露的与交换价值互为表里的内在价值（人们通称为"价值"的东西）。所以，

---

① 商品的交换形式，中经扩大的物物交换形式，最后为什么必然归结出以上一般等价形式，以及为什么最后由金产品来充当货币材的问题，马克思在《资本论》第一卷第一章第三节和第二章作了详细的分析（拙著《社会主义商品货币问题的争论和分析》第六章作过分析）本文不再展开说明。

自从有了上述一般的、统一的等价形式（货币）之后，商品的价值就有了一个同它本身的经济性质相适应的表现形式。

在前面所引的那段文章中，马克思说，原始社会末期的“直接的产品交换”一方面有“简单价值形式”，另一方面又没有“简单价值表现形式——x 量商品 A = y 量商品 B”。这就是指上述第三个作为商品价值表现的“一般等价形式”而言，因为发展到这个一般的交换形式”，那就没有一种商品的价值不表现在“ =20 码麻布商品”$\left(\text{最后固定地表现“}=\frac{1}{2}\text{盎斯金——货币商品”}\right)$这一新的简单价值形式中。马克思说，“直接的产品交换”具有“简单价值形式”，这就是指“x 量使用物品 A = y 量使用物品 B”和“x 量商品 A = y 量商品 B”又在形式上有相同的一面（简单的个别的二项等式）而言：马克思说“直接的产品交换”还未具有“简单价值形式”是指两者的实质不相同的一面而言，即作为“直接的产品交换”两极的物，是原为自用而生产，不是为交换而生产，它们是偶然自用有余而进入交换，它们的交换比例是完全偶然的，是持有人愿意互相让渡的意志行为，在这样的让渡行为中，不具有后来经常的，不断重复千万次的商品交换中所潜在的价值规律作用（它表现为商品交换有一个习惯的价格趋势）。马克思对原先的“直接产品交换”和后来的“商品交换”之间的异同的分析是有广泛意义的，我们可以借鉴其中所揭示的商品价值关系由萌芽到形成的过程，来阐明某些精神劳动产品转入交换行为时的一些特殊价格问题（详见后面第七、第八条）。

（2）马克思说，“纯粹偶然的‘直接产品交换’，随着时间的推移，至少有一部分劳动产品必定有意作为商品来生产，它们互相交换的量的比例是由它们的生产本身决定的，习惯把它们作为价值量固定下来”。这就是说，从“直接的产品交换”到至少有一部分是预定为交换而生产，从而又发展到商品以货币为媒介来交换的时候，那由生产本身所花费的劳动作实体的价值量，不论交换双方是否意识到，不管庸俗经济学家如何掩盖它和企图否定它，但是它在交换者的实际让渡行为中，终是被习惯地固定下来，成为商品交换的量的比例的调节者。这是“直接的产品交换”和“商品交换”的一个决定性区别。这一点，也是我们应该特别注意到的。

（原载《财经问题研究》1987 年第 1 期）

国民收入统计的几个理论问题

现在全国统计部门，都在进一步研究并准备更加全面和正确地统计 1987 年国民收入的生产和分配，我对几个有关的根本理论问题谈谈自己的认识，供专家参考。

一　劳动产品的两种存在形式

劳动就是指人们发动他们的劳动力，来从事物质生产、精神生产、货币、流通和借贷商品以及军政事务等的活动。劳动是劳动力的表现，两者不能混为一谈：因为为了培育、训练一个劳动力所需耗费的劳动量，同该劳动力所能投出的劳动量是不相等的，一般都是后者大于前者。以下我只扼要论述前两类劳动。

物质生产劳动的结果是物质产品，精神生产劳动的结果是精神产品。作为以上两大类劳动结果的产品，它们在"存在形式"上都有两种：一是可以在劳动过程结束之后或长或短的时期内储存和流通。例如农业劳动的粮食、棉花等产品，工业劳动的糖果、纱布、钢铁、机器等产品；艺术家的绘画、雕塑等产品；作家写的书稿、教师编的讲义等产品。这叫做具有独立物化或物质形式的产品。[1] 第

---

① "物质形式的产品"这个概念。在马克思的手稿中，有时也顺着亚当·斯密的行文，简化为"物质的产品"或"物质产品"，但马克思的前后文则仍表明：那是按物质生产劳动和精神生产劳动的产品"具有独立物体形式"的角度而言（可参阅《马克思恩格斯全集》第 26 卷，第 1 分册，第 164—165 页的文章）的。当"物质产品"这个概念用在"物质形式的产品"的简称意义时，我们就应特别注意分清，而不要将它与前述物质生产领域所生产的"物质产品"混为一谈（后者不是指"物质形式的产品"），否则，像上述绘画、艺术雕塑、书稿、讲义等精神产品就都将被混为"物质生产领域所生产的物质产品"。这种混淆，在我国经济界，20 多年来两次讨论生产劳动和非生产劳动的文章中，虽非屡见，但也不是很少见，故特着重附注一笔。

二种存在的形式叫做“劳动活动形式”的产品。它是一边生产，一边就得立即消费的产品。否则，就立即消逝，等于白生产、没有生产。例如交通运输劳动（汽车司机开动汽车、班机驾驶员开动飞机，等等）所产出的运输功能产品，演员劳动演出的戏剧产品，等等，都是劳动活动形式的产品，其生产、流通和消费必须同步进行。否则，使人和物从甲地转到乙地的运输功能就立即等于空驶，演员在舞台上的演出就立即等于空演。上述前一种存在形式的物质产品和精神产品，经济学上就叫做具有独立（在劳动过程之外）物化形式的产品，这是大家听来都易懂和习惯的，上述后一种存在形式的物质产品和精神产品，经济学上叫做“劳动活动形式”的产品，人们听来，一般就有不顺耳之感。这是因为“产品”这个词一般是指劳动结束后可在仓库里、柜窗里看得见、摸得着的物品，特别是又把上述运输劳动和演员劳动的活动形式的产品叫做“服务形式的产品”或“服务”，那就更加使人有生疏和难懂之感，这是因为我们过去对亚当·斯密，特别是对马克思关于“服务”的一套经济学理论缺乏应有的和通俗的宣传，甚至还是一片空白。其实，“服务”[①] 一词，撇开它的特殊的、历史的经济关系，一般就是指一方为另一方做一些事，即提供一些劳动活动（自愿或强加的，无偿或有偿的）。所以，上述劳动活动形式的产品（不论是物质生产领域的或精神生产领域的），就又相沿称为“服务形式的产品”，当它作为社会分工生产和有偿交换的对象，即作为商品时，就又与那些具有独立物化形式的商品相对应，被称为“服务形式的商品”（换言之，即在社会交换关系中，服务也是商品群中的一种）。

通过以上对比分析，把“一经提供（产出），随即消失”的活

---

① “服务”这个词，在英语中为“service”，我们现在在汉语中并用“劳务”一词来翻译，这虽多少有助于对“服务”作通俗化解释，但无论用什么词汇，只有把马克思对“服务”所作的经济分析系统地介绍清楚，才能消除对马克思服务理论的种种误解。——作者。

动形式的劳动结果，也称作“产品”，这并非无中生有，同时，作些宣传，那也是大家易懂的道理。

下面再进一步介绍马克思关于服务的一些重要的分析。

不论是物质劳动或精神劳动的产品，它们都有上述两种存在形式，其中属于服务（劳动活动）形式者，还有以下两种情形：一为纯粹服务，二为非纯粹服务。例如一个汽车司机提供给旅客的服务活动，始终是一经提供、随即消失的交通活动功能，旅客虽然得到了从甲地转到乙地的效用，但他绝对不可能又把他所享受到的从甲地转至乙地的效用转给别人。又如，一个裁缝师提供给顾客的服务，是把交来的一块衣料，裁剪和缝成衣服，他提供给顾客的，也只是他的缝纫活动，它本身也是去而不回的（除非他又投出缝纫另一件衣服的劳动），但是他提供给顾客的缝纫服务活动却体现在顾客交来的布料（成衣）内，顾客是有可能把缝纫师提供给他的那一针针的服务的价值连同布料的价值再转给别人的，即他有机会通过成衣的转手而把已物化在其内的服务活动转给别人。为表述以上两种服务的进一步的区分，马克思称前一种情形的服务为纯粹服务，称后一种情形的服务活动为非纯粹服务。

对物质生产劳动产品和精神生产劳动产品，马克思突出指出：它们有两种存在形式：一为独立物化形式（物质形式）的产品；二为劳动活动（服务）形式的产品。这是有严密的实际依据和重要理论意义的一种分类，而不是没有统一规定性的任意分类，如同所谓“第三（次）产业”的大杂烩式的分类（后者的分类根据就是东拉西扯，任意听便）。马克思创造性地阐明：在物质和精神两类劳动产品作为商品时，纯粹服务形式的商品的流通过程（$W—G$），与物质形式的商品的流通过程不同，它绝对不能在劳动过程结束之后，而必须与生产过程同步。例如火车、轮船、飞机等交通运输服务活动，一开始，如果它们的座位、舱位还有十分之几未卖出；又如剧院一开场，如果票房里的票子还有十分之几未卖出，那么，它们所提供的这十分之几的交通运输服务或戏剧表演服务，就等于完全消失了，它们作为过程或那种服务形式的商品所具有的价值就相应地有十分之几得不到实现和补偿。它们不像那些具有物质形式的商品，如陈列在商店或储存在仓库里的纱布，画家和雕塑家的艺术作品，如果一时卖不出，下周、下月还可待机出卖或拍卖，不致立即就成为完全消失了的东西。所以，揭示出劳动产品所具有的两种存在形式的区别，对于如何经营管理好以上两种存在形式的商品生产和流通，具有重要的指导意义。

马克思还指出：劳动产品的以上两种形式的区分，同生产它们的劳动是否为创造新价值（$v+m$）或国民收入的生产劳动问题，那是毫不相干的。这是马克思为指出亚当·斯密根据产品以上两种存在形式来划分生产劳动和非生产劳动的迷误而特别强调提出的。可是我国经济学界至今仍有不少人抱着以上区别来划分生产劳动和非生产劳动（包括生产性服务和非生产性服务），这又一次表明：我们今天仍有必要启蒙宣传马克思的经济科学理论。

二　是否生产商品和是否为生产劳动的区分

不论是物质生产领域的劳动还是精神生产领域的劳动，它们是否为创造国民收入的生产劳动，这都一样要由它的社会经济关系来决定的。大家知道，人单有劳动力，而无一定量的生产资料（工具和原材料）和生活资料（“$c+v$”两项资金的垫支），是难以进行生产和再生产的。同时，上述两大生产要素有许多不同的结合关系。例如在资本主义社会里，有两种基本关系：一是劳动者自有劳动力和生产资料（包括生活资料），进行独立的小生产；二是劳动者只有劳动力而无生产资料，他们成为雇佣劳动者（他们又分为受资本雇佣[①]或受收入雇佣两种性质）。下面扼要说明上述独立劳

① 在社会主义制度下，资本雇佣劳动关系，转变为由公有资金按照按劳付酬原则来调节使用的关系。

动关系和雇佣劳动关系中的劳动又各有生产劳动和非生产劳动（包括生产性服务和非生产性服务）的区分，以及这种区分的界限等问题。

（一）独立的个体生产者劳动

这是指自有劳动力和生产资料来独立进行物质和精神生产的劳动。按它与社会分工的关系来说，它有以下两种不同的情形：

（1）不介入社会分工交换关系，例如一个城乡居民家庭，其成员用自己的劳动力进行为自己的炊事劳动，用自己的劳动力和工具为自己搬运东西进出家门的运输劳动；又如抽闲教育子女绘画或教育子女拉琴唱歌，即为家内需要进行了两种存在形式的物质劳动或精神劳动（这是为便于说明问题而设的例子，但都是客观上实有的事）。上述居民家内的种种劳动及其成果是很分散很微小的，但如设法统计起来，那也是为数很可观的。且不说有无必要统计，也不论为数大小，它既是不介入社会化分工交换（商品经济或国民经济）的网络，那就自然是不生产商品价值和不创造国民收入的非生产劳动。这自然不会被误解为上述居民一家没有产出一日三餐、干了搬运服务活动和教育子女受到了绘画和歌唱的活动。

上述的非生产劳动原理，对例如农村居民在宅旁种植家庭自食的蔬菜、画家为画自我欣赏或馈赠友人的图画所花的劳动来说也是一样适用的，因为它虽然产出蔬菜和图画产品，但没有生产出商品、价值和国民收入，所以亦属非生产劳动。

（2）独立的个体生产者，随着社会劳动生产率的提高和社会化分工交换范围的扩大，除被迫丧失生产资料（如小块土地和手工生产工具等）者外，都逐渐成为小商品生产者，为对比前面的例子，除小农场、手工业铺子外，又经营小饭铺、人力板子车，或者以专门卖画和说书为生的职业文人，他们所从事的以上物质劳动和精神劳动就都是创造价值和国民收入（$v+m$）的生产劳动，其中的“m”部分归他们自己所有。

这里有一个实际的统计方法问题：像我国现阶段个体农业的年

产品（以粮食为代表），有相当一部分不进入市场流通而直接由产户作为单纯的使用价值消费掉。所以，我国现行统计农业粮食产品，一方面估算核定一个“总产量”和“总产值”，同时在其中另列一个“商品粮”的产量和产值，这后部分的生产价值和国民收入一般是准确的，粮食总产量和总产值中的其余部分则是带有推算的性质。这表明，按是否介入社会化分工生产和有偿交换关系（商品经济关系）来划分是否为创造国民收入的生产劳动是对客观实际的正确反映，是不难理解的。由于我国现阶段的农业个体经济还处在由半商品化向社会主义全面商品化发展的过程中，我们采用上述统计方法，也是合适的，但必须注意分清粮食总产量和总产值的以上两部分是有一定的质的区别的，否则，就会影响对我国当前农村经济商品化程度的正确认识。

（二）两种雇佣关系的劳动

在资本主义社会里，绝大部分人原有的小量生产资料已被剥夺，他们只有劳动力，不能独立发挥生产作用；他们只有接受拥有一定量的财力、物力的人的雇佣，才有机会与劳动资料和劳动对象结合起来，按雇主的需要进行劳动，为雇主生产产品，从而才有可能得到与劳动力的价值相等的工薪报酬，来糊口度日。因此雇佣劳动者与前述独立个体劳动者有以下区别：他们虽然都是劳动者，但是前者同时是生产者，因为他自有两个生产要素（劳动力和生产资料），产品是他们生产，也归他们所有和支配（自己消费或出卖）；雇佣劳动者虽然自有劳动力，但在雇佣关系中，其使用权和它所投出的劳动量已全归雇主所有，其产品（它是上述活劳动和雇主所有的物质要素的结合）不属于被雇的劳动者，而全归雇主支配。因此，在雇佣劳动关系中，作为生产者的都不是直接从事生产的劳动者，而是占有生产资料和产品的雇主，从而生产产品的劳动是否为生产劳动，要由雇主一方的以下两种不同经济关系来决定：

（1）受“收入”（消费基金）雇佣的劳动。例如受家庭户主雇请的厨师、汽车司机、家庭教师，他们为雇主所提供的炊事劳动，开车劳动，教育其子女绘画和拉琴、唱歌的劳动（服务）。上述雇佣关系中的劳动是不生产新价值和不创造国民收入的非生产劳动（或非生产性服务），因为在雇主方面都是由雇主用来生产单纯的使用价值（消费品），而不是作为商品来出卖。既然如此，又焉能生产价值呢？相反，家庭雇主之所以能使用和享受以上非生产劳动或非生产性服务，是依靠雇主在其他方面的这种或那种（剥削的或非剥削的）关系中，分配或再分配到了由生产劳动所创造的国民收入（工资、利润、利息或地租等）。这一项关系的非生产劳动与前面第一项非生产劳动的不同之处在于：一为用自己的劳动力来生产供自己消费的物化形式或劳动活动形式的物质产品或精神产品；二为雇佣别人的劳动力来替自己生产以上等等消费品。

这里要注意分清：在上述后一种非生产劳动关系中，受雇一方的劳动力是作为商品提供给雇者的，但雇者一方并非将这暂时归他使的拿劳动力所提供的劳动活动（纯粹服务或非纯粹服务）作为商品来出卖。这里我们要辨明：在雇佣劳动关系中，该劳动是否为生产劳动的决定关键，不在于被雇一方将他的劳动力作为一种特别商品来出卖，而是取决于投出货币雇用厨师、司机、家庭教师的劳动力的雇主一方（他使以上归他使用的劳动力与他所有的有关物质要素结合起来，而产生出种种可供享受的服务）将他雇工生产出来的以上服务是作为自己的消费对象，还是作为商品而投进国民经济的流通中去？[1]

（2）受生产[2]资本（资金）雇聘使用的劳动，例如一个餐馆、一个出租汽车公司、一个广告公司、一个剧院的老板雇聘使用的厨

[1] 参阅马克思讽评庸俗经济学者加尼耳的文章。《马克思恩格斯全集》第二十六卷，第1分册，人民出版社1972年版，第148—149页。

[2] 不包括商品、货币、信贷流通过程中的商业资本、银行业资本（资金）。因为它们虽然是生产上必要的，但是它们只参加国民收入的再分配，而不创造国民收入。参阅拙文《论商业劳动的非生产性质》，见《中国社会科学》1986年第1期。

师、司机、广告画者、演员的劳动，他们按雇主的需要所生产出来的物质形式或劳动活动（服务）形式的产品，都不是雇主自己用来消费，而是将它们作为商品来出卖，因此，上述雇佣劳动就是生产新价值和创造国民收入的生产劳动。这一项生产劳动，与前面第一项的生产劳动不同的地方在于：它是生产资本商品或增殖资本价值的生产劳动；而前面第一项所说的生产劳动是指独立（非雇佣）劳动者生产“简单商品”（不含资本剥削关系）的生产劳动。这里，我们要注意分清：马克思说过，只有同资本相交换（受资本雇佣）的劳动才是生产劳动，这是他按资本主义生产方式所特有的生产劳动这个角度所提出的科学解答，但他从未说过资本主义国家里还残存着的个体小商品生产者的劳动不是生产价值和创造国民收入的生产劳动[①]。这就是说，在宣传介绍马克思为批判庸俗经济学而提出的“生产劳动和非生产劳动”（包括“生产性服务和非生产性服务”）理论时，以及为科学地统计我国社会主义初级阶段的国民收入时，我们必须注意做到：一要全面包括以上两方面的生产劳动所创造的新价值（$v+m$）；二要分清那些参加国民收入再分配的非生产劳动的实质，虽然它们再分配到的国民收入在形式上必须列在它们的名下。

（原载《财经问题研究》1988 年第 1 期）

① 参阅《马克思恩格斯全集》第二十六卷，第 1 分册，人民出版社 1972 年版，第 439 页的有关论述。

个人服务的社会化和分类统计问题

马克思在他的遗著中，对“个人服务”以及它的社会化、商品化问题曾提出过重要的论述。这些重要论述，对我国当前积极加以发展的服务行业，以及对我国经济学界继续争论的“第三产业”及其分类问题，都有分解剂的作用，但是缺乏宣传，或者还有所误解。所以本文特加介绍，同时，举例谈谈自己对各种生活消费服务行业在国民经济分类统计中的一些理论问题的认识。

马克思论“个人服务”

先摘引马克思的两段文章：

> 随着资本日益掌握全部生产，……非生产劳动者，即以服务直接同收入交换的劳动者，绝大部分就只提供个人服务，他们中间只有极小部分（例如厨师、裁缝、女缝补工等）生产物质的使用价值。他们不生产商品是理所当然的。因为商品本身从来不是直接的消费对象，而是交换价值的承担者。……①
>
> 随着资本掌握全部生产……生产劳动者和非生产劳动者之间的物质差别也就愈来愈明显地表现出来，因为前一种人，除极少数以外，将仅仅生产商品，而后一种人，也是除极少数人

① 参阅《马克思恩格斯全集》第二十六卷第1分册，人民出版社1972年版，第150页，引文中的着重点是原有的。

以外，将仅仅从事个人服务……①

在以上两段引文中，马克思所说的“生产劳动”，就是指同资本相交换（受生产资本雇佣）的劳动；他所说的“以服务直接同收入相交换的非生产劳动”，即指受个人收入（消费基金）雇佣的劳动，这种雇佣劳动是为雇主提供各种服务活动而换得工艺报酬；文中所说的这种受收入雇佣的非生产劳动者，“只有极小部分生产物质的使用价值”是指“生产具有独立物质形式的产品”而言，文中所说“绝大部分就只提供个人服务”，这是指“提供劳动活动形式（服务形式）的使用价值”而言；文中所说的“生产劳动者和非生产劳动者之间的物质差别”，也就是指他们的劳动产品的以上两种存在形式之间的差别而言。再者，文中所说的受收入雇佣的劳动者之所以为非生产劳动者，则与他们的劳动结果（产品）是物化劳动形式或劳动活动（服务）形式毫无关系，而是由于他们“受收入雇佣”的经济关系。这些问题在上面摘出的文章中也是一一表明了的。应补充阐明：受收入雇佣的非生产劳动者“绝大部分就只提供个人服务”，这是专指为他们的雇主个人和家庭指供各种纯粹劳动活动形式的生活服务而言。例如被豪阔家庭雇用的马夫、司机、侍者等，为他们的雇主提供各种生活服务，都只是“一经提供随即消失”的劳动活动形式的使用价值，而不是物化劳动形式的使用价值。另外，受收入雇佣的非生产劳动者中，只有很少数是另一种情形：他们本身虽然也只提供服务活动，但是他们为雇主加工生产出物质形式的使用价值，例如受收入雇佣的厨师、缝补工替家庭主妇烹调出佳餐美肴、洗衣、缝衣，他们对主人都是单纯的使用价值，供生活消费，而不是为出卖（即以马克思说，它们不是商品，是理所当然的）。上述受收入雇佣的劳动所提供的单

① 参阅《马克思恩格斯全集》第二十六卷第1分册，人民出版社1972年版，第152页，引文中的着重点是原有的。

纯服务（单纯使用价值）的两种存在形式（纯粹活动形式和非纯粹活动形式），都与它们的非生产劳动的性质无关。

对受收入雇佣的非生产劳动者所提供的个人服务，马克思曾讲道："很大一部分服务的报酬属于同商品的消费有关的费用，如女厨师、女佣人等等的服务。"[①] 这句话非常清楚地表明：受收入雇佣和为雇主提供服务的劳动，很大一部分是为雇主的家庭提供生活消费方面的服务。为此，雇主用收入付给雇工的工资报酬，是同他们最后消费所买进的生活消费品（商品）有关的开支（费用），例如，本来要自己花时间到市场去采购粮食、蔬菜、肉类饮料等，买回之后还要自操炊事劳动，才能消饥解渴。现在以上生活劳务，在花钱雇用女厨师、女佣人之后，就都由她们来代劳了。这种经济关系中的雇用劳动者（厨师），虽然也同餐厅老板雇用的厨师一样辛苦劳动，但其劳动成果（饭菜）是由家庭雇主吃掉，不像餐厅老板那里是作为商品卖给社会（或国民）去消费，所以后者是能创造国民收入的生产劳动，前者（家庭、采购、炊事等劳动）是不能创造国民收入的非生产劳动。

对于受收入雇佣和为雇主提供生活服务的非生产劳动，庸俗经济学家曾提出所谓它能为雇主"节约劳动"的理论作辩护。对此，马克思有一段反驳文章，我学习之后，受到不少启发。马克思反驳说：

> 即使这样，仍然有很大一部分非生产劳动者不能包括在内，例如只当作奢侈品的那些家什，以及所有这样的非生产劳动者：他们只生产享受，……最后，甚至真正节约劳动的个人服务，也只有在它们的消费者是生产劳动者的情况下，才是生

---

① 参阅《马克思恩格斯全集》第二十六卷第1分册，人民出版社1972年版，第437页，引文中的着重点是原有的。

产的[①]。如果它们的消费者是个有闲资本家，那末它们节约他的劳动，不过意味着让他可以什么事都不干。例如，猪一样脏的懒女人自己不动手，而叫别人替她梳头、剪指甲；乡绅自己不照管马匹，而雇用一个马夫；一个专讲吃喝的人自己不做饭，而雇用一个厨师。[②]

另外，对于在资本主义制度下，“个人服务”的非生产性以及个人生活消费时间具有阶级对抗性的问题，马克思还有一些论述，也是我们在下段里考察非生产性服务向生产性服务转化问题时必须全面把握的。马克思说：

社会上的人数最多的一部分人——工人阶级——都必须为自己进行这种非生产劳动；但是，他们只有先进行了“生产的”劳动，才能从事这种非生产劳动。工人只有生产了可以支付肉价的工资，才能给自己煮肉；他只有生产了家具、房租、靴子的价值才能把自己的家具和住房收拾干净，把自己的靴子擦干净[③]。因此，从这个生产工人阶级本身来说，他们为自己进行的劳动就是“非生产劳动”。如果他们不先进行生产劳动，这种非生产劳动是决不能使他们重新进行同样的非生产劳动的。[④]

---

① 引者附注：这句“才是生产的”归结语，是说：在限定的情况下，它们才有助于该生产劳动者腾出为生活所耗费的时间去多从事生产的意思，而不是说按上述雇佣关系所提供的“个人服务”活动本身就转为生产劳动。

② 摘自《马克思恩格斯全集》第二十六卷第1分册，人民出版社1972年版，第310页。

③ 引者注：这句话的意思是：只有生产工人在被雇佣而为资本家劳动，得到劳动力的价值（工资）和有余钱买家具，租住屋、买靴子之后，才有时间为自己的生活干以上非生产性的家务。

④ 摘自《马克思恩格斯全集》第二十六卷第1分册，人民出版社1972年版，第157—158页。

马克思还指出：

> 一切非生产劳动的特点是，支配多少非生产劳动——象购买其他一切供消费的商品的情况一样——是同剥削多少生产工人成比例的。因此，生产工人支配非生产劳动者的服务的可能性，比一切人都要少，虽然他们对强加于他们的服务（国家、赋税）支付报酬最多。相反，我使用生产工人的劳动的可能性，同我使用非生产劳动者的劳动决不是成比例地增长，相反，这里是成反比例。①

在以上引文中，马克思除了指出受收入雇佣而为家庭雇主提供各种生活消费服务的劳动，都是不能创造国民收入的非生产劳动之外，也讲到生产工人下工后为料理自己的生活消费所耗费的劳动，虽然是为维持自身生存所必需，但是不属生产性劳动。同时，马克思还顺带讲到，资产阶级国家用再分配来的赋税收入来开支的各种公共服务（举例说，如街道清洁工服务，消防队的防火、救火服务），也是非生产性服务：还有纯属强加于人民的服务活动，如用棍棒以至枪弹来对付工人为生存而举行的示威游行斗争，等等，这不但是非生产的，而且是对生产的直接破坏。另外，还有属于社会公共生活方面的服务，它由社会有关事业单位用赋税收入雇用各种服务人员来提供。这主要是为了适应城市居民公共生活的需要，例如，绿化城市街道、开辟公园等。但是在阶级社会里，上述社会公共生活服务也有不公平的阶级性质，例如广大劳动人民的居住区和贫民窟的街道卫生设施就十分简陋，远不如社会上层居民区得到的市政的周全保证。旧中国北平市的龙须沟污臭熏天，市政置若罔闻；而在解放后不久，人民市政就将它彻底整洁干净，绿化井然。

---

① 摘自《马克思恩格斯全集》第二十六卷第1分册，人民出版社1972年版，第437页。

二 分工提高劳动生产率和个人生活服务的社会化问题

前面已经讲到，资产阶级的一些庸俗经济学者为了替有闲资本家和地主乡绅摆阔气辩护，称颂他们雇用一批仆役来服务，说这种服务也是“生产的”，为此而提出所谓“节约劳动的理论”。对此，马克思作了尖锐的讽评。同时，马克思在划清以上界限之后，对社会分工（包括生活服务活动的分工），曾这样写道：

> 在这个问题上正确的一点是分工的思想。每个人除了自己从事生产劳动或对生产劳动进行剥削之外，还必须执行大量非生产的并且部分地加入消费费用的职能。（真正的生产工人必须自己负担这些消费费用，自己替自己完成非生产劳动。）如果这种“服务”是令人愉快的，主人就往往代替奴仆去做，例如初夜权或者早就由主人担任的管理劳动等等，都证明了这一点。但这决没有消除生产劳动和非生产劳动的区别；相反，这种区分本身表现为分工的结果，从而促进一般劳动生产率的发展，因为分工使非生产劳动变成一部分人的专门职能，使生产劳动变成另一部分人的专门职能。①

马克思这段文章所肯定的“正确的一点是分工的思想”，这是指以下观念而言：每个人（包括劳动者和剥削者）除了从事生产劳动或对生产劳动进行剥削活动外，还要执行大量的非生产的职能，其中一部分是属于生活消费的职能：生产工人只有自己来承担，有钱人则可雇人来代劳。说上述生产劳动和非生产劳动的区分本身是社会生产分工的结果，这是因为只有社会因原始分工而提高

① 摘自《马克思恩格斯全集》第二十六卷第1分册，人民出版社1972年版，第311页。

了劳动生产率，从而有剩余产品时，才会有以上区分。同时，由于生产劳动经分工而为一部分人的专职，非生产劳动（包括非企业化的生活服务）因分工而为另一部分人的专职，虽然这在阶级社会里具有对抗性，但它也“促进一般劳动生产率的发展”。马克思所说的“正确的一点是分工的思想”，就是指上述生产劳动和非生产劳动划为两部分人的专职，这也同其他分工一样，有促进劳动生产率的一般作用而言。我们沿着马克思对分工所揭示的这条原理，可以窥见：随着社会生产的发展和社会生产水平的提高，许多非生产劳动关系的个人生活服务（包括劳动者的自我生活“服务”）转为社会化和专业化的各种生活服务业，并相继增加新项目和扩大规模，其原因之一就是作为社会分工生产部门之一的生活服务业有提高各种生活服务活动的生产率的作用。例如，自己不是专门的缝纫工、木工而分散自缝衣服和打家具，一般就不如请缝纫铺子和木工铺子加工来得更便宜一些；向服装商、家具商买成品，一般则更便宜一些。①

这里专门说明一下由独立劳动者（小商品生产者）向市场所提供的生活服务，又为资本家雇工来经营的生活服务所顶替的问题。马克思在分析运输业服务时，曾指出，它“在自己的发展中，也经历了几个不同的生产阶段：手工业生产阶段、工场手工业生产阶段、机器生产阶段”。这是社会生产力发展和分工能节约劳动的规律性的一种表现。生活服务业在它的发展中也是这样。生产工人和他的家属为自身生存的需要，从事“自我生活服务”时，它在技术上自然是手工式的，耗费的劳动最多；独立劳动者参加社会分工和经营生活服务时，基本上亦属于手工业生产，它的劳动生产率也不高，因此，有些个人“自我生活服务”项目，以及家庭佣工的生活服务项目，有不少就被后两个生产阶段的生活服务业所逐步

① 这里补充指出，在日常生活中常有以下现象：例如自做衣服和自打家具反较便宜（这在我国中、下层职工的家庭生活中是常有的现象）。这是由于自己的劳动未计足工资和无须纳税等不可比的关系。

顶替。

顺便指出，我国现阶段还是不发达的社会主义国家，人力多、资金少，生产力发展不平衡，因此，还将长期存在相当于以上三个生产阶段和多种经济成分的生活服务业。在我国现阶段的上述特点下，我们对城乡的各种生活服务业，一方面必须有重点地致力于现代化，吸收西方先进的技术；另一方面，必须结合本国的特殊情况，多方积极利用现有多种经济成分的潜力，决不能简单化地照搬以上“三阶段”的规律性，到处都想多搞大、洋模式的服务业，而忘记自己“起步”的全部实际状况。近几年来，宣传发展“第三产业”（不论这个经济学范畴的不科学的“大杂烩”性质问题），其中的一个重要发展部分就是各种生活服务行业。因为我国大中城市里的人的“存量”，特别是“流量”很多很拥挤，亟待解决缝纫、饮食、旅馆、城乡居民交通、理发、洗澡等生活服务业的不足的矛盾和困难，这就要各种经济成分和大、中、小并举。现在有一种倾向，就是过多注目于盖大旅馆、大餐厅、大铺面，对广大居民称便和大众化的生活服务业项目和模式则重视不够，同时眼睛片面面向外宾、面向大顾客，忽视社会主义文明的服务风格。我认为这些都是我们在解决大、中城市生活服务业难题时必须注意的问题。

三　生活服务业的统计核算和归类问题

服务业，一般说，就是指人们所从事的如下行业：他们用自己的劳动力，或者用雇（聘）来的劳动力生产出有这种或那种使用价值的劳动活动（服务），将它作为商品卖给市场，有的是为谋生，有的是为本人谋私利，有的是为增加和满足社会公众所需的服务。生活服务业，就是对上述服务业一般加上一个规定性，就是它所经营的，是人们生活上所需的这种或那种有用的劳动活动，故称“生活服务”业。

生活服务业的具体种类很多，它随着社会生产力的发展和社会生活水平的提高而越来越扩大规模和增多各种各样的新行业。例如过去没有传真录像的长途电话服务，没有像今天这样广泛频繁的旅游服务，等等，今后还会随着新科技的发展而不断翻新花样。我们这里不是要从这个角度来分析生活服务业，该如何分类分目的问题，我们这里是从政治经济学的角度来分析生活服务业的一些经济原理问题，使在统计核算中，能如实地分辨清楚一国国民收入的生产、分配和使用等实际问题。这些问题似乎不很复杂，实际不尽然；否则，西方经济学界和我国经济学界就不会有种种争论了。对这方面的问题，我的研究很有限，但不妨谈谈自己的学习体会。我的方法，是具体地、通俗地从人们常接触到的生活服务业中，选出10种为代表，来例解其中的问题。这10种生活服务业是：①缝纫服务业及其他类同的加工服务业；②饮食服务业；③旅馆服务业；④生活交通运输服务业；⑤生活用品修理和衣服洗染服务业；⑥文化娱乐服务业；⑦旅游服务业；⑧照相服务业；⑨人体清洁（理发店、浴室）服务业；⑩殡仪馆服务业。生活服务业种类很多，当然不止这些，也可这样或那样划分。我分列以上10种为例，是为便于对比说明生活服务业中的一些理论问题：

（1）缝纫服务业及其他类同的加工服务业：缝纫服务业是很典型的生活服务业中的一种，它不同于生产成衣的制造业（后者多一项原材料转移价值，是生产独立物化劳动形式的产品），也不同于纯粹居间买卖成衣的服装商业（后者不参加衣服的任何生产，只因为尽了社会生产所必需的重要流通职能而再分配生产劳动所创造的剩余价值）。缝纫服务业是向顾客提供缝纫劳动活动，把来料加工成衣服。缝纫服务业者［包括独立劳动者经营的缝纫铺子和资本（资金）经营的缝纫加工公司］也耗费一些物化劳动，小量劳动工具折旧和辅助材料，但它不是出卖物化劳动产品给顾客，顾客是为购买他的缝纫加工活动（服务）。缝纫服务业者一般不兼营衣料商业；如果兼营，它的营业额则明显为以下两者的合计：一为卖出的布料的价值——布料出厂价 + “商业流通费用 + 商业利润”

（它来自布料生产总利润的再分配）：一为缝纫加工服务的价值——小量 $c+(v+m)$。

与缝纫同类的生活服务业，主要的还有各种家具加工服务业，以及为山水人物书画、金玉雕刻爱好者服务的艺术加工业，其经济内涵可按缝纫服务业类推。

（2）饮食服务业：这是生活服务业中的最大行业，在行业分类上，与糖果、糕点、面包、汽水等饮食品的制造业和例如缝纫加工服务业，均有同有异。这当然不碍将它划为生活服务行业，也不碍对它作科学的统计和核算分析。它不同于饮食成品制造业的地方，是它的劳动结果虽为有独立物化形式的产品，但是它必须边加工（炒、烤、炖、煮、泡）边出卖，不能入库储存和另由居间的零售商人转手经销，否则，像北京全聚德的烤鸭、东来顺的涮羊肉、茶馆里的饮料等，就只好赔本大减价拍卖了。上饭馆、茶馆、咖啡馆的顾客，除了免于自己采买饮食原料，主要是为了免于自己加工和能享受到厨师当场的色、香、味俱全烹调服务，等等，这等于缝纫铺子的顾客是为购买它的裁剪和缝纫服务而前来的关系。饮食服务业不同于缝纫服务业的地方，是它并非单出卖加工活动，而是出卖自己购买到的原材料和“边做边供应”的酒、菜、茶、饭，所以，它又兼着商业的职能。

这样，从饮食服务，人们或者会提出如下问题：参加社会分工生产的服务业的劳动（例如我们所面临的从事饮食服务业的劳动），是生产价值（国民收入）的生产性劳动，而买卖商品的纯粹商业劳动是不创造价值（国民收入）的非生产性劳动，那么，像上述饮食服务业那样把生产业务和商业业务混在一起，是否会虚假地扩大国民收入的总额呢？对这个疑问，我在这里再扼要说明一下。在资本主义社会分工发达的条件下，商业一般是分开经营的，不分开者也是分户记账，同时，即使像饮食服务业那样是加工业务与进销业务合在一起和不分开核算的，这也不碍我们统计分析。因为商业的劳动耗费（流通费用“$c+v$”）以及商业利润，它在会计和统计上是一个铜子也不差地按实际发生的数额被核算着，而它只是在形式上表现为商品价值的额外加价，实际上则是作为社会生产部门（包括生产服务业部门）所创造的总利润的扣除（再分配）来还原的，而社会生产部门账面上记有的利润（包括赋税），实际上已经是上述总利润扣除之后尚留下的部分。因此，像饮食服务业，它内部的加工（生产）劳动收入和商业（非生产）劳动收入，以及饮食服务业全部资金的利润收入，合为国民收入的构成部分，这按全社会充分平均趋势总额说，只不过是曲折地返归到它的内在原额上来，它不会是虚假地扩大了的国民收入总额。

（3）旅馆服务业：这不包括附设在旅馆内的小卖部、理发室、餐厅等另行核算的服务业。旅馆服务业本身就是提供给旅客的逐日居住条件和服务人员所承担的各种日常生活服务，如卧室、卧具的清洁以及送茶水等劳务。这部分生活劳务，居民在家都是天天干的，包括他们的家庭雇工帮干的，都是非生产劳动，但像旅馆招待员所干的以上生活劳务，是旅馆业主付出工资买得的，他自己并不消费，而将它作为一种服务形式的商品提供给旅客，在经济上就同参加社会分工生产其他商品的劳动一样，是生产劳动。旅馆服务业的经济内涵也与饮食服务业类同，即除以上服务外，还包括一些商业服务，其内容是：将旅馆的房屋及家具等按折旧率计价，水、电、茶水、肥皂、手纸等消费品按大致的消耗概率计价，与活劳动服务费和利润核算在一起，以一个几等房间一天收多少住宿费的形式，卖给旅客。旅馆服务业的商品价格和饮食服务业的商品价格不同的地方，是它所含的固定资产折旧费和固定资金所充分平均再分配得到的利润额较大。

（4）生活交通运输服务业：交通运输服务业，按这种服务作为商品被买者买去之后作“生活之用”这一具体规定性，列为生活服务业中的一种，它在生活服务业中占据重要地位，如城市的公共汽车交通、“招手出租”汽车交通、居民传呼电话服务等。生活交通运输服务业与前述缝纫服务业和饮食服务业的一个不同的地方，是它“唯有采取劳动活动形式”（纯粹服务形式）这一特点。还有，现代化的生活交通运输服务与大旅馆服务有一个类同点，就是在它的价格构成中，固定资产折旧和物化劳动耗费一般所占的比例，是相当大的。这样的服务业，都要有较多的投资力量才能兴办，不像下面将要讲到的劳动密集型的生活日用品修理服务业那样，只占用少量资金。

（5）生活用品修理和衣服洗染服务业：它包括的种类甚多，如自行车修理、钟表修理、电视机修理、鞋子修理等。它们与缝纫加工服务业相同，大都属于劳动密集型服务，只不过一个加工新的，一个加工旧的。它们的营业额虽小，但同千家万户有关，不可忽视。西方高消费国家，浪费不节俭，我们应重视旧物利用，发挥这项服务业在各方面的作用。

（6）文化娱乐服务业：如剧院、音乐厅、舞场、说书、相声，杂技表演、马戏场、游乐场等服务业。它们之中，有些也是教育服务活动，基本上是文化娱乐活动。人们从事物质生产之余，原有一些家庭文娱生活活动，那是非生产劳动。随着社会生产的发展和人们生活水平的提高，除物质生活需要外，就进一步要有文化娱乐生活的补充，并相对地增加其比重，于是就产生专门的文娱职业。这种商品生产化的文化娱乐服务，则是创造国民收入的生产性服务。

（7）旅游服务业：第二次世界大战结束后，主要是近二三十年来，不论西方国家或东欧国家，都有“旅游业”勃然兴起的盛大势头，这主要有以下原因：一是战后在新科技因素的应用和促进之下，社会生产力有新的发展，居民（主要上、中阶层）收入水平提高，精神文化生活需要的比重加大；二是资本主义国家经济周期和通货膨胀的影响，社会游资寻找新的出路，于是就把开辟和发展“旅游业”作为一大目标。“第三产业”论者则更寄予希望。近年来，我国在发展“第三产业”声中，也常瞩目于“旅游业”。对此，我们要从本国的实际出发，作综合的分析。一个国家要借国际“旅游业”增加外汇收入，首先要有优异的自然风景和富有历史价值的古迹文物，这要先专门花钱来开辟、来建设、来维修保护，特别是要在旅游点线上有舒适通畅的交通工具和良好的宾馆、餐厅、旅游场所等条件。这就是说，所谓“无烟工业”的“旅游业”要先有“有烟工业”的基础，这是要有相应的物力、财力积累才能办到。同时，一国“旅游业”的主要对象不能只靠国外旅游者，同时也要兼顾国内居民有收入来旅游的要求。我国地大物博，原始的优异的旅游资源多得很，历史积累下来的旅游名胜和古迹文物，亦举世闻名，但缺乏开发和整修的物力、财力。现有旅游名胜点线上的行、住、食的条件还很不足，目前国内旅游市场上有购买力的需要还是很有限的。所以，我国今后5—10年，不能效法国外经济发达国家的“旅游业崛起”。至于充分利用已有的旅游名胜（包括必要和可能的整修），用多渠道的集资办法来改善旅游区的行、住、食条件（包括大、小、土、洋并举，一应外宾需要，一为照顾国内游客），以及在以上基础上，精明地办好旅游服务业，则是目前应该积极去完成的一项重要任务。

旅游本身是人们的高级文娱生活消费，在资本主义制度下，劳动人民替剥削者多干生产劳动，为剥削者创造剩余价值，只有剥削者能多享受旅游的乐趣，劳动人民几乎是无缘的，只有经过斗争，提高工资和福利，劳动人民才能有穷旅游的机会。不论是哪个阶层的旅游，除旅游占时间外，还需为了到哪里去旅游、如何旅游，以及为旅途中的行、住、食（买得这些消费对象）而耗费时间，这些自然也是非生产的。游览风景、古迹对象的建设属国家、地方文化建设事业开支与旅游有关的交通、宾馆建设，属各自独立的分工企业，不属旅游服务业。旅游服务业本身的对象和项目，就是代替旅游者来办理上述旅游事宜，旅行总社和它在各地的分社（不包括旅游管理局行政机构），要为此而投一定的资金，发生各种物化劳动和活劳动的耗费，例如在各旅游点线上设事务所或代理处，要有职工办理买车票、船票、班机票，联系旅馆住处，以及专门的导游陪同和提供旅游咨询等服务活动［旅游服务总社和基层单位，也常兼营交通服务和宾馆服务，不属旅游服务业，应作为前面（3）、（4）两项的生活服务业来核算]。以上旅游服务活动，在旅游生活的原始或低级阶段，是旅游者自己干的，或者是他所雇用的人代他来干（后者不属社会分工关系）的，全是非生产性的“自我服务”。在社会旅游生活发展和分工节约劳动的关系下，产生独立的广大网络式的旅游服务业，它就成为社会分工体系中的一个特别的服务行业。对这个旅游服务业，我认为应如实作以下分析：它一方面不像客运服务业和剧院服务业那样生产出物质生活和精神生活所需要的产品（虽然它们是劳动活动形式的产品）；另一方面，它与居间将商品卖出（第一形态变化“*W*—*G*”）的商人服务业又有所区别。

旅行服务社（包括总社和国内外分支机构）本身，有三种不同的服务：两种是非生产性服务，一种是生产性服务，其分界线就是该服务本身是否生产商品，是否创造国民收入。其中，第一种是提供居间的商业服务。举例说，风景区、休养区、国际运动比赛区的宾馆、疗养所在旅游淡季，常要委托国内外各大城市的旅行社代为招揽顾客（包括前往开会）前往租用。旅行社的这种居间推销（*W*—*G*）业务，自然不会增加所推销的床位的价值；旅行社的这一项业务费用和利润都是来自宾馆、疗养所的租金百分之几的回扣。所以，旅行社的这一项服务活动本身是非生产性服务，与一般商业服务相同。第二种是商品（生活消费品）零售环节上买者一方为购买所花的时间和费用。举例说，城市居民生活消费所需的蔬菜，一般是由居间的大商贩，最后为零售小摊贩运到菜市场向居民零售的，这是商品流通过程（*W′*—*G*）的终点。这以前的纯粹流通费用属于商品生产上必要的非生产费用，因为它只与商品价值的实现有关，是由商品生产者一方的总利润中扣出一部分来平衡。至于居民为生活消费，自己或雇人到菜市场购买（*G*—*W*）所花费的时间和杂费，那就不属国民经济的商品流通费用，而是居民个人生活的耗费的附加，是靠他的收入（个人消费基金）来开支，它当然不是生产费用。与此同理，居民为享受旅游乐趣，他为购买开往旅游区的班机票、火车票、轮船票以及为预定旅游区旅馆所花的时间和费用，当然也同买菜的劳务一样不是生产性的，是居民依靠从别的方面分配到的收入来开支。

由于各阶层居民（主要是收入富裕阶层）旅游生活消费的增长，它有季节性，比较集中，又属高级消费，旅游顾客一般都需要由专业分工部门来提供旅游服务，后者也就应运而发展起来，成为跨国性企业，多方周到地接受旅游顾客的委托，运用它们在国内外各大城市和旅游点线上的分支机构，迅速及时地提供各种服务，这样，原来要旅游顾客自己或家庭雇员去干的那些准备旅游的买方劳务，都由旅游服务社集中分工代干了，处在生产者和消费者之间的商人（商业）劳动，前面说过，是不生产任何价值和国民收入的非生产劳动，因为它本身不过居间起着使商品变货币（代生产者把商品卖给消费者）的作用。由于这是为商品生产者所必需的，这流通过程内的商业费用和商业利润，实际是从商品生产者的总利润（国民收入的“m”部分）中再分配来的。旅行社代旅客所干的上述服务活动属于代客居间买进交通座位和旅馆床位，也是非生产性的商业服务，旅行社为此垫下的费用和应摊的利润，是由委托代办的买方（旅客）动用他的收入（消费基金）来支付的。这是直接表现出来的关系。第三种旅游服务业也有生产性旅游服务项目，例如，旅行社按旅游者（个人或团体）的委托和需要，预先提供咨询服务，如书面介绍国内和国外有哪些新的游览风景及其内情，有哪些休养医疗条件可供利用，并书面提供沿途游览进程和如何是最节省、最有享受的方案，以及进入游览区时所提供的完善的和配有专家的导游陪同服务，使旅游者能充分欣赏自然风光和历史文物古迹。以上所例解的旅游服务，是旅游服务部门自身花费人力、物力所组成的，并非居间的商业劳务。所以，上述一系列旅游咨询服务，是旅游服务部门出售自身投入人力、物力所生产的精神产品。

（8）照相服务业：古时要留下人像作纪念，只有用绘画、雕塑的艺术反映方法；为了保留人对自然风光的印象手段之一，也是靠以上方法，我们现在还可用黑白和彩色照相等技术。照相馆提供（出售）给顾客的服务是集中在把人像和风景拍下来，使顾客得到有艺术享受的照片。它与画家的画像虽有所不同，但也可视为有物化形式的精神商品之一。因此，照相馆所提供的照相服务是生产商品价值的生产性服务，可与文娱、旅游服务归为同类劳动。

（9）人体清洁服务业：我们常花钱购买的理发服务和澡堂服务。它们的服务活动同交通运输服务活动有相似的方面，即只能边提供、边出卖。同时也有所异的方面，即以上服务活动在头发上和身体上留有一时地改变了痕迹（同加工制造业在被加工的原料上留有痕迹相似），但这不是理发和澡堂服务享受者（买者）可以储存和再出售的东西。以上使人身清洁的服务，如果是由本人或其家庭雇员来提供，那么是非生产性服务，如果是由理发店和澡堂来提供，就变为生产性服务。这种服务活动是使人体得到清洁的物理变化，可归为一种特别的物质生产劳动。

（10）殡仪馆服务：人死亡之后，其家属子女为哀悼和报答死者生前的哺养和教育，或者死者的亲友、同事为纪念他一生的各种劳动事迹，往往有大小不等和这种或那种的殡仪活动，例如为死者举行安葬或火化，把遗体返归大地的追悼仪式，这是自古以来就有的生者与死者之间的一种精神生活活动。为死者举行上述殡仪，死者家属或有关单位要花费一定量的公、私收入。按社会经济关系说，它同其他服务活动一样，也有两种不同性质。例如，一是死者家属用自己的人力、物力，为死者安葬，或者死者生前的工作单位或社会团体拨出一些公共收入，组织治丧机构雇请一些专人办理殡葬事宜，这些在经济上都是非生产性服务活动。此外，由于大、中城市人口密集，文化生活水平高，居民一般都需要有社会化的专业殡仪馆来兴修墓地和火化场所，随时提供火化或安葬以及追悼会场等服务（这些服务有的会留下物的形式，如灵墓、骨灰盒，这属于生者为死者所立的“有物化形式的精神化身)。由于殡仪馆的这些纯粹或非纯粹服务活动不是按义务关系来转移，而是按等价有偿原则来协助办理丧事，这种经济关系的殡仪馆服务，从提供者一方来说，是生产价值的生产性服务，虽然在治丧者一方，他为殡仪从收入所支出的治丧费用总都一样是非生产性费用。

小结：对马克思所说的“个人服务”或个人生活消费的服务，我不辞烦琐，试作以上十例的分析，主要是为了阐明以下 4 点：

第一，对一国国民收入的统计核算，首先要如实地按是否参加社会分工生产交换的经济关系，来分清物质生产和精神生产（包括这两类劳动中提供纯粹服务或非纯粹服务的劳动)，都会一分为二地有生产劳动（生产性服务）和非生产劳动（非生产性服务）的区分。至于商业服务活动（包括金融业服务活动)，它们是只起居间使商品、货币变形（包括货币兑换和货币资金借贷）的作用，因此是不生产商品，从而也不生产新价值的非生产劳动，但有参加社会物质生产和精神生产部门的总利润（国民收入的主要部分）的再分配（金融业服务则有权参加产业、商业所平分的企业利润的再再分配)。它们再分配和再再分配的国民收入，自然应按企业利润和利息的现象形态统计在商业、金融业服务部门内，但要分清它们不创造国民收入的非生产性服务的内在联系和本质。

第二，以上所举的 10 个行业，是按它们的劳动结果的存在形式（纯粹和非纯粹服务活动形式）和用于生活消费这两条规定性来归纳分类的，它们所以是生产性服务，则与以上两条规定性无关，而是由于它们所生产的 10 种服务活动形式的产品，是由生产者一方作为商品来出卖的。这表明：一种产品（商品)，包括服务形式的产品（商品)，买者买去作生活消费之用，还是作生产之用（例如运输服务，它是用于接送游客或运矿石原料，又如戏票买者是为文娱消遣)，或者是营业性戏剧学院作现场教育学生之用，这都一样不会改变这些按商品关系来提供的运输服务和戏剧表演服务都是百分之百的生产性服务的性质。

第三，以上 10 种生活服务业，都兼有纯粹商业服务，它是生产和流通合在一起的，这里正是商业劳动再分配本业生产的总利润。在理论上，我们就可以这样指出：如果它的资金有机构成正是社会平均标准，供求如果趋于平衡，那么它的产业、商业资金合计的利润率，就会近似地等于社会充分平均利润率。

第四，物质生产领域和精神生产领域内的生产性服务，在统计表式上，我倾向于：各先列具有独立物化形式的生产部门，后列劳动活动形式的服务部门，但由于生活服务部门（例如前面所例解的 10 个服务业）大多资金有机构成低，规模中、小为主，可由多种经济成分来经营，特别是它们与广大职工和居民的生活指数有密切关系，有必要把物质生产和精神生产中与生活服务有关的生产行业合在一起，按先物质、后精神的类别次序排列。这是次要的具体统计方法问题，主要在于如实地、正确地分清生产劳动和非生产劳动，生产性服务和非生产性服务问题。

（原载《财经问题研究》1989 年第 2 期）

编选者手记

骆耕漠，著名经济学家。1908 年出生，浙江于潜（今临安）人。1927 年加入中国共产主义青年团，投身于中国革命事业，年底被捕。出狱后，积极参加抗日救亡运动，并开始研究中国经济问题。从 20 世纪 30 年代起，参与了革命军队和根据地的后勤及财经部门的领导工作。1938 年，骆耕漠加入中国共产党，先后担任中共浙江省委统战工作委员会委员、中共浙江省委文化工作委员会书记以及中共东南局文化工作委员会委员。皖南事变以后，骆耕漠进入苏北盐城敌后抗日根据地，担任新四军财政经济部副部长，从此全心致力革命的经济工作。新中国成立后，任中共中央华东局财经委员会委员，华东财委秘书长、副主任，1954 年起任国家计委成本物价局局长、副主任，全国人大办公厅副主任，1981 年任中国科学院哲学社会科学部学部委员，中国社会科学院经济研究所研究员、顾问，国家计委副主任，北京大学兼职教授，1982 年受聘为中国社会科学院研究生教授、博士生导师、国务院经济研究中心顾问，1990 年起承担主持中国社会科学院重点科研项目“我国社会主义初级阶段商品经济特点理论剖析”和“对我国十年来经济体制改革的考察和典型调查报告”。著有《从资本主义到共产主义的三个过渡问题》《社会主义商品货币问题的争论的分析》《关于社会主义计划经济的几个理论问题》等。

《经济所人文库——骆耕漠》所选的文章，是根据骆耕漠老先生发表文章的时间顺序并兼顾选文主题进行排序，反映了著述者从

20 世纪 30 年代到 90 年代各个不同时期的奋斗历程与理论贡献。在中国现代经济社会的实践与理论研究中，骆耕漠经济著述已积淀成为一份厚重的精神财富。

楠　玉

2018 年 10 月

《经济所人文库》第一辑总目(40 种)

（按作者出生年月排序）

《陶孟和集》	《戴园晨集》
《陈翰笙集》	《董辅礽集》
《巫宝三集》	《吴敬琏集》
《许涤新集》	《孙尚清集》
《梁方仲集》	《黄范章集》
《骆耕漠集》	《乌家培集》
《孙冶方集》	《经君健集》
《严中平集》	《于祖尧集》
《李文治集》	《陈廷煊集》
《狄超白集》	《赵人伟集》
《杨坚白集》	《张卓元集》
《朱绍文集》	《桂世镛集》
《顾　准集》	《冒天启集》
《吴承明集》	《董志凯集》
《汪敬虞集》	《刘树成集》
《聂宝璋集》	《吴太昌集》
《刘国光集》	《朱　玲集》
《宓汝成集》	《樊　纲集》
《项启源集》	《裴长洪集》
《何建章集》	《高培勇集》